주역과 소통

基本課程 篇

국립중앙도서관 출판예정도서목록(CIP)

주역과 소통. 基本課程 篇 / 지은이: 김재홍. -- 대전 : 상생출판,
2015 p. ; cm

권말부록: 三爻單卦와 六爻重卦 등
ISBN 979-11-86122-08-2 94140 : ₩30000

역학(주역)[易學]

188.5-KDC6
133.3-DDC23   CIP2015016498

주역周易과 소통 基本課程 篇

발행일	2015년 7월 6일 초판 1쇄 발행
	2021년 2월 1일 2쇄 발행
지은이	김재홍
발행처	상생출판
주소	대전시 중구 중앙로 79번길 68-6
전화	070-8644-3156
팩스	0303-0799-1735
홈페이지	www.sangsaengbooks.co.kr
출판등록	2005년 3월 11일(175호)

ISBN 979-11-86122-08-2

성현聖賢의 만남과 행복으로 가는길

알기쉬운 주역해설의 길잡이

주역과 소통

基本課程 篇

김재홍 지음

상생출판

소통의 인문학 『주역(상·하)』 출판에 이어 주역周易의 전체적 구성원리와 기본체계를 이해하는데 도움이 될 『주역과 소통』 기본과정 편을 출판하게 됨을 독자 여러분들께 감사드린다.

많은 분들이 주역공부를 하면서 전체인 숲은 보지 못하고, 나무인 부분에만 매달려 공부를 함으로써 결국은 『주역周易』을 공부하고자 하는 소중한 마음을 포기하는 경우가 많아 실로 안타깝고 송구스러운 마음뿐이다. 주역周易의 원리와 구성체계에 대한 이해 없이 주역周易이 가지고 있는 근원적인 의미를 이해하기란 매우 어려운 일이다.

따라서 필자는 주역周易의 심화과정을 공부하기 앞서 먼저 주역의 근원적인 원리와 구성체계에 대한 이해를 돕고자 『주역』과 소통 기본과정 편을 다음과 같이 편집하였다.

제Ⅰ부에는 역학의 기본적인 원리와 「계사繫辭」편에 대한 설명으로 구성하였다

제Ⅱ부는 성인지도聖人之道 위주인 『주역周易』 상경上經을 해설한 「계사상繫辭上」편의 내용으로 역학의 원리와 주역 상경의 내용을 이해하는 데 도움이 되도록 편집하였다.

제Ⅲ부는 군자지도 위주인 『주역』 하경下經을 해설한 「계사하繫辭下」편의 내용으로 성인지도聖人之道를 자각하여 군자지도君子之道를 실천해야 하는 역학적인 정합성과 함께 『주역周易』 하경下經을 이해하도록 편집하였다.

제Ⅳ부는 『주역周易』의 원문을 삽입하였다. 『주역과 소통』의 기본과정인 「계사상·하」편을 공부해 가는 과정 중에서 『주역周易』의 64괘 중에서 약 34괘가 거론되고 있다. 그 때마다 『주역周易』 원문을 비교해 가면서 독자들의 이해를 돕고자 하였다.

제Ⅴ부는 주역의 원리와 구성체계를 이해하는 필요한 참고자료를 첨부하여 주역공부에 이해가 되도록 마무리를 하였다.

본 서書는 상수역학象數易學이나 의리역학義理易學 등 어느 한 쪽으로 편중되지 않고 비교적 객관적으로 정리하기 위해 노력하였다. 또한 『주역』 십익十翼의 내용을 바탕으로 이전해경以傳解經, 이경해경以經解經의 관점에서 괘·효사의 본래적 의미와 가장 적합하다고 생각되는 선유先儒들의 다양한 논거를 바탕으로 『주역周易』 경문經文의 근원적인 의미를 드러내고자 노력하였다.

『주역』은 하늘의 뜻을 자각한 성인지도聖人之道를 표상하고 이것을 군자가 실천토록 하여 아름다운 세상을 만드는데 우리가 나아가야 할 길을 제시하고 있다. 또한 『주역』에서 드러난 성인지도聖人之道의 자각은 개인적으로는 진정한 삶의 의미와 가치가 무엇인가를 알려주어 사람들이 행복할 수 있는 힘을 공유하고자 하였다.

필자는 『주역』이라는 경로를 통해서 우리 모두가 돈보다 더 소중한 가치가 있음을 알고, 성인聖人의 말씀을 통해서 보다 삶의 어려움을 감내하고 보다 행복할 수 있는 지혜가 있음을 세상과 소통해보고자 한다.

이 책을 발간하면서 아직도 부족한 공부에 송구스럽다. 그러나 "사람들이 한번으로 능할 때 나는 백번을 행하고, 사람들이 열 번으로 능할 때 나는 천백을 행한다(人一能之 己百之, 人十能之 己千之)."는 마음으로 더욱더 열심히 공부에 정진하겠다는 약속으로 그 부끄러움을 대신하고자 한다. 선배 제현들의 질정叱正을 삼가 부탁드린다.

어리석은 제자에게 역학에 관한 고귀한 가르침을 주신 고故 관중 유남상 선생님과 많은 가르침을 주신 은사님들께 진심으로 감사드린다.

수년째 함께 주역공부를 해온 수많은 도반들과 못난 가장을 두어 고생하는 집 사람과 사랑하는 가족들, 그리고 동생들에게 고마움 마음을 전하면서 이 책을 바친다.

끝으로 이 책의 출판을 허락해주신 상생출판사의 사장님과 편집을 맡아 고생하신 강경업 팀장님께 감사한 마음을 전한다.

2015년 7월

김재홍 드림

주역周易의 서설序說

1. 주역周易의 著者

주역周易의 저자著者는 먼저, 복희伏羲씨가 음陰과 양陽의 두 획을 그었고, 여기에서 출발하여 음양陰陽은 사상四象을, 사상四象에서 팔괘八卦가 나오고, 팔괘八卦를 내괘內卦와 외괘外卦로 조합組合하여 64괘가 나오게 되었다고 한다. 이렇게 만들어진 64괘에 '문왕文王'이 「계사卦辭」를 달고, 그 이후 문왕文王의 아들인 '주공周公'이 「효사爻辭」를 달았다고 한다.

괘卦에 말을 맨 것이 「괘사卦辭」이고, 각 효爻마다 말씀을 맨 것이 「효사爻辭」이다. 다시 말하면 「괘사卦辭」는 괘卦의 「계사繫辭」이며, 「효사爻辭」는 효爻의 「계사繫辭」라 할 수 있다. 그리고 '문왕文王'과 '주공周公'에 이어 '공자孔子'가 『주역』을 총망라하여 십익十翼을 만들면서 주역은 동양철학의 근원적인 원리를 나타내는 철학서가 되었다고 한다.[1]

---

1) 본 저著에서는 십익과 공자에 관한 설에 관해서는 사마천의 『사기史記』의 근거에 따라 공자의 작作으로 이해하고자 한다.

2. 繫辭篇 序說

가. 「계사繫辭」 어원語原

「계사繫辭」의 어원은 繫 맬(계), 辭 말씀(사)이니 말을 맨다는 의미이다. 즉, 천도天道를 자각한 성인聖人의 말씀을 괘상卦象에 말을 달아, 즉 「괘卦·효사爻辭」를 통해서 지도地道와 인도人道로 드러내어 우리의 나아갈 바를 제시하고 있다는 것이다.

나. 「계사繫辭」편의 내용

「계사繫辭」편은 역학易學의 입문서로서 역易의 철학원리를 설명하고 있다. 또한 「계사」편에는 역학을 이해하는데 있어서 역학의 개념과 내용이 무엇인가를 밝히고 있다.[2] ①역학의 학문적 탐구과제인 역도易道의 철학적 내용이 무엇인가? ②역도易道를 드러내어 밝힌 성인聖人은 어떠한 존재인가? ③성인聖人이 왜 역易을 저작著作했는가? 즉, 저작 의도는 무엇인가? ④군자는 어떠한 존재이며, 사명은 무엇인가? 등 역학의 근본적인 문제를 모두 거론하고 있다.

다. 「계사繫辭」편의 구성

「계사繫辭」편은 상·하편으로 「건乾·곤坤」을 위주로 구성되어 있다. 그러므로 건곤乾坤을 이해하면 『주역』을 다 이해한 것이나 마찬가지라고

---

2) 역도易道를 천명한 성인聖人의 일을 말하고 있으며, 존재원리의 구명이 역학易學의 핵심核心이다.

하는 것이다.[3] 왜냐하면 64괘六十四卦를 집약하면 건곤乾坤으로 되어 있기 때문이다. 바꾸어 말하면 64괘의 전체를 집약해서 천지天地의 성정性情을 건곤乾坤으로부터 만물이 성장하고 도덕적인 존재로 변화된다는 것이다.[4] 「계사繫辭」편의 구체적인 내용은 다음과 같다.

첫째, 「계사繫辭상·하」편을 각각 12장으로 구성되어 있다. 그리고 각 장章은 하나의 논문처럼 전체로 연결되어 있다.
①「상편」1장 - 7장은 서론序論이다.
②「상편」8장 - 「하편」7장은 본론本論이다.
③「하편」8장 - 12장까지가 결론結論이다.

둘째, 「계사상」편은 '도서상수역학圖書象數易學' 위주로서 천도天道를 중심으로 역도易道를 표상하며, 「계사하」편은 '괘효역학卦爻易學' 위주로서 지도地道를 중심으로 역도易道를 표상하고 있다.

---

3) 건곤乾坤은 천지天地의 성정性情으로 인격성을 표상한다. 따라서 인격적으로 부父(천天), 지地(모母)를 표현한다
4) 「계사」편은 건乾·곤坤의 원리를 구명하고 있다. 역도가 건곤지도乾坤之道로써 건곤乾坤의 합덕으로 나타난다.

계사상편繫辭上篇

○第一章

　제1장은 역학易學의 핵심과 역도易道를 천명한 성인지도聖人之道를 밝히고 있다.[5]「계사繫辭」의 서론으로서 천지天地의 인격적 성정性情인 건곤지도乾坤之道를 설명하고 있다. 또한 건곤지도乾坤之道는 천지지도天地之道요, 이간지도易簡之道임을 말하고 있다.

天尊地卑하니 乾坤이 定矣오
천 존 지 비　　건 곤　　정 의

卑高以陣하니 貴賤이 位矣오
비 고 이 진　　귀 천　　위 의

動靜有常하니 剛柔ㅣ斷矣오
동 정 유 상　　강 유　　단 의

方以類聚코 物以群分하니 吉凶이 生矣오
방 이 유 취　　물 이 군 분　　길 흉　　생 의

在天成象코 在地成形하니 變化ㅣ見矣라.[6]
재 천 성 상　　재 지 성 형　　변 화　　현 의

○ 天(하늘 천) 尊(높을 존) 地(땅 지) 卑(낮을 비) 乾(하늘 건) 坤(땅 곤) 定(정할 정) 矣(어조사 의) 高(높을 고) 以(써 이) 陳(늘어놓을 진) 貴(귀할 귀) 賤(천할 천) 位(자리 위) 動(움직일 동) 靜(고요할 정) 常(항상 상) 剛(굳셀 강) 柔(부드러울 유) 斷(결단할 단) 方(모 방) 以(써 이) 類(무리 류{유}) 聚(모일 취) 物(만물 물) 群(무리 군) 分(나눌 분) 吉(길할 길) 凶(흉할 흉) 在(있을 재) 象(코끼리 상) 成(이룰 성) 形(모양 형) 變(변할 변) 化(될 화) 見(나타날 현, 볼 견)

---

5) 시간원리의 주재자인 신神(천天)과 만물의 관리자管理者인 인간人間의 관계를 구명究明하고 변화지도를 밝히고 있다.

6) 하늘은 높고 땅은 낮으니, 건과 곤이 정해짐이오, 낮은 것과 높은 것이 배열(진열)되니 귀천貴賤이 (각각의 위치에) 자리하고, 움직임動과 고요한靜이 항상(일정함, 일정한 법칙)함이 있으니, 강유剛柔가 판단(구분, 결단)됨이오, (만물은) 성향이 유사한 것끼리 모이고, 만물은 무리로써 나뉘니, 길흉吉凶이 생기는 것이오, 하늘에 있어서는 상象이 이루어지고 땅에 있어서는 형체形體가 이루어지니, 무궁한 변화가 나타난다.

개요概要

역학의 학문적 탐구과제인 역도易道가 건곤지도乾坤之道임을 밝히고 있다.

그리고 천존지비天尊地卑 및 귀천의 지위, 강유剛柔·동정動靜, 한서寒暑·왕래往來를 밝히고 널리 건곤乾坤 이간易簡의 덕德을 표상하고 있다. 성인聖人은 이를 법 받아 능히 천하의 이치를 보았다는 것이다. 그러므로 건乾과 곤坤은 역易의 문호이다. 하늘의 높음과 땅의 낮음을 밝혀 건곤乾坤의 근본을 규정하였다. 즉 하늘의 법칙을 만물萬物의 행위규범을 삼고자 하는 천인합일天人合一을 말한다.

각설各說

1) 천존지비天尊地卑 건곤정의乾坤定矣

'존비尊卑'는 역도易道가 인격적인 상하관계임을 말한다. 공간적으로 내외관계, 체용体用의 관계임을 말한다.[7] '건곤乾坤'은 천지天地의 인격적 표현이며, 인격적 존재인 건곤乾坤은 형이상적 존재이다. 건곤乾坤이 정定해졌다 함은 건곤乾坤을 정한 주체가 성인聖人임을 알 수 있다.[8] 천지天地와 건곤乾坤의 관계를 나타내는 것이다. 천지天地가 하늘과 땅의 형이하학적인 개념이라면, 건곤乾坤은 형이상학적인 개념이다.[9]

---

7) 천지의 본성이 인격성임을 천명하고 있다. 이것은 단순히 고저高低가 아니라 존귀尊貴·비천卑賤함은 인격적 존재에게 사용하는 것이다.

8) 「계사상」편 제2장, 「하편」 제2장과 「설괘說卦」 제1·2장에서 성인의 우환의식에 따른 작역作易의 목적과 '유만물지정類萬物之情'을 통하여 역도를 밝혔음을 알 수 있다.

9) (觀中) 건곤乾坤은 천지天地의 작용이요, 천지의 체體가 아니다. 지금 건곤乾坤의 체體라고 말하는 것은 작용하는 바의 근본이라는 것이다. 다시 말하면 건乾은 굳셈으로써 근본根本이 되고, 곤坤은 유순柔順함으로써 근본이 된다는 것이다. 그러므로 건곤乾坤의 체體라고 말한다. 건乾의 굳셈은 하늘 즉 양陽과 더불어 같고, 곤坤의 유순柔順함은 땅의 음陰과 더불어 같다. 그러므로 건곤이 정해진다고 하였다. 만약 하늘이 강剛·양陽이 되지 못하고 땅이 유柔·음陰이 아니면 건곤의 체體가 정해짐을 얻지 못하게 된다. 이는 하늘과 땅의 덕德을 밝힌 구절이다.

2) 비고이진卑高以陳 귀천위의貴賤位矣

고비高卑라 하지 않음은 존비귀천尊卑貴賤함은 낮은 곳인 땅에서 시작하여 하늘에서 펼쳐지기 때문이다. ①비卑는 땅의 본질本質이 낮고 아래임을 말하는 것이고, ②고高는 하늘의 본질이 높고 위가 됨을 말한다. 비고卑高로써 이미 펼쳐서 나열하면 만물의 귀貴하고 천賤함이 그 지위를 얻는다는 것이다.[10]

귀천貴賤은 음양陰陽으로서 역할의 차이이다. 그리고 음양陰陽은 고정된 것이 아니다. 『갑골문』에서 존尊은 나무로 만든 술 주전자, 술통인 준樽을 말하고, 비卑는 나무로 만든 술잔인 배杯를 말한다. 그러므로 존비, 귀천은 술주전자와 술잔과 같이 기능과 역할의 차이이다.

전체적으로 보면 낮고 높음에 대한 자세한 뜻이다. 천존지비天尊地卑의 뜻이 이미 성립됨을 비고이진卑高以陳으로 해석하였다. 비고이진卑高以陳은 현상적인 표현이다. 이는 곧 만물로까지 미치는 귀천의 지위가 분명하다고 하는 것은 귀천이 자리함을 의미하는 것이다.[11]

3) 동정유상動靜有常

천天·지地는 음陰과 양陽의 기운이 형체화된 실상이다. 그리고 건乾·곤坤은 역易 가운데 순음純陰 순양純陽으로 이루어진 괘卦의 명칭이다. 비고卑高는 천지天地 만물의 높고 낮은 자리이고, 귀천은 역易 가운데 괘효卦爻의 위 아래 자리를 나타낸다. 동動은 양陽의 항구한 속성이며, 정靜은 음陰의 항구적인 속성을 말한다. 모든 사물에 통용된다.

무극无極이 극極하면 태극太極이 도道이며, 태극太極이 극極하면 무극无極이 되는 것이 바로 동정유상動靜有常이다. 그리고 인간의 동정動靜이 오

---

10) 위 아래가 이미 어지럽다면 만물이 귀천에 있어서 그 마땅함을 얻지 못한다. 이는 천지의 본질을 밝힘이니 천지의 본질을 밝힘은 만물의 실상으로까지 그 뜻은 미쳐간다. 여기서 귀천은 총체적으로 만물을 겸하여 하늘과 땅의 귀천에 국한되지만은 않는다. 먼저 낮을 비卑를 말함은 문장文章의 편리함 때문이다.

11) 위에서는 이미 천존지비天尊地卑로 말하고, 여기서 또 귀천貴賤으로 말함은 곧 귀천貴賤이 오직 하늘과 땅만이 아니고 만물의 귀천貴賤을 겸하고 있음을 밝히고 있다.

상五常이다.

4) 강유단의剛柔斷矣

강유剛柔는 시간의 세계, 건곤乾坤의 합덕, 음양지도로 나타내며, 음양의 공간적인 표현이다.[12] 단斷은 분분으로 의義와 불의를 분명하게 구분하는 것이다.[13]

5) 방이류취方以類聚 물이군분物以群分[14]

방이류취란 도덕적 기준인 예禮의 분류로써 길흉吉凶이 생긴다.[15] ①방方이란? 동서남북 등 방소方所를 말하며, ②의義는 인도人道에 따른 대분류를 말한다.

물이군분物以群分은 곤괘의 예禮를 바탕으로 만물은 무리를 지어 나눈다. 즉 조수류, 어패류 등으로 나뉘고, 사람마다 종種과 족族이 다름(소분류)을 말한다.[16] 분합分合의 원리로써 현상에서는 사물, 인간에게는 길흉으로 드러난다. 인간의 문제로서 가치 차원이다. 그러므로 길흉吉凶이 생

---

12) 『주역본의周易本義』에서는 "강剛과 유柔는 역易 가운데 괘효卦爻의 음陰·양陽의 명칭이다. 방향은 사정事情의 향하는 바를 이르니 사물의 선善·악惡이 각기 유類로써 나뉘어짐을 말한 것이요.(剛柔者, 易中卦爻陰陽之稱也. 方, 謂事情所向, 言事物善惡, 各以類分.)"라고 하였다.

13) 『주역절중周易折中』에서는 "단이라는 것은 확연하게 구분하여 서로 섞이지 않는 뜻을 가지고 있다.(彖者, 有判然混淆之意)"라고 하였다.

14) 길흉吉凶의 원리를 설명하고 있다. 현상적인 분류로 인해서 길흉이 생생한다. 길흉은 인간의 문제로서 대개 군자는 길吉을 취하고, 소인小人은 흉凶을 취한다. 또한 물건이 모이고 나눠지는데서 길흉吉凶이 생생하는 것이다.

15) 『주역정의周易正義』에서 "방유류方有類라 말하는 것은 방方은 기호와 취향에 따른 성질과 법도이다. 그러므로 『춘추春秋』에서도 자식을 마땅한 이치理致와 방도方道로써 가르친다고 하여(教子以義方) 방에 대한 주석을 길도로 표기하였으니 이는 기호와 취향에 따른 성질과 법도를 일컫는다. 말하자면 방方은 비록 류類로써 모이나 또한 류類가 아니라도 모임이 있다. 만약 음陰이 양陽을 구하고, 양陽이 음陰을 구하는 측면에서 보면 이는 류類가 아니지만 모이는 것이다. 만약 사람과 금수禽獸를 놓고 보면 곧 이는 류類가 아니다. 비록 남자와 여자의 관계에서 보면 둘은 서로 같지 않지만 사람의 류類가 되므로 이는 또한 류類로써 모이는 것이다. 그러므로 말하기를 같은 류類에 순응하면 길吉하고 나가는 바에 어긋나면 흉凶하다."라고 하였다.

16) 『주역』의 괘卦 배열도 순양괘純陽卦인 건乾과 순음괘純陰卦인 곤坤을 처음에 놓고, '방이류취方以類聚, 물이군분物以群分'이 가장 잘된 기제旣濟와 미제未濟를 끝에 놓았다.

生한다고 한 것이다. 인간 본래성의 내용인 인예의지仁禮義智 사덕四德에서 ①방方은 사事이며[17], ②류類는 예禮를 나타내며[18], ③물物은 이물利物이며, ④군群은 의義를 나타낸다.[19]

6) 길흉생의吉凶生矣

처處해있는 방소와 나누어진 종류에 따라 - 있을 곳에 있는가 아닌가에 따라 - 길吉과 흉凶이 달라진다. 도덕적 인격적으로 시의성時宜性에 맞으면 길吉, 안 맞으면 흉凶하다. 즉 인도人道의 길흉吉凶을 나타낸다. → 예禮로 행하면 길吉하고, 예禮를 행하지 않으면 흉凶하다는 것이다.

7) 재천성상在天成象 재지성형在地成形

천지자연의 자연스런 이치로 괘卦를 그리기 전前의 역易, 즉 '천역天易(자연지역自然之易)'을 설명한 것이다. 그리고 천역天易의 체體는 '상象과 형形'이다. 천지자연의 역易을 보고 성인聖人들이 역易(서역書易)이라는 틀 속에 그 이치와 상象을 담았다.[20] ①천天은 시간성을 내용으로 하는 삼극지도三極之道로서 상象(형이상자인 도道)을 완성하여, 천문天文의 세계가 드러난다. 즉 성상成象은 시간의 세계, 하늘의 도道 그 자체가 드러난 것이다. ②지地는 공간성空間性이며, 삼재지도三才之道로 형形(형이하자인 기器)을 완성한다. 지도地道는 인문人文의 세계이며, 하늘의 뜻을 이어받아 인간에

---

17) 방方은 곤坤의 예禮를 바탕으로 한 현상적인 분류이다.

18) '예禮'는 귀천貴賤·상하上下 등을 구분하여 합덕하려는(분합원리 : 分 → 合) 것으로 합덕이 전제된 것이다. '예禮'는 인격적인 관계 맺음의 원리로서 신神과 인간, 인간과 인간 관계의 원리인 것이다. 즉 이러한 '예禮'는 시간에 부합되어야 하는 것으로 이에 따라 길흉吉凶이 생生하는 것이다.

19) '의義'는 다 자란 열매가 맺어진 것을 의義와 불의不義(합분원리 : 합합 → 분분)로 가르는 것이다. 즉 '의義'는 계절적으로 가을을 상징하는데 가을의 '추상秋霜'은 봄과 여름에 자란 열매를 알곡과 쭉정이로 가르는 것이다. 따라서 '의義'는 의롭게 물物을 다스리는 원리로 예禮를 사물에까지 확장한 것이다.(「설괘」 제4장 참조.)

20) 주자朱子는 『주역본의周易本義』에서 "상象은 일日·월月·성진星辰의 등속이고, 형形은 산山·천川·동動·식植의 등속이며, 변變과 화化는 역易 가운데 시책蓍策과 괘효卦爻가 음陰이 변하여 양陽이 되고 양陽이 화하여 음陰이 되는 것이다.(象者 日月星辰之屬, 形者 山川動植之屬, 變化者, 易中蓍策卦爻, 陰變爲陽, 陽化爲陰者也.)"라고 하였다.

의해서 대행되어 전개되는 도덕적인 세계이다. 그러므로 천하가 도덕적인 세계로 화성化成되는 것이다.[21] ③인간(성인聖人·군자)의 입장에서 살펴보면, ①성인聖人은 천도天道를 입상立象하여 천도天道의 내용을 표상하는 과정이며,[22] ②군자는 성인지도를 주체적으로 자각하여 지地에서 천지인天地人 삼재지도三才之道를 구체적으로 실천하는 것이라고 볼 수 있다. ③ 상象은 일월성진日月星辰을 말하고, 형形은 산천초목山川草木 등을 말한다. 상象을 갖추어 궤도를 따라 운행함이 밝고 어둠을 이루며, 산과 못이 기운을 통하여 구름이 일어나고, 비가 뿌려지는 까닭에 천지의 변화가 나타난다.

8) 변화현의變化見矣

하늘에는 일월성진日月星辰이 각기 도수度數에 따라 운행하는 변화가 있고, 땅에는 봄, 여름, 가을, 겨울의 변화가 있다. 변화에서 '변變'은 음陰이 양陽이 되는 과정으로 나아가는 것이고, '화化'란 양陽이 음陰이 되는 과정으로 물러나는 것을 뜻한다. (음변양화陰變陽化)

변화란 무엇인가? 천변인화天變人化이다.[23] 변화를 객관적인 천지만물의 측면에서는 형이상적 존재로 있던 '로고스'가 자기의 뜻에 의하여 하늘의 뜻이 일월日月의 운행을 통해서 우주만물이 드러남으로써 존재자들이 존재하게 하는 것을 말하기도 한다. 현상적 세계의 시간적, 공간적 변화이다. 변화는 천지의 변화이다. 천지인天地人의 관점에서 보면, ①재천성상在天成象 → 천天, ②재지성형在地成形 → 지地, ③변화견의變化見矣 → 인人이다. ④견見은 현顯이다. 천도天道를 지도地道의 원리에 부합시키기 위해서 강유

---

21) 건곤乾坤의 작용차원에서 밝히고 있다. 천天은 체體로서 용구用九작용, 지地는 작용으로 용육用六작용이다.
22) 『주역』. 「계사상」편 제12장
23) 변화란? ①하늘의 뜻을 상象으로 완성해 땅에서 형체로 나타내고 있다. ②천도天道에 입각하여 군자의 도덕원리와 왕도정치 원리로 표상됨을 말한다. ③형이상학 → 형이하학, 천지지도 → 건곤지도로 드러남을 의미한다.

剛柔로 표시하여 태극太極 속에 음양陰陽을 표출한다.(강유상마剛柔相摩)

是故로 剛柔ㅣ 相摩하며 八卦ㅣ 相盪하야[24]
시 고 강 유 상 마 팔 괘 상 탕

○ 是(옳을 시) 故(옛 고) 相(서로 상) 摩(갈 마) 卦(걸 괘) 盪(움직일 탕, 씻을 탕)

개요概要

강유剛柔의 변화로 팔괘八卦와 64괘가 형성됨을 말한다.

각설各說

1) 강유상마剛柔相摩[25]

강유가 상마相摩한다는 것은 음양陰陽이 시간적으로 질운迭運작용을 한다는 것이며, 음양의 질운작용을 통해서 만물이 작용하게 되는 것이다. '일음일양지위一陰一陽之謂 도道'하는 것을 상마相摩로 표현하였다.

변화를 통해 형체形體가 나타난다. 곧 양陽이 지극하면 변하여 음陰이 되고, 음陰이 지극하면 화和하여 양陽이 된다. 즉 양陽은 굳세고 음陰은 유순柔順하므로 굳셈과 유순함이 서로 부딪치고 사귀어 다시 차례를 따라 변화한다.

2) 팔괘상탕八卦相盪

군자지도의 생성生成원리와 만물의 생성변화를 설명하고 있다. 그리고 팔괘八卦가 작용하여 섞임으로서 64괘가 형성됨을 표상하고 있다. ①서

---

24) 시고是故로 강剛과 유柔가 서로 마찰하며(相摩는 갈 摩字로 서로 문지르다, 비비다), 팔괘八卦가 서로 섞이며(相盪), 이러므로 剛柔가 서로 부비며, 八卦가 서로 움직거려,

25) 강유상마剛柔相摩라 함은 양陽은 강剛이라는 실체로 작용하고, 음陰은 유柔라는 실체實體로 작용한다. 즉 태극太極에서 음양陰陽이 나온 후 서로 부딪쳐서 사상四象, 팔괘八卦, 64괘로 분화하는 것이다. 강剛은 양효陽爻를 말한다. 유柔는 음효陰爻를 말한다. 강剛과 유柔의 두 개체個體는 음양陰陽 두 효爻를 말하고 이들이 서로 섞여서 8괘를 이루니 이는 번갈아 서로 밀치고 요동하는 모습이다.

로 밀치고 요동하는 것이다. 즉 운행하면서 나타나는 추이를 말한다. ②
팔괘八卦와 64괘의 생성원리를 말하고 있다. '태극생양의太極生兩儀'는 시
간적인 생성론이 아니라 논리적 생성론으로 보아야 한다. ③탕盪은 이행
移行, 음양陰陽의 상탕相盪, 강유剛柔가 팔괘八卦와 64괘로 드러남을 의미
한다.

> 鼓之以雷霆하며 潤之以風雨하며
> 고 지 이 뇌 정   윤 지 이 풍 우
>
> 日月이 運行하며 一寒一暑하아[26]
> 일 월   운 행   일 한 일 서

○ 鼓(북 고) 雷(우레 뢰(뇌)) 霆(천둥소리 정) 潤(젖을 윤) 風(바람 풍) 雨(비 우) 運(돌 운) 行
(갈 행) 寒(찰 한) 暑(더울 서)

개요槪要

　세상은 계속하여 변화한다. 이러한 변화는 고동鼓動 진작시키고, 적셔
서 불어나고, 해와 달이 교대하고, 추웠다 더웠다 하는 현상으로 나타나
는데, 이를 본떠서 팔괘八卦의 상象을 그린 것이다. 우뢰와 번개로써 맥박
치듯 살아나게 하고(鼓動), 바람과 비로써 적셔주며, 해와 달이 운행하고,
한 번 춥고, 한 번 더우며, 건도乾道는 남男이 되고 곤도坤道는 여女가 되었
으니, 건乾은 크게 시작함을 주장하고 곤坤은 만물을 만들어 완성한다.

각설各說

1) 고지이뇌정鼓之以雷霆 윤지이풍우潤之以風雨

　육효중괘六爻重卦가 완성됨으로써 도덕적 생명을 북돋아주는 작용을
한다.

26) 우레와 번개로써 고동시키고, 바람과 비로써 적시며, 해와 달이 운행運行하여 한번 춥고
한번 더웠다 하여,

①뇌정雷霆은 뇌화풍괘雷火豐卦를 의미로써 천도天道의 변화현상을 나타내고 있다. 천도天道의 고동, 성인지도聖人之道의 고동을 말한다. ②풍우風雨는 하늘에서 은택(중정지기中正之氣)을 내려준다는 의미이다.

2) 일월운행日月運行 일한일서一寒一暑

일월운행日月運行은 「계사상」편 4장에 '음양지의陰陽之義 배일월配日月'에서 음양陰陽은 천도天道로써 일월日月에 그 상상象을 드러내고 있는 것이다.[27] 일한일서一寒一暑는 시간의 생성을 밝히고 있다. 따라서 「계사하」편 제5장에서도 '일월상추이명생언日月相推而明生焉, 한서상추이세성언寒暑相推而歲成焉'고 하여 한서寒暑의 작용을 통해서 시간이 운행됨을 밝히고 있다. 일한일서一寒一暑에 의해서 사시四時가 운행됨으로써 생명이 생성된다. 그리고 성남成男 성녀成女로 표현하고 있다. 따라서 사시四時 변화는 일한일서一寒一暑의 현상적인 표현이다.

乾道ㅣ 成男하고 坤道ㅣ 成女하니
　건도　　성남　　곤도　　성녀
乾知大始오 坤作成物이라.[28]
　건지대시　곤작성물

○ 知(알 지, 주관할 지(主)) 始(처음 시) 作(만들 작, 이르킬 작. 지을 작)

개요槪要

천지지도天地之道 입장에서 보면 건도乾道는 천도天道이며, 곤도坤道는 지도地道이다. 천인天人 관계로 보면, 천지가 창조한 만물을 성인聖人과 군자가 도덕적인 존재로 완성하는 것이다. 인간의 성정性情 입장에서 보면 건곤지도乾坤之道를 표현한 것이다.

---

27)『설괘』 제2장, "하늘의 도를 세움은 음과 양이요(立天之道曰陰與陽)"
28) 건의 도는 남자(성인)가 되고, 곤의 도는 여자(군자)가 되니, 건은 큰 시작을 주관하고, 곤은 만물을 이루어 내는 일을 한다.

각설各說

1) 건도성남乾道成男 곤도성녀坤道成女

건도乾道는 역사적인 뜻만 전하고(성인지도), 대시大始를 고지告知한다. 이것이 체십용구體十用九작용이다.[29] 성남成男은 건도乾道의 인격적 표현한다. 천지지지도가 작용으로 드러난 것이 도이다. 남男은 성인聖人, 여女는 군자로서 인격적 존재원리로 표현한 것이다. 곤도坤道는 군자에 의해 실천(군자지도)되며, 만물의 완성되고, 인성人性이 형성된다. 용육用六작용이다. 성녀成女는 곤도坤道의 인격적 표현이다.

2) 건지대시乾知大始

건지乾知의 건乾은 태초太初의 완성이고, 대시大始는 무극无極의 경지이다.[30] ①지知는 주장主張, 주관한다는 뜻이다. 그러므로 건지대시乾地大始에 대하여 "대재大哉, 건원乾元, 만물자시萬物資始"[31]라고 하였으니 건乾은 시작을 주장하는 것이고, 곤작성물坤作成物은 "지재至哉, 곤원坤元, 만물자생萬物資生"[32]라 하였으니 곤坤은 건도乾道를 이어 만물을 길러내는 것을 의미한다. ②시始는 시간성이며, 만물의 근원이다. 일태극一太極 중심을 의미한다.

3) 곤작성물坤作成物

사물의 완성을 공간으로 드러냄, 물物은 공간성이다. 곤坤의 작용성으로 체오용육體五用六 원리이다.

---

29) 소강절은 "천天은 3×3=9로 작용하고, 지地는 3×2=6으로 작용한다."라고 하였다.

30) 체용體用의 논리로 보면 건乾이 위대한 시초始初를 안다고 하는 것은 '체體'이며, 곤坤이 물物의 완성完成함을 작작作作한다는 것은 '용用'이다. 즉 건乾이 시작始作을 하면 곤坤은 완성을 하는 것이다. 그러므로 곤괘坤卦에서도 '무성이대유종无成而大有終'이라고 하여 곧 이것이 '처도妻道·지도地道·신도臣道'를 의미한다. 군자 역시 곤도坤道를 이어받았기 때문에 마침이 있는 것이다.

31) 『주역』, 건괘乾卦「단사彖辭」

32) 『주역』, 곤괘坤卦「단사彖辭」

> 乾以易知오 坤以簡能이니 易則易知오 簡則易從이오
> 건 이 이 지   곤 이 간 능   이 즉 이 지   간 즉 이 종

○ 易(쉬울 이, 바꿀 역) 簡(대쪽 간) 則(법칙 칙, 곧 즉 본받을 측) 從(좇을 종)

개요槪要

현인賢人의 덕업德業, 건곤乾坤의 합덕合德이다. 건곤지도乾坤之道 = 이간지도易簡之道, 이지간능易知簡能은 괘효 역학적 표현이다 ①천역天易, 서역書易에 이어서 인역人易을 말한 것으로, 사람이 역易을 배워서 실천하는 문제를 말했다. 건乾이 쉬움으로써 주장하여 시작하면, 곤坤은 간단함으로써 이를 받아들여 이룬다. 즉 음양陰陽의 도道는 배움으로써 이루어지는 것이 아니고, 저절로 알아지는 자연스러운 것이다. 『주역』은 이간지학易簡之學, 즉 '이易'는 역의 이치가 쉬움을 말한다.(하늘, 성인聖人) '간簡'은 역의 이치는 간단하게 이룸을 말한다.(땅, 군자君子) ②이간易簡은 학문연구에 있어서도 중요하다. 건곤乾坤과 이간易簡에서 시작하여 현인의 덕업으로 맺은 것은, 성인聖人이 만든 이것을 배움으로써 누구나 건곤乾坤의 '시성始成'하는 도道를 할 수 있다는 의미이다.[33]

각설各說

1) 건이이지乾以易知

건乾은 원리문제이고, 지知는 지적문제이다.

2) 곤이간능坤以簡能

곤坤은 실천實踐문제로서 능能을 사용한다. 행行의 문제이다.

3) 이즉이지易則易知 간즉이종簡則易從

간즉이종簡則易從은 음양陰陽으로 설명하고 있다. 따르기가 쉽다는 것

---

33) 이를 정리하면 다음과 같다. ① 현인의 덕과 업을 내외內外로 보면, 안으로는 덕을 쌓고 밖으로는 구체적인 사업을 이루는 것을 말한다.

은 곤坤의 수동적 본성으로 "후後하면 득得한다."라고 하였다. 그러므로 이종易從은 능能과 동일한 의미다. 학문하는 입장으로 ㉠이易는 천도天道이며, ㉡이지易知는 인간이 쉽게 아는 것이다. ㉢간簡은 지도地道이며, ㉣이종易從은 인간이 쉽게 따르는 것이다.[34]

易知則有親이오 易從則有功이오 有親則可久ㅣ오
이 지 즉 유 친　　이 종 즉 유 공　　유 친 즉 가 구

有功則可大오 可久則賢人之德이오
유 공 즉 가 대　가 구 즉 현 인 지 덕

可大則賢人之業이니[35]
가 대 즉 현 인 지 업

○ 功(공 공) 久(오랠 구) 賢(어질 현) 業(업 업)

개요概要

현인賢人의 덕업德業에 대한 설명이다.

---

34) 역易은 불역不易, 변역變易, 이간易簡으로 세 가지 뜻을 밝히고 있다. 『주역정의周易正義』에는 '정현鄭玄'의 말을 인용하여 "역易은 하나의 이름으로 세 가지 뜻을 갖는다." 하였다. 세 가지의 뜻이란 이간易簡과 변역, 불역이 그것이다. 이것을 구체적으로 살펴보면 다음과 같다.
첫째, 이간易簡이란 알기 쉽고, 좇기 쉽고, 간단 명료하다는 뜻이다. 「계사」에 "건乾은 쉬움으로써 만물을 냄을 주관하고, 곤坤은 간략함으로써 만물을 이룬다.[乾以易知 坤以簡能]"라고 하였다. 건乾은 하늘로 아버지에 해당하고, 곤坤은 땅으로 어머니에 해당한다. 건곤乾坤은 역易의 수괘首卦이고, 천지天地는 만물의 원조元祖이다. 팔괘를 거듭한 64卦로써 천지만물을 설명함은 가장 간단 명료한 방법이다. 해는 동쪽에서 떠올라 서쪽으로 지고, 낮은 밝고 밤은 어두우며, 봄엔 꽃이 피고 겨울엔 눈이 내린다. 어버이는 자식을 사랑하고 자식은 어버이를 따른다. 이것보다 간단하고 쉬운 일은 없다. '역易'은 이러한 천지의 법칙을 나타낸 것이므로 이를 '역易'이라고 이름지은 것이다.
둘째, 변역變易이란 우주의 삼라만상은 한 순간도 변화하지 않는 것이 없다. 구름은 하늘로 떠가고 물은 쉴새없이 흐르며, 더위가 가면 추위가 온다. 이것은 모두 변화이다. 그러므로 우주의 일체 현상을 가리켜 '변역'이라고 규정한 것이다.
셋째, 불역不易이란? 무궁무진한 변화의 현상 속에서 변하지 않는 일정한 법칙이 있다. 일월성신의 운행과 춘하추동의 대사 등은 항상 변화하지만, 운행과 대사의 법칙으로 말하면 일정 불변하여 억만년이 지나도 바뀌지 않는다. 이것이 불역이다.
35) 알기 쉬우면 친함이 있고, 따르기 쉬우면 공功이 있으며, 친함이 있으면 오래할 수 있고, 공功이 있으면 크게 할 수 있으며, 오래할 수 있으면 현인의 덕이요, 크게 할 수 있으면 현인의 업이니,

1) 이지즉유친易知則有親

'건도乾道'는 크게 시작하니, 알기가 쉽고, 알기가 쉬우면 건도乾道에 접근하기가 쉽다는 것이다. '유친有親'은 천도를 깨우쳐 하나가 된다. 혹은 인간의 심성내면에서 주체적으로 자각되어야 가능하다는 것이다.[36]

2) 이종즉유공易從則有功

곤도坤道의 사명을 다해서 건도의 종자種子를 받아 심으면 좋은 결실을 얻는다. 쉽게 따르니 건도를 실천하는 공功이 있는 것이다.

3) 유친칙가구有親則可久 유공칙가대有功則可大

'구久'는 시간적으로 오래됨으로 건도이며, '대大'는 『주역』에서 대부분 건도乾道의 상징적 표상으로 사용되고 있으나, 이 구절에서는 구久와 상대적으로 사용되었기 때문에 공간적으로 크다 혹은 크게 드러난다는 뜻으로 곤도坤道를 상징한다.

4) 가구즉현인지덕可久則賢人之德 가대즉현인지업可大則賢人之業

덕업德業은 이간지도易簡之道의 결과이다. 현인賢人은 선천先天의 군자로서 학역學易하는 때의 호칭이다. 즉 때를 얻지 못한 군자이다. 건곤乾坤이 체용體用관계이듯이, 덕德은 체體이며, 업業은 용用이다. 그리고 공간에 드러난 업적이 바로 왕도정치(업業)이다.

> 易簡而天下之理ㅣ 得矣니 天下之理ㅣ
> 이 간 이 천 하 지 리   득 의   천 하 지 리
>
> 得而成位乎其中矣니라.[37]
> 득 이 성 위 호 기 중 의

---

36) 『논어』의 '약지이예約之以禮'도 자신의 본성인 예禮로써 요약한다는 것이다. 즉 주체화 시킨다는 것이다.

37) 쉽고 간략함에 천하의 이치가 얻어지니, 천하의 이치가 얻어짐에 (천지의) 그 가운데에 자리를 이루는 것이다.

○ 易(쉬울 이) 簡(대쪽 간) 理(다스릴 리) 德(얻을 득=得)

개요概要

제1장에서는 역도易道가 건곤지도乾坤之道이며, 성인聖人이 군자를 위해서 건곤지도(성인지도)를 밝혔다.[38] 역 철학의 근본문제는 천도天道의 원리를 인간의 삶을 제시하는 것이다. 즉 중정지도를 밝히고 있다. 세상의 어느 것도 시공時空을 떠나서 존재할 수는 없다. 모든 것은 변화하면서 존재한다. 만물은 생生·장長·성成의 시간 속에서 변화의 과정으로 드러난다. 시간과 공간은 현상에서 실제로 구분되는 범주가 아니다.[39]

각설各說

1) 이간易簡

이간易簡은 인역人易의 체體이다. 그러므로 군자의 역할은 천지인天地人 삼재三才의 합덕合德 ⇨ 인도人道의 자각 ⇨ 이간지도易簡之道의 자각이다.[40]

----

38) 천도표상의 방법
❶천도天道를 부호(象)로 표상하면 ⇨ 괘효, 팔괘, 64괘
❷천도天道를 말씀(辭)으로 표상하면 ⇨ 「계사」,「괘·효사爻辭」,「단·상사」
❸천도天道를 변變으로 표상하면 ⇨ 음양변화, 효변爻變
❹천도天道를 수數, 점占, 도圖로 표상하면 ⇨ 역수曆數, 하도·낙서

39) 존재存在의 기본구조基本構造는 시간時間과 공간空間이다. 시간時間은 우리의 의식속에서의 원리로서 공간空間과는 별도로 의식되어 진다. 단, 시간이 우선한다 ①시간의 성격 : 일음일양지위一陰一陽之謂 도道로서 운행되어진 과정으로서 원리적인 성격을 가짐 ②시간성時間性이란 시간의 운행원리로서 운행의 의도(意志), 뜻(情意)이다. 주재자主宰者(天)의 의도 내지는 뜻에 의해서 전개되는 철학적인 원리 ③시간성時間性의 원리原理란 천도(하늘의 뜻, 하늘의 시간의식)요, 천天의 심성이다.

40) 삼재사상三才思想은 음양적 작용원리가 내재 ⇨ 천도적 개념이면서 인도人道와 지도地道를 포함한다. 사람이 천지의 가운데 위位를 얻어 당당히 삼재三才의 일원이 되었으니, 천지와 더불어 만물을 경영하는 것이다 (與天地合其德). 즉 하늘이 위에서 한 위位가 되고, 땅은 아래에서 한 위位가 되며, 사람이 그 가운데서 한 위位를 이루는 것이니, 사람이 하늘과 땅의 이간易簡의 도道를 체득하여 천지의 도道에 참여함으로써, 비로소 삼재三才의 도道가 이루어지는 것이다. 『중용中庸』의 "치중화致中和, 천지위언天地位焉, 만물육언萬物育焉."와 상통한다.

2) 천하天下

천지天地의 물리적 세계가 아니라 인격적 세계를 표상하기 위해 사용한 것이다.

3) 성위成位

인격적 존재의 위치가 성립되었다는 것이다. 건곤지도乾坤之道가 이간지도易簡之道라고 하는 것은 인격적 표현이다. 즉 인격적인 입장에서 보니 건도乾道는 통일성으로 쉬우며, 곤도坤道는 건도乾道에 순응하기 때문에 간단하다고 한 것이다.

4) 기중其中

이러한 이간지도易簡之道를 깨우친 사람은 역학에서 성인聖人과 군자의 본성으로 결국 건곤지도乾坤之道는 인간의 문제로 돌아오는 것이다. 역학의 천지인天地人 삼재지도三才之道가 모두 드러나게 되는 것이다.

○第二章

繫辭上篇┃…二章

요지要旨

성인聖人과 군자의 역할을 밝히고 있다. 즉 성인聖人이 성인지도를 밝히신 과정과 뜻을 설명하고 있다. 또한 2장은 군자의 덕업을 깨우치는 방법이 상象(제3장)과 사辭(제4장)임을 다음과 같이 나타내고 있다.

첫째, 존재론적 차원에서는 천도天道는 형이상학적 존재로서 천도天道의 변화는 역수변화원리이며, 지도地道의 변화가 사력四曆변화원리로써 공간적으로 드러남을 밝히고 있다.

둘째, 인간의 본성 = 지성智性 + 인성人性이다. 인仁은 지성知性으로 아는 것이며, 내 자신에 내면화한 것이다. 성인은 역리易理를 밝히며, 군자는 학역學易의 사명이 있다.

셋째, 육효지동六爻之動은 삼재지도三才之道가 아니라 삼극지도三極之道라고 표시한 것은 삼극지도가 괘효역학卦爻易學의 근거가 됨을 논증하는 것이다. 결론은 성인聖人의 작역作易과 삼극지도三極之道의 변화를 말한다[41]

> 聖人이 設卦하야 觀象繫辭焉하야 而明吉凶하며
> 성인 설괘   관상계사언   이명길흉

○ 設(베풀 설) 卦(걸 괘) 觀(볼 관) 象(코끼리 상) 繫(맬 계) 辭(말 사)

---

[41] 성인聖人의 작역作易 목적에 대하여 밝히고 있다. 첫째, 성인聖人은 역도易道를 자각하여 말씀으로 전하는 사명을 가지고 있는 존재로「계사하」편 제2장에서는 성통聖統을 밝히고 있다.「계사하」편의 성통聖統원리에서 '복희씨伏羲氏'의 부분에서 구체적으로 드러내고 있다. 즉 작역作易의 과정을 구체적으로 밝히고 있다. 또한「계사상」편 제十12장에서 성인聖人은 역도易道를 자각하여 천명한 존재로서 성인聖人이 역도易道를 자각한 것은 단순한 물리적 현상을 보고 인식한 것이 아니라 '이통신명지덕以通神明之德'하여 신명한 덕에 감통함으로써 역도易道를 자각할 수 있었으며, 이러한 자각을 통해 '이유만물지덕以類之情'한 것이다

성인聖人이 괘卦를 베풀고, 상象을 관觀(깨달음)하여 「계사繫辭」(말씀)으로 길흉吉凶을 밝힌다는 것이다. 즉 군자지도와 소인지도를 밝혀 군자지도로 나아가게 한 것이다. (괘체卦體의 입장)[42]

1) 성인설괘聖人設卦

설괘設卦는 역리易理를 가르치기 위해서 만들어 진 것이다. 왜냐하면 64괘를 통해서 길흉吉凶을 밝히고 있기 때문이다.

2) 관상계사언觀象繫辭言[43]

관상觀象은 괘상卦象, 재천성상在天成象의 상象이다. 우주의 본체로서 시간이 드러나는 의미이다. 관상觀象은 괘卦의 입장으로 본다는 것(觀·見)은 심성心性의 눈으로 보는 것이 아니라 깨닫는 것이다(자각). 계사繫辭의 말은 효爻의 입장이다.

3) 명길흉明吉凶

길흉吉凶을 밝히는 것은 시의성時宜性에 따른 행동에 대한 결과이다. 길흉吉凶으로 판단하는 것으로 선후천先后天에 대한 군자의 대응결과에 따라 ㉠육갑六甲의 입장 ㉡인간人間의 가치문제, 인간의 군자지도로 표상된다.

길吉한 상象을 보고는 길하다고 말을 매서 나아가도록 알리고, 흉凶한

---

42) 문자文字가 없었던 시대에 성인聖人의 역易의 작용으로 설괘設卦란 복희씨가 자연의 상象을 본받아 괘卦를 그렸다는 것이다.

43) '문왕文王'과 '주공周公'이 괘상卦象을 보고 각기 「괘사卦辭」와 「효사爻辭」를 지었다. 건괘乾卦를 예로 들면 하늘의 둥글고 자강불식自强不息하는 성정性情을 보고 복희伏羲씨가 건괘乾卦를 짓고, 건괘乾卦의 상象에서 '원형이정元亨利貞'이라는 말을 문왕文王이 붙였다. 또 건초구乾初九의 상象에 '잠용물용潛龍勿用'이라는 말을 주공周公이 붙였는데, 건괘乾卦의 획을 그린 것은 '성인설괘聖人設卦'이고, '원형이정元亨利貞, 잠용물용潛龍勿用'의 말을 붙인 것은 '관상계사언觀象繫辭言'에 해당한다.

상象을 보고는 흉凶하다고 하여 피하게 하니, 성인聖人이 역易을 지으신 뜻은 흉凶을 피하고 길吉을 취하게 (피흉취길避凶取吉) 하려는데 목적이 있는 것이다.

剛柔ㅣ 相推하야 而生變化하니
강유 상추 이생변화

개요槪要

성인聖人의 작역作易 목적과 길흉吉凶의 방법론을 말하고 있다. 효용爻用의 작용이란? 강유剛柔는 음양陰陽의 용용用으로 서로 밀고 당기는 교대 작용으로 변화가 생생生하는 것이다.[44] 이 때 변화란? 역易의 교약交易과 변역變易을 말한다.[45]

각설各說

1) 강유상추이생변화강유剛柔相推而生變化

강剛과 유柔가 서로 밀쳐냄으로써 음양陰陽이 교대하는 변화가 있는 것이다. 즉 강剛이 유柔를 밀치면 유柔가 밀려나가는 것을 변變이라 하고, 유柔가 강剛을 밀치면 강剛이 밀려 나가는 것을 화化라고 하니, 밤이 낮이 되고 낮이 밤이 되는 현상이다. ①강유剛柔는 시간의 물질적인 현상을 드러낸 것이다. 상추相推는 서로 미는 것이다. 음진양퇴陰進陽退(낮 ↔ 밤) ②

---

44) 교역交易은 괘卦가 형성된 연유를 말하므로, 역易에서 일반적으로 동동이라고 표현하는 것은 변역變易을 의미한다.
45) 태괘兌卦에서 고괘蠱卦가 되듯이, 초구初九 강剛이 위로 올라가 상육上六 유柔를 밀어내고, 상육 유는 아래로 내려와 초구初九 강剛을 밀어내는 경우와 (강상이유하剛上而柔下), 비괘否卦에서 수괘需卦가 되듯이, 상구上九 강剛이 아래로 내려와 초육初六 유柔를 밀어내고, 초육 유는 위로 올라가 상구上九 강剛을 밀어내는 경우(강래이하유하剛來而下柔)는 괘안에서 변화하는 교역변화交易變化하는 건괘의 초구初九 양陽을 음陰이 밀어내면 구괘姤卦가 되고, 곤괘坤卦의 초육初六 유陰을 양陽이 밀어내면 복괘復卦가 되는 경우와 같이 괘卦밖에서 변화가 오는 것이 변역變易이다.

이 생변화而生變化는 지도地道작용에 의해 변화가 나타난다. 즉 천도天道가 강유剛柔로 나타나는 변화, 음양陰陽이 강유剛柔로 작용하는 변화, 천지지도가 드러나는 변화를 말한다.

是故로 吉凶者는 失得之象也ㅣ오
시 고　길흉자　실득지상야

悔吝者는 憂虞之象也ㅣ오[46)]
회 린 자　우 우 지 상 야

○ 失(잃을 실) 得(얻을 득) 悔(뉘우칠 회) 吝(아낄 린(인)) 憂(근심할 우) 虞(헤아릴 우)

인간과 역易의 관계를 말하고 있다.

1) 실득지상야失得之象也

　실득지상야失得之象也의 상象은 설괘지상說卦之象이요, 우우지상야憂虞之象也의 상象은 관상지의觀象之意이다. 이간지도易簡之道의 실득失得을 의미하기도 한다. 실득지상야失得之象也는 길흉에 대한 구체적인 설명이다.

·소인지도 실失 → 군자지도 득得 → 길吉
·군자지도 실失 → 소인지도 득得 → 흉凶

　「계사繫辭」로서의 길흉과 회린이다. '실득失得'은 시의성의 실득失得, 상象은 설괘지상說卦之象, '회린悔吝'은 개개의 결과로써 뉘우침(길吉)과 인색함(흉凶)을 말한다. 즉 길흉은 인간의 가치적 문제이다. ①실失은 군자지도를 잃고 소인지도를 쫓는 것으로 흉凶이다. ②득得은 군자지도를 얻는

---

46) 이런 까닭에 길흉이라는 것은 잃고 얻는 상이요, 회린자는 근심하고 헤아리는 상이다.

것으로 길吉이 되는 것이다. ③역易은 개과천선의 학문으로, 옳은 것이면 굳게 지켜야 하나, 조금이라도 그른 것이 있으면 이를 고쳐야 하는 것을 가르친다.[47]

變化者는 進退之象也ㅣ오 剛柔者는 晝夜之象也ㅣ오
변 화 자   진 퇴 지 상 야   강 유 자   주 야 지 상 야
六爻之動은 三極之道也ㅣ니[48]
육 효 지 동   삼 극 지 도 야

○ 進(나아갈 진) 退(물러날 퇴) 晝(낮 주) 夜(밤 야) 極(다할 극)

개요概要

성인聖人이 설괘設卦하여 말씀을 통해 삼극지도三極之道 표상하고 있다.

각설各說

1) 변화자變化者 진퇴지상야進退之象也

①변화는 강유剛柔의 상추相推이다. 강유剛柔가 서로 미는 것이다. 즉 음양(일월)이 서로 교대로 작용하는 것으로 시간이 생성되는 것이다. ㉠변變은 원리, 시간의 변화로서 진퇴로 드러난다. ㉡변화變化의 변變은 진進이고(음陰⇨양陽), 화化는 퇴退(양陽退⇨ 음陰)를 말한다.

②진퇴進退는 하루로 보면 주야晝夜, 음양陰陽변화를 의미한다. ㉠서괘序卦상에서 나가는 괘卦와 들어오는 괘卦의 시의성을 나타내고 있다. ㉡육효중괘에서도 진퇴進退가 있다.

---

47) 지금 얻지 못해서 흉凶하지만 이를 고쳐 옳게 될 가능성이 있는 것을 회悔라 표현하고, 지금 조금 얻어서 길吉하다 하더라도 지킬 것만 욕심慾心하여 고치는 것을 꺼려하는 것을 인吝이라고 하는 것이다.
48) 변화라는 것은 나아가고 물러감의 상이요, 강유라는 것은 낮과 밤의 상이요, 육효의 움직임은 삼극지도이니

2) 강유자剛柔者 주야지상야晝夜之象也

 강유剛柔란 시간이 천지 음양으로 나타난 것이다. 음양지도를 상징적으로 말한다. 강유剛柔는 낮과 밤을 상징적으로 드러낸 것으로 일월日月의 운행에 의해서 시간성이 시간으로 드러나는 것을 강유剛柔로 표현하였다. 즉 시간성의 작용원리를 강유剛柔로 나타낸 것이다. ①강유剛柔는 음양陰陽의 지도적地道的·공간적 표현이다. ②주야晝夜는 강유剛柔가 현상적인 표상, 시간적, 천도天道이다. ③강강剛은 낮의 형상(활동), 군자의 상象이며, (퇴극이진退極以進) ④유유柔는 밤의 형상(휴식), 소인의 상象이다.(진극이퇴進極以退)

3) 육효지동六爻之動 삼극지도야三極之道也

 육효六爻의 움직임은 음효陰爻 양효陽爻가 서로 작용하는 것이며, 『주역』의 육효중괘六爻重卦는 변화지도인 삼극지도三極之道를 드러내는 것이다.[49] 본래 천天·지地·인人의 삼재三才를 표상한 삼획괘三劃卦이나, 각기 음양陰陽의 양극兩極이 있음으로 여섯 효爻가 된다.

 육효지동六爻之動은 삼재지도三才之道가 아니라, 삼극지도三極之道로 표시한 것은 삼극지도三極之道가 괘효 역학의 근거가 됨을 증명한 것이다. 천지인과 삼극三極 관계의 표현이며, 삼극지도三極之道의 공간적인 방법을 말한다.[50]

---

49) 삼극지도三極之道는 도서역圖書易을 의미하고, 삼재지도三才之道는 괘효역괘爻易을 의미한다. 삼극三極과 삼재三才는 본질적으로 같으나, 그 쓰임(용用)에서 차이가 있다. 왜냐하면 삼재三才는 천·지·인이지만, 삼극三極은 태극太極과 황극皇極 그리고 무극无極으로 표현하고 있기 때문이다. 삼극지도三極之道는 원리적이며, ㉠六爻之動의 근거 ㉡三極之道는 시간원리가 위주 ㉢三極의 개념은 『周易』에서는 「繫辭上」11장에서 태극太極만 언급하고 있다. 황극皇極은 『홍범구주洪範九州』에서 「오황극五皇極」을 언급하고 있다.

50) ①『주역본의周易本義』에서는 "삼극지도를 천天(음陰, 양陽), 지地(강剛, 유柔), 인人(인仁, 의義)의 지극한 이치이다.(三極, 天地人之至理.)"라고 하였다. ②『황극경세서皇極經世書』에서는 "태극이 무극이다(太極而无極)"라고 하였다. ③『정역正易』에서는 삼극지도三極之道를 태극太極, 황극皇極, 무극无極.으로 규정하고 있다.

是故로 君子ㅣ 所居而安者는 易之序也ㅣ오
시고   군자   소거이안자   역지서야

所樂而玩者는 爻之辭也ㅣ니[51]
소락이완자   효지사야

○ 所(바 소) 居(있을 거) 安(편안할 안) 易(바꿀 역) 序(차례 서) 所(바 소) 樂(즐길 락(풍류 악, 좋아할 요)) 玩(희롱할 완) 爻(효 효) 辭(말 사)

개요槪要

군자의 역학공부와 성인지도聖人之道에 편안하고 즐겁게 거居함을 결부시켜 말하고 있다.

각설各說

1) 소거이안자所居而安者

소거이안자所居而安者는[52] 군자가 자신의 본성을 주체적으로 자각했을 때 가능한 것이다. ①거居란 현실참여가 아니라 진리속에 머물러야 하는 것이다. ②안安은 마음의 안정, 순順, 천리天理에 의지함을 말한다.

2) 역지서야易之序也

서序는 소괘序卦원리다. 역학易學의 서괘序卦원리는 선후천先后天변화원리와 성인聖人·군자君子의 합덕合德원리를 말한다.

3) 소락이완자所樂而玩者 효지사야爻之辭也

①완玩은 원래 여자의 아름다움을 형용하는 말이나, 이 문장에서는 음미한다는 의미이다. ②효지사야爻之辭也의 효爻는 괘효지사卦爻之事이고,

---

51) 이런 까닭에 군자가 (집에) 거처하며, 편안 자는 역의 차례를 알고 살아가는 것이요, 즐거운바를 완미하는 자는 효의 말씀을 잘 살펴서 이에 응해 살아가는 것이니,

52) 군자의 거락居樂을 역易과 결부하여 말씀하였다. 사락私樂과 낙천樂天을 상세히 보거나 가지거나 완미玩味하는 자는 역易을 깊이 탐구한다. '거居'는 처한 상황, 즉 여섯효 의 위를 말하는 것이고, '안安'은 처한 상황에 순응하여 망동하지 않는 것이다. '서序'는 효의 차서次序를 뜻한다. 또는 역易의 괘서卦序를 뜻한다.

사辭는 「계사」이다. 「효사爻辭」에는 길흉의 내용이 들어 있다. 그러므로 길흉을 완미한다.[53] 성인聖人이 삼극지도 즉 시간성의 원리를 드러낸 이유가 바로 군자에게 진리를 전달하기 위한 것임을 알 수 있다. 성인聖人이 밝혀놓은 괘효와 언사를 근거로 해서 살아가는 존재가 군자이다. 즉 효爻는 괘효원리 길흉제시, 군자지도와 소인지도를 나타내고, 사辭는 천도天道에 대한 상象, 변變을 기록한 것이다.

是故로 君子ㅣ居則觀其象而玩其辭하고
시 고   군자 거 즉 관 기 상 이 완 기 사

動則觀其變而玩其占하나니
동 즉 관 기 변 이 완 기 점

是以로 自天祐之하야 吉无不利니라.[54]
시 이   자 천 우 지   길 무 불 리

○ 玩(희롱할 완, 완미할 완) 祐(도울 우)

개요概要

군자지도에 대하여 말하고 있다. 길흉원리를 구명究明하여 군자의 길吉한 삶을 권고한다.

각설各說 [55]

1) 거즉관기상이완기사居則觀其象而玩其辭

완기사玩其辭는 군자지도와 소인지도의 구별 → 행동, 천지도수 의미

---

53) 작괘作卦를 하여 괘卦가 완성됨에, 그 동효動爻를 보고 즐거움을 느끼며 매인 말을 음미하는 것이다.

54) 그러므로 군자는 거하면 그 상을 보고 그 말을 살펴보며, 움직이면 그 변화함을 보고 그 점을 살펴본다. 이 때문에 하늘로부터 도와주어 길하여 이롭지 않음이 없는 것이다

55) 『주역본의周易本義』에서 "상象·사辭·변變은 이미 위에 보인다. 무릇 변變만을 말한 것은 화化가 그 가운데 들어 있다. 점占은 그 만난 바의 길吉·흉凶을 결단함을 말한 것이다.(象辭變, 已見上, 凡單言變者, 化在其中, 占, 謂其所値吉凶之決也.)"라고 하였다.

2) 동즉관기변이완기점動則觀其變而玩其占

역리易理를 탐구하여 그 변變을 통해 길흉을 판단하여 모든 것을 알고 행行할 수 있다. 즉 순천順天은 흥興하고 역천逆天은 망한다는 것이다. 점占은 장차 도달해야할 목표를 완미한다는 것이다. 군자가 살아가야할 목표는 군자의 사업과 학역學易의 길이다. 일이 있어 점占을 했을 때는 변한 효爻의 내용을 완미하여 그 가르치는 점占(미래를 판단)을 음미한다.

3) 자천우지自天祐之 길무불리吉无不利

천명天命에 순응하니 하늘로부터 도움이 있어 길吉하여 이롭게 된다.[56]

---

56) 요약 설명하면 군자君子는 성인聖人이 밝혀놓은 괘상원리를 관觀(자각)하고 언사言辭를 가지고 놀고, 움직이면 변화지도를 관觀하여 점占을 가지고 노니 이런 까닭에 하늘로부터 도와서 길吉하여 이利롭지 않음이 없는 것이다. 점占을 가지고 논다는 것은 존재의 차원에서 시비是非의 문제가 인간의 문제로 넘어오면 길흉이 드러나면서 이해가 발생하는 것이다. 따라서 「계사상」편 제5장에서 '극수지래지極數知來之謂 점占이오'라고 하였다.

1) 제3장은 성인지언聖人之言의 언言(길흉회린으로)을 중심으로 군자가 학문하는 방법을 설명하고 있다.[57]

2) 성인聖人이 말씀(言)으로 밝힌 「괘효사」에서 담긴 뜻이 무엇인가를 밝히고 있다. 이것은 성인聖人의 사명이 역도를 자각하여 하늘의 뜻을 전함에 있음을 의미하는 것이다. 그러므로 언言이 계속 등장하는 것이다.[58]

象者는 言乎象者也ㅣ오 爻者는 言乎變者也ㅣ오
단 자   언 호 상 자 야   효 자   언 호 변 자 야

吉凶者는 言乎其失得也ㅣ오
길 흉 자   언 호 기 실 득 야

悔吝者는 言乎其小疵也ㅣ오
회 린 자   언 호 기 소 자 야

无咎者는 善補過也ㅣ니[59]
무 구 자   선 보 과 야

○ 疵(흠 자) 无(없을 무) 咎(허물 구) 善(잘할 선) 補(고칠 보, 기울 보) 過(과실 과, 지날 과)

이 절은 성인聖人이 말씀으로 밝힌 「괘효사」에서 담긴 뜻이 무엇인가를 밝히고 있다.

---

57) 군자의 덕업을 상象과 사辭로 표상하고 있다.

58) 『아산주역亞山周易』에서는 ⑴ 오언五言은 언단言象, 언변言變, 언실득言失得, 언소자言小疵, 언과言過이며, ⑵ 오존五存은 존인存仁, 존괘存卦, 존사存辭, 존개存介, 존회存悔로 의미를 밝히고 있다.

59) ⑴ '길흉'이라는 것은 그 실득失得을 말씀한 것이고, ⑵ '회린'이라는 것은 작은 허물을 말씀한 것이고, ⑶ '무구无咎'라는 것은 허물을 잘 보완하는 것이다.

각설各說

1) 단자彖者 언호상자야言乎象者也

이때「단彖」은 괘卦 전체의 총체적으로 설명한「괘사」를 말한다. 괘상을 보고 해석한 것이므로 '언호상자言乎象者'라고 한 것이다.[60]

①언호상자야言乎象者也의 언言은 진리의 실존적인 언어 ⇨ 진리의 말씀, 성인의 말씀이다. ②사辭는 문장화된 글을 말한다.

2) 효자爻者 언호변자야言乎變者也

「효사」를 말하며, 구이九二 또는 육삼六三 등 효를 지칭했을 때는 이미 그 효가 변했다는 뜻이다. 따라서 '언호변자言乎變子'라고 하여 괘가 변한 상태를 말한 것이다.[61] ①「효사」는 변화지도(변괘變卦, 변효變爻)이다. ②효의 변화는 음陰 ⇄ 양陽(예 : 건괘 초효가 변화하면 구괘姤卦)

3) 길흉자吉凶者 언호기실득야言乎其失得也

길흉吉凶은 성인지도의 득실得失에 관한 것이다. 언言은 성인聖人의 말씀을 말한다.(성인의 명命 ⇨ 언言, 군자의 명命 ⇨ 행行이다) 그리고 실득失得'이라는 것은 각기 악惡과 선善을 행해서 이미 화禍(凶)와 복福(吉)이 판별된 것을 뜻한다.[62] 즉 실득은 심성心性의 인격적 결과가 길흉을 변화시킨다.

4) 회린자悔吝者 언호기소자야言乎其小疵也

길흉과 회린이란? 소자小疵인 작은 병폐(길흉의 원인=介)가 원인된다. 소자小疵는 선善과 악惡이 이루어지기 전前의 기미(조짐)와 같은 것이다.[63]

---

60)『주역본의周易本義』, "단彖은 괘사卦辭를 이르니 문왕文王이 지으신 것이요, 효爻는 효사爻辭를 이르니 주공周公이 지으신 것이다. 상象은 전체를 가리켜 말한 것이요, 변變은 일절一節을 가리켜 말한 것이다.(象 謂卦辭, 文王所作者, 爻 謂爻辭, 周公所作者, 象 指全體而言, 變 指一節而言.)"라고 하였다.

61) 건괘에서 '초구'는 하고 말했을 때는 초구가 동해서 (음이 되어) 구괘姤卦가 되었다는 뜻으로, '건지후乾之姤(건이 구괘로 갔다)'라고도 한다. 물론 건의 초구와 구괘 초육과 같다는 뜻은 아니다.

62)『정전程傳』에서는 "그러므로 길吉·흉凶이 생기고, 회悔·인吝이 드러나는 것이다.(是故, 吉凶生而悔吝著也.)"라고 하였다.

63)『주역절중周易折中』에서는 '장진연'의 말을 인용하여 "'실득失得'은 때에 소식이 있는

5) 무구자无咎者 선보과야善補過也

　선보과는 허물이 있었던 것을 잘 처리하여 평상의 상태로 만들었다는 뜻이니 '무구无咎'가 된다. 도덕적인 허물을 잘 보완(반성과 성찰)하는 것이 무구无咎이다. 『주역』은 무구无咎가 목적이다. 허물이 없는 삶이 군자적인 삶으로서 역易의 목적이요, 현실적인 목표이다.

是故로 列貴賤者는 存乎位하고
시 고　　열 귀 천 자　존 호 위

齊小大者는 存乎卦하고 辯吉凶者는 存乎辭하고
제 소 대 자　존 호 괘　　변 길 흉 자　존 호 사

憂悔吝者는 存乎介하고 震无咎者는 存乎悔하니[64]
우 회 린 자　존 호 개　　진 무 구 자　존 호 회

○ 列(벌일 열〔렬〕) 貴(귀할 귀) 賤(천할 천) 存(있을 존) 位(자리 위) 齊(가지런할 제) 辯(분별할 변(辨)) 憂(근심할 우) 悔(뉘우칠 회) 吝(아낄 린(인)) 介(끼일 개) 震(벼락 진)

개요槪要

　길흉을 분별하는 것은 「효사」에 있고, 회린을 근심하는 것은 길흉의 사이에 있고, 무구에 나아가는 것은 후회(凶 → 吉)에 있다는 것이다.

각설各說

1) 열귀천자존호위列貴賤者存乎位[65]

　①귀貴는 오효, 천賤은 이효이다. 辯辭은 성인聖人의 말을 의미한다. ②

것이고, 위位에는 당위當位와 부당위不當位가 있는 것을 말하는데 '소자小疵'는 두 가지 뜻을 겸하고 있다. 얻는 것을 향하고 있으나 아직 얻지 못한 것은 여전히 작은 하자가 있음이 '회悔'이다. 잃는 것을 향해서 가나 아직 잃어버리지 않고 이미 작은 하자가 있으면 '인吝'이다.(失得指時有消息, 位有當否說, "小疵"兼兩意, 向于得而未得. 向于"小疵"則悔, 向于失而未失, 已有"小疵"則吝"라고 하였다.

64) 이런 까닭에 귀·천을 진열함은 위位에 있고, 소소·대大를 정함은 괘卦에 있고, 길吉·흉凶을 분변함은 말씀에(「사辭」, 「괘사」, 「효사」) 있다 하고, 회린을 근심하는 것은 경계에 있고, 움직여서(震=動) 허물이 없다는 것은 뉘우침에 있다.

65) 열귀천자는 음양의 인격적 표현이다.

귀천(존재가치)을 배열하는 것은 시위時位(효위爻位)에 있다는 것이다. ③존호위存互位는 소대小大를 가지런히 하는 것은 괘상卦象에 있다는 것은 시위時位에 따라 귀천이 나누어짐을 알 수 있다. 즉 귀천貴賤(존재가치)은 음양으로서[66] 효爻의 위치位置에 따라 달라진다.

2) 제소대자齊小大者 존호괘存乎卦

①소小는 내면적인 일로써 군자가 학문을 하는 것이며, 대大는 외면적인 일로서 군자가 행도行道하는 것을 말한다. 따라서 소小는 대大에 내포되어 있는 것이다. 그러므로 대大를 통해서 소小가 드러나게 되는 것이다.[67] ②소대小大는 소축小畜·대축大畜, 소과小過·대과大過 등과 연계되기도 한다.

3) 변길흉자辯吉凶者 존호사存乎辭

①변辯은 성인의 말씀(언언)으로 판별判別한다. 가른다(辨)는 의미이다.
②사辭는 괘의「효사」, 말은 길흉을 판별헤 놓은 것이다.[68]

4) 우회린자憂悔吝者 존호개存乎介

①우회린자憂悔吝者는 회悔는 길吉로 가는 길목이며, 인吝은 흉凶으로 가는 길목이다. ②존호개存乎介의 개介는 사이 개介, 쪼갤 개介로 나누다, 분별하다는 의미이다. 그러므로 길흉吉凶의 사이를 의미하며, 길흉吉凶으로 나누어지는 분기점이다. 즉 길흉판단의 기점을 말한다.

----

66) 인사적으로는 남편은 양陽이고, 부인은 음陰이다. 그러나 어머니는 양陽이고, 아들은 음陰의 위치이다. 그로므로 음양은 위에 따라 다른 것이지 고정된 것이 아니다.
67) 대소를 아래와 같이 구분할 수 있다.
⑴ 대大 : 심성의 외면적 실천, 음양의 인격적 표현(「계사」1장), 왕도정치
⑵ 소小 : 심성의 내면적 일, 인격수양, 학문자세, 내외(음양)의 합덕.
68) 길흉회린은 상호 윤회한다. 동전의 양 잎과 같은 것이다. 따라서 인간의 길흉은 회悔하면 길吉한 것이요, 인吝하면 흉凶한 것이다. 길과 흉은 얻고 잃음에 달려 있는데, 이에 대한 판단은「괘사」와「효사」에 길흉회린 등으로 말했다. ①'개介'란 선악이 나뉘기 전의 경계를 말하는 것으로, 조그만 기미가 있을때 걱정을 하여 '회悔'로 나아가느냐, '인吝'으로 나아가느냐 하는 경계가 되는 것이다. ②'진震'은 움직이되 위엄과 두려움으로 움직이는 것을 말하니, 움직였는데도 허물이 없는 것은 스스로 뉘우치는 마음이 있기 때문이다. 존호회存乎悔란? 후회를 얼마만큼 하느냐에 달려 있음을 말한다 (개과천선)

5) 진무구자震无咎者 존호회存乎悔

움직여서 허물이 없는 것은 뉘우침이 있기 때문이다.(存海) 진震震은 진동震動으로 적극적으로 가는 움직임이다.

> 是故로 卦有小大하야 辭有險易하니
> 시 고   괘 유 소 대   사 유 험 이
> 辭也者는 各指其所之니라.[69]
> 사 야 자   각 지 기 소 지

○ 卦(걸 괘) 辭(말 사) 險(험할 험) 易(바꿀 역, 쉬울 이) 指(손가락 지)

개요概要

괘卦에 소대小大가 있고 말씀에는 군자지도와 소인지도를 험이險易로 나누어 군자지도로 나아갈 바를 밝히고 있다. 즉 인도人道의 원리를 밝히고 있다.

각설各說

1) 괘유소대卦有小大 사유험이辭有險易

①괘유소대卦有小大는 치세治世에는 대인지도大人之道가 성성盛하고, 난세亂世는 소인지도가 성성盛한다는 것이다. 괘효卦爻로 보면 지천태地天泰의 시대는 군자君子는 득세하고 소인小人은 사라지며, 천지비天地否의 시대에는 군자君子는 은둔하고 소인小人이 득세한다. ②사유험이辭有險易란 중中·정正·응應·비否를 제대로 갖춘 길한 효爻이니 그 말은 간단하고 평이하다. 그러나 이를 갖추지 못하면 흉한 효爻이니 그 말이 많고 험하다는 것이다.

---

69) 이런 까닭에 괘卦에는 작고(小) 큰 것이(大) 있으며, 말씀속(괘사)에는 험하고 평탄함(쉬움)이 있으니, 괘사라는 것은 각기 그 향하는 바를 가리킨 것이다.

2) 각지기소지各指其所之(行)

사람들의 갈 길을 가르쳐 주는 것이 『주역』이다. 즉 「괘사」나 「효사」에서 상象과 사辭를 통해서 그 처한 상황을 설명하고, 그 행할 바를 가르쳐 준다는 것이다. 즉 군자지도의 갈 길을 가르쳐 준다는 것이다.

○第四章

 역의 범위와 능력 대하여 말하고 있다. 즉 역도가 광대하여 천지만물과 음양의 이치를 관통하고 있음을 의미한다. 그리고 역도의 근본내용을 천지지도의 문제로 제기하고 있다.

易이 與天地準이라. 故로 能彌綸天地之道하나니[70]
역　　여천지준　　　고　　능미륜천지지도

○ 準(법 준, 고를 준, 평평할 준) 故(옛 고) 能(능할 능) 彌(두루 미) 綸(씨 윤, 짤 윤, 낚싯줄 륜{윤})

개요槪要

 역의 지위를 말하고 있다. 그러므로 역易이 천지의 도를 미륜한다고 한다.

각설各說

1) 역易 여천지준與天地準

 역의 우주관, 천지의 이치와 일치한다는 의미가 준準이다. 하늘과 땅의 도道에 한 치의 어긋남도 없다는 것이다.[71] 천지天地는 현상적으로 드러난 지도地道이다. 건곤乾坤은 천도天道·지도地道를 포함한 인격성의 뜻이다.

2) 능미륜천지지도能彌綸天地之道

 천지지도天地之道가 괘卦와 효爻 속에 씨 줄와 날 줄로 베를 짜듯 다 들어 있다는 것이다. ①미彌는 모든 것을 다 엮어 포함하지 않음이 없이 크

---

70) 역은 천지와 더불어 같은지라 그러므로 천지의 도를 미륜한다.
71) 준準은 평등, 일치라는 의미도 있다.

다는 것이다. ②륜綸은 경륜(씨줄과 날줄)과 조리條理라는 뜻이다.

> 仰以觀於天文하고 俯以察於地理라
> 앙 이 관 어 천 문　　부 이 찰 어 지 리
>
> 是故로 知幽明之故하며 原始反終이라
> 시 고　　지 유 명 지 고　　원 시 반 종
>
> 故로 知死生之說하며 精氣爲物이오 游魂爲變이라.
> 고　　지 사 생 지 설　　정 기 위 물　　유 혼 위 변
>
> 是故로 知鬼神之情狀하나니라.[72]
> 시 고　　지 귀 신 지 정 상

○ 仰(우러를 앙) 俯(구푸릴 부) 察(살필 찰) 幽(그윽할 유) 始(처음 시) 終(끝날 종) 精(쓿은 쌀 정) 氣(기운 기) 游(헤엄칠 유) 魂(넋 혼) 鬼(귀신 귀) 狀(형상 상)

각설各說 [73)]

1) 앙이관어천문仰以觀於天文

물리적인 천체의 변화를 보고 형이상의 천도天道를 자각한다는 것이다. ①앙仰은 유학의 종교성을 표상한다. 자각을 통한 명명덕明明德이다. ②관觀은 거리에 관계없이 마음으로 밝게 보는 것이다.

2) 부이찰어지리俯以察於地理 (공간성원리)

찰察은 가까운 거리에서 자세히 살펴보는 것이다. 그러므로 하늘은 밝

---

72) 우러러 봄에는(위로는) 천문을 관찰하고, 구부려 봄에는(아래로는) 지리를 살핀다. 그러므로 유명의 원인을 알며, 시작을 근원하여 종에 돌이켜 연구한다. 그러므로 사생의 말을 알며, 정기精氣가 물건物件이 되고, 혼이 돌아다녀 변이 된다. 이 때문에 귀신의 정황을 안다.

73) 『周易本義』에서는 "차此는 이치를 궁구하는 일이다. 이는 성인聖人이 『주역』책을 이용하는 것이다. 역은 음·양일 뿐이니, 유幽·명明, 사死·생生, 귀鬼·신神은 모두 陰陰·양陽의 변變이고 천지의 도이다. 천문은 주晝·야夜와 상上·하下가 있고, 지리는 남·북과 고高·심深이 있다. 원原은 앞에 미룸이요, 반反은 뒤에 맞춰보는 것이다. 음陰의 장精과 양陽의 기氣가 모여서 물건을 이룸은 신神의 펴짐이요, 혼魂이 돌아다니고 백魄이 내려와서 흩어져 변變이 됨은 귀鬼의 돌아감이다.(此窮理之事, 以者, 聖人以易之書也, 易者, 陰陽而已, 幽明死生鬼神, 皆陰陽之變, 天地之道也, 天文則有晝夜上下, 地理則有南北高深, 原者, 推之於前, 反者, 要之於後, 陰精陽氣, 聚而成物, 神之伸也, 魂游魄降, 散而爲變, 鬼之歸也.)라고 하였다.

고 일월성신의 무늬가 있으므로 '관문觀文'이라 하고, 땅은 그윽하면서 산천 등 맥락의 이치가 있으므로 '찰리察理'라고 하였다.[74]

3) 시고是故 지유명지고知幽明之故 원시반종原始反終

유명지고幽明之故를 안다는 것은 음양의 천도天道를 말한 것이다.[75] 왜냐하면 유명지고는 땅 속의 이치(속에 보이지 않은 음)와 하늘의 이치(겉에 환하게 나타난 양)가 그렇게 된 이유를 말하고 있다.[76]

유幽	명明
과거, 미래의 인간세계	현재의 인간세계
귀신의 세계	인간세계

원시반종이란? 시始를 근원으로 하여 종終을 돌이킨다는 뜻으로 종시원리를 말한다.[77]

○ 종시終始를 구체적으로 살펴보면 다음과 같다.

① 생사生死로 보면 생은 시始이고, 사는 종終이다.

② 효사卦爻로 보면 초효初爻가 시始이고 상효上爻가 종終이다.[78]

---

74) '이이'자를 특별히 넣은 것은 「계사하」 2장 (仰則觀上於天 俯則觀法於地)과는 달리 『주역』으로써'라는 뜻을 말한 것이다.

75) 지유명지고知幽明之故는 산 세계와 죽은 세계, 미지의 세계와 현실의 세계의 연고를 안다는 것으로 해석할 수도 있다.

76) 천문지리天文地理를 역易으로써 관觀하고 찰察하면, 그 안에 담긴 유명幽明의 연고를 알게 된다는 것이다.

(1) 유幽 : 시간성時間性원리, 천도天道원리, 일월지도日月之道, 천지지도天地之道

(2) 고故 : 원리, 연고, - 온고이지신溫故而知新

①聖人중심 ← 지성智性 중심의 자각

②君子중심 ← 인성人性 중심의 자각

77) 원시반종은 영원성을 의미한다. '종즉유시終則有始 천행야天行也'고 하여 시간성의 세계를 밝힌 것이다.

78) 음이 시작해서 종하게 되면 음은 사라지고 양이 시始하는 음양소식의 이치를 앎으로써 사람이 생(始)하면 사(終)하는 이치를 알게 되는 것이다. 즉 시작을 생각하고, 끝남을 돌이키면 음양이 순환하는 이치를 알게 된다는 것이다. 다시 말하면 지사생지설知死生之說로서 음양의 순환하는 이치를 안다는 뜻이다. 음양과 괘효를 결부시키면 복復이 양陽의 시始이고, 건

③ 계절로 보면 봄이 시始이고 겨울은 종終이다. 이는 겨울(終)이 다하면 봄이 오는 것이니 즉 죽으면 살고, 살면 죽는 이치이다.
④ 음양으로 보면 양陽이 시작해서 종終하게 되면 음陰이 시始한다.

4) 고지사생지설知死生之說

사생지설을 안다는 것은 유명幽明이 지도地道의 측면으로 변화된 것으로 종시원리이다. 이는 죽고 다시 태어나는 원리로서 형이상의 생명으로 거듭나야 한다는 것이다.

5) 정기위물精氣爲物

정수精髓한 기氣가 물物이 된다. 왜냐하면 정기위물은 정精은 음陰이고, 기氣는 양陽으로, 정精과 기氣가 합하여 만물이 되기 때문이다.[79]

6) 유혼위변游魂爲變

혼魂은 심心이 인격성을 근거로 하는 변화지도이다. 혼魂은 떠돌아 다니면서 변화가 이룬다.

7) 지귀신지정상知鬼神之情狀

역도의 신명성을 드러낸 것으로 역도의 전모가 밝혀지는 것이다. ①신神은 양陽이니 밝은 곳으로 오는 것(伸)이다. ②귀鬼는 음陰이므로 어두운 곳으로 돌아가는(歸) 것이다. ③정情은 실정이니 이치이다. ④상狀은 모양이니 형체를 뜻한다.

乾이 양陽의 종終이며, 구姤가 음陰의 시始이며, 곤坤이 음陰의 종終이다.

79) (觀中) ⑴정기위물精氣爲物에서 정精과 기氣에는 '미米'자가 들어 있는데, 미米는 알 찬 것, 속 내용, 핵심의 뜻이 있다. '정기위물'은 물적인 측면을 말한다. 정기精氣가 합하면 물건이 되어 살지만, 인간은 혼魂이 떠나면 죽는다. 혼백중에서 혼魂은 기氣와 마찬가지로 양陽이므로 죽게 되면 하늘로 올라가고, 혼魄은 정精과 마찬가지 음陰이므로 죽게 되면 땅으로 내려간다. ⑵ 우혼위변游魂爲變은 심적인 측면, 귀신鬼神의 신명성의 인격적 표현으로 나타난다. 역도易道는 귀신지도鬼神之道, 신도神道에 근거하여 원리적인 측면을 이리理, 작용적 측면을 기氣로 밝혀짐을 알 수 있다.

(易)與天地相似ㅣ라
역 여천지상사

故로 不違하나니 知周乎萬物而道濟天下ㅣ
고 불위 지주호만물이도제천하

故로 不過하며 旁行而不流하야 樂天知命이라
고 불과 방행이불류 낙천지명

故로 不憂하며 安土하야 敦乎仁이라. 故로 能愛하나니라.[80]
고 불우 안토 돈호인 고 능애

○ 似(같을 사) 過(지날 과) 旁(두루 방) 憂(근심할 우) 敦 (도타울 돈)

개요槪要

성인聖人이 주체적으로 자각한 역도로서 그 공능功能을 말하고 있다.[81]

각설各說

1) (역)여천지상사(易)與天地相似 고불위고불위故不違

여천지상사與天地相似의 상사相似는 앞 귀절 '여천지준與天地準'의 '준準'
과 같은 뜻이다. 불위不違는 '불과不過, 불류不流, 불우不憂, 능애能愛' 때문
에 어긋나지 않는다는 것이다.

2) 지주호만물이도제천하知周乎萬物而道濟天下 고불과고불과故不過

역학의 궁극적 사명은 천하를 도道로써 구제하는 것이다. ①제濟란 기
제旣濟에서 미제未濟로 건너주는 것이다. ②지知는 만물萬物의 모든 일을
포괄함으로 모든 것을 두루 안다. ③도道는 만물을 두루 아는 까닭에 천

---

80) (역이) 천·지와 더불어 서로 같음이라, 그런 까닭에 어기지 아니하나니, 지혜가 만물에 두
루하고, 도로써 천하를 가지런히 함이라, 그런 까닭에 지나치지 않으며, 사방으로(두루) 행하
되 흐르지 아니하여 천리를 즐거워하고 천명을 아는 것이라, 그런 까닭에 근심하지 않으며,
자리에 편안하여 인을 돈독히 함이라, 그런 까닭에 능히 사랑할 수 있는 것이다.
81)『주역周易』의 이치理致와 천지天地의 이치理致가 동일同一하다는 것이다. 왜냐하면『주
역周易』이 천지와 기준하여 미륜彌綸을 하였으므로, 성인聖人이『주역周易』을 공부하여 천
지와 그 덕德이 같아지니, '선천이천불위先天而天弗違, 후천이봉천시後天而奉天時'(乾卦,「文
言」九五「文辭」) 하게 되는 것이다.

하를 다스릴 수 있다. 그러므로 지知는 '주호만물周乎萬物'하고, '도道'는 '제천하濟天下'하므로 어긋남(不過)이 없는 것이다.[82]

3) 방행이불류旁行而不流 낙천지명樂天知命 고불우고不憂

역학의 이치를 알고 확신을 가지면 천명天命을 알아서 군자는 근심하지 않고 즐겁게 행한다. 방행이불류는 사방으로 두루 행하여도 중정지도로서 잡되게 흐르지 않는 것이다. 그러므로 천지지도와 역도가 일치함으로 믿고 즐겁게 따를 수 있는 것(樂天知命)이다.[83]

4) 안토돈호인安土敦乎仁 고능애고能愛[84]

토土는 자기自己가 있는 곳으로, '안토安土'는 자신이 있는 곳에서 편안히 거한다는 뜻이다. '인仁'이란 하늘로부터 품부稟賦받은 본연本然의 덕德이다. 안토安土할 수 있으므로 토土의 후중後重한 덕德을 본받아 '돈인敦仁'할 수 있게 된다. 따라서 '안토돈인安土敦仁' 함으로써 나와 남을 사랑할 수 있는 것이다.[85] 역도를 자각한 사람은 자신이 처한 곳에 편안히 머물면서 사람들에게 인仁과 사람을 베푸는데 극진하다.

---

82) 위에서 나타난 '불위不違', '불과不過', '불우不憂'는 『논어論語』「자공子罕」편과 「헌문憲問」편에서는 "지지불혹知者不惑, 인자불우仁者不憂, 용자불구勇者不懼"에 등장한다.
83) 방행은 대로가 아닌 옆길, 가까운 길로 가는 것, 정正道가 아닌 사도私道로 가는 것이다.
84) 토土는 곤도坤道를 나타냄으로써 ①인성人性이 되는 것이다. 그리고 ②지성知性은 천도天道로 상징한다.
85) (觀中) 토土(무토戊土 오五, 기십己土 십十)는 오행원리에서 십오十五 천지지도가 합덕한 것을 상징하는 것으로 천지지도에 편안하게 하는 것으로 천지지도가 인간의 주체성으로 내재화됨으로써 인仁(사덕四德)이 되기 때문에 도道 자체가 일관함(주체화됨)으로써 인간의 덕이 된다는 것이다. 도道가 이미 인간의 덕이 되었기 때문에 고로 능히 사랑하고 살아가는 것이다. '인민이애물仁民而愛物'하는 것으로 애물愛物(이물利物)의 원리는 의義로써 인간 본래성인 사덕四德을 함축적으로 모두 드러내고 있다.

○ 範(법 범) 圍(둘레 위) 遺(끼칠 유)

개요槪要

역易의 이치가 천지天地의 이치와 일치一致한다는 것이다.

각설各說

1) (역易)범위천지지화이불과範圍天地之化而不過

역은 천지 조화의 범위를 지나치지 않고, 벗어나지 않는 것이다. ①범範은 모범이라는 뜻이고, ②위圍는 주위周圍라는 뜻이니, '범위천지範圍天地'란 천지의 조화를 모두 포함한다는 뜻이다. ③불과不過는 여기에 조금도 지나치거나 모자람이 없음을 말한다. 즉 천지의 도道와 일치한다는 뜻이다.

2) 곡성만물이불유曲成萬物而不遺

만물萬物을 곡진히 이루어 빠뜨리지 않는 것이며, 이 때 '곡성만물曲成萬物'은 '범위천지範圍天地'한 역도를 응용해서 만물을 다스린다는 뜻이며, '불유不遺'는 하나도 빼놓지 않는다는 뜻이니, 64괘卦·384효爻에 모든 것을 다 담았다는 뜻이다.

3) 통호주야지도이지通乎晝夜之道而知

'유명幽明, 사생死生, 귀신鬼神'의 도道를 통칭하여 '주야지도'라 하였으니, 이것은 음양지도에 통해서 천지지도를 알게 되는 것이다.

---

86) (역은) 천지天地의 조화를 범위範圍하여 지나치지 않으며, 만물(만물)을 곡진히 이루어 빠뜨리지 않으며, 주晝·야夜의 도道를 겸하여 안다. 그러므로 신묘한(神) 변화는 일정한 방향과 장소가 없고 역易의 변화는 일정하고 고정된 형체가 없는 것이다.

4) 신무방이역무체神无方而易无體

신무방神无方의 신神은 음양변화의 불측함에 따라 수시로 변하므로, 양陽이나 음陰이 일정한 방소方所에 거처하고 있는 것이 아닌 신묘한 변화라는 뜻이다. 방方은 방식이나 방향을 말한다. ②역무체易无體란 양陽이 변해 음陰이 되고, 음陰이 변해 양陽이 되는 것이므로, 역易이 일정한 형체나 고정된 형식이 없다는 이치를 말한다. 즉 '신무방神无方'은 천지의 이치를 '역무체易无體'는 역의 이치를 말한 것이다.[87]

----

87) 이는 달리 말하면 신神에 방소方所가 있고, 약易에 일정한 체가 있다면 '범위천지範圍天地 곡성만물曲成萬物'하여 '불과, 불유不有'하지 못한다는 뜻이다. 그러므로 방방과 체體는 수시 변역變易하되 그 흐름에 있어 일정한 도道(典常)가 있는 것이며, 이 도道가 '신神'이며 '역易'인 것이다. 「계사하」편, 8장에서 "역의 글됨이 멀리하지 못할 것이요, 도됨이 여러번 옮김이라. 변동해서 거하지 아니하여, 육허에 두루해서 오르고 내림에 항상함이 없으며, 강과 유가 서로 바뀌어 전요를 삼지 못함이요, 오직 변해서 가는 바이니.(易之爲書也, 不可遠, 爲道也, 屢遷, 變動不居, 周流六虛, 上下无常, 剛柔相易, 不可爲典要, 唯變所適.")라고 하였다.

○第五章

요지要旨

　제5장은 음양변화법칙, 도道의 의미와 작용 위주로 설명하고 있다. 제4장의 주야지도晝夜之道를 받아서 도서원리, 괘효원리, 인간본래성의 차원에서 태극太極과 음양陰陽 관계를 일음지一陰之 ⇨ 일양지一陽之 ⇨ 기氣 ⇨ 운행변화의 이치 ⇨ 양陽으로 진進(시간적) ⇨ 음陰으로(공간적)나아감을 설명하고 있다. 『주역』을 공부하는 것은 천지변화를 파악하는 것임을 천명하고 있다.

一陰一陽之謂ㅣ道ㅣ니
일 음 일 양 지 위　　도

繼之者ㅣ善也ㅣ오 成之者ㅣ性也ㅣ라.[88]
계 지 자　　선 야　　성 지 자　　성 야

○ 繼(이을 계) 善(착할 선) 成(이룰 성) 性(성품 성)

개요槪要

　일음일양지위 도를 철학의 명제로 삼고 있다.[89]

각설各說

1) 일음일양지위 도

　한번은 양으로 작용하고 한번은 음으로 작용하는 음양 작용원리를

---

88) 한번 음하고 한번 양하는 것을 일러 도라고 함이니,
89) 『주역周易』의 건곤적乾坤的 세계구조를 나타내고 있다. ①건곤乾坤은 상황적 조화의 성격性格이다. ②건곤천지乾坤天地는 만물생성변화萬物生成變化 → 천지天地의 항구성은 종終과 시始의 맞물림(종즉유시終即有始의 종시론終始論) 무궁한 변화속에서도 변화하지 않는 불역不易을 추구하는 소이所以가 된다. ③종시성終始性이 따라서 역易의 변화는 건곤乾坤(陰陽)의 상보성相補性, 동動과 정靜, 대대待對와 통일통一(合一)을 말한다.

'도'라고 하며, 이러한 음양작용을 '선성善性'이라 한 것이다.[90) ①음양陰陽 → 도道 → 선성善性 → 인지지성仁知之性

2) 계지자繼之者 선야선也 : 인지지성仁知之性(선성善性)으로 주어짐

천지지도의 인간 주체화를 말한다.[91) ㉠계繼는 생生한다, 발용發用한다, 작용한다, 잇는다의 의미이다. 이때 지之는 대명사로써 도道이다.[92) ㉡선야善也란? 천지지도를 계승하면 선이고, 아니면 악이다.[93)

3) 성지자成之者 성야性也

①성지成之는 열매상태이다. 일음일양의 전체가 태어남을 성性이라고 한다. 이 때의 성性을 자의字意로 보면 날(출생) 때의 마음(忄 + 生 = 性)이다. ②성性은 현상에서 구체화되어 드러난다는 것이다.[94) 현상의 세계에서 드러난 것이 인간의 본성이다.

---

90) 성리학의 관점에서는 음양 자체가 도道가 아니라는 것이다. 즉 무극의 기운을 가지고 태극으로 나아가고, 태극은 양의를, 양의는 사상등의 음양 변화의 소이연所以然을 도道라고 규정한다.
1) '웅십력'는『독경시요讀經示要』권卷一에서 "음양이라 하는 것은 도체道體의 발용이나 도체道體가 음양은 아니다. 일부에서는 도道를 일러 음양이라 하고, 음양이 도道이다."라고 하였다.
2) '정자程子'는『역전易傳』에서 "음양이 도가 아니라 일음일양의 소이가 도이다."라고 하였다.
3) '주자朱子'는『주역본의周易本義』에서 "음陰·양陽이 번갈아 운행運行함은 기氣이고, 그 이치는 이른바 도道라는 것이다.(陰陽迭運者, 氣也, 其理 則所謂道.)"라고 하였다.
91) 천지의 음양지도가 인간에 내재화됨으로써 인간 본래성을 구성한다. 이것도 변화의 원리로서 천변인화天變人化하는 원리이다.
92) 이러한 음양작용은 음양으로 나누어 규정할 수 없는 음양합덕체인 신의 자기自己 전개작용이다. 그런데 신神의 자기 전개작용은 항구하여 그침이 없다.
93) 맹자의 성선설의 근거가 이것이다. '선善'은 존재론에서는 진眞의 세계이자 미美의 세계이다. 참된 진리의 세계는 선한 세계이자 아름다운 세계이다. 가치의 세계에서는 불선不善에 대비되는 선善이다.
94) 인간 본성으로 천지지도의 완성, 형이상학적 표현으로 성선설의 근거이며, 인간의 마음씨가 성性이다. 그러므로 하늘의 마음씨가 분화分化되는 것을 천명지위성라 할 수 있다.

> 仁者ㅣ 見之에 謂之仁하며 知者ㅣ 見之에 謂之知오
> 인자   견지   위지인   지자   견지   위지지
>
> 百姓은 日用而不知라 故로 君子之道ㅣ 鮮矣니라.[95]
> 백성   일용이부지   고   군자지도   선의

○ 仁(어질 인) 姓(성 성) 謂(이를 위) 鮮(고울 선)

개요槪要

인지仁知는 씨와 열매, 음陰과 양陽, 성인聖人 군자君子의 관계이다. 이것은 성인지도聖人之道는 체體로써 감추어져 있고, 다만 군자지도로 드러난다는 것이다.

각설各說

1) 인자견지仁者見之 위지인謂之仁

인자仁者는 군자君子이며, 견見이란 육신의 눈으로 보는 것을 의미하지만 자각의 측면에서 볼 때는 마음으로 보는 심안心眼이 전제되어 있다. 그러므로 단순히 보는 것은 아니다.

2) 지자견지知者見之 위지지謂之知

지자知者는 지혜로운 자로서 성인聖人을 말한다.

3) 백성百姓 일용이불지日用而不知

음양의 도道를 보고 이용하면서 도道가 무엇인지 모른다는 것이다.

---

95) 어진 자는 그것(道)을 보고 어질다하고, 지혜로운 자는 그것을 보고 지혜롭다고 하는데, 일반 백성들은 메일(도를) 쓰면서도 그것이 무엇인지를 알지 못함이라, 그러므로 군자의 도는 (아는 사람들이) 드물다.

顯諸仁하며 藏諸用하야 鼓萬物而不與聖人同憂하나니
현 저 인   장 저 용   고 만 물 이 불 여 성 인 동 우

盛德大業이 至矣哉라.[96]
성 덕 대 업   지 의 재

○ 顯(나타날 현) 諸(모든 제) 仁(어질 인) 藏(감출 장) 鼓(북 고) 憂(근심할 우) 盛(성할 성, 담을 성) 哉(어조사 재)

개요槪要

인仁을 주체로 해서 실천하는 존재가 군자이다. 즉 도道가 군자를 매개로 해서 도덕의 세계가 드러난다는 것이다.[97] 천지지도는 체體로써 드러나지 않기 때문에 지知는 드러나지 않고 용用인 인仁이 드러나는 것이다. 용用에서 감추어지는 것은 지知로써 이것은 성인聖人과 군자의 관계를 나타내고 있다고 할 수 있다.[98] 그러나 군자는 후천적인 존재로 선천에 성인聖人이 밝혀놓은 경전을 통해 깨달아서 자신의 사명을 알아야 하는 것이다.

---

96) (천지지도는) 인의 모습으로 드러나고, 일상의 쓰임 속에 감추어져 있어서(사람들이 쉽게 알지 못하고), (천지지도가) 만물을 고동 진작시켜 화육시키지만 성인이 우환하는 마음을 가지는 것과는 다르니 (천지의) 성대한 공덕과 위대한 사업은 지극하도다.

97) 『주역본의周易本義』에서는 "현顯은 안으로부터 밖에 나옴이요, 인仁은 조화의 공功을 이르니 덕德의 발로이다. 장藏은 밖으로부터 안으로 들어감이요, 용用은 기함機緘의 묘妙를 이르니, 업業의 근본이다. 정자程子가 말씀하였다. 천지天地는 마음이 없으나 조화造化를 이루고, 성인聖人은 마음이 있으나 위함이 없다.(顯 自內而外也, 仁 謂造化之功, 德之發也, 藏 自外而內也, 用 謂機緘之妙, 業之本也, 程子曰, 天地, 无心而成化, 聖人 有心而无爲니라.)"고 하였다.

98) 앞에서 군자지도를 밝혔기 때문에 여기서 주체는 군자임을 알 수 있다. 군자는 만물을 고무하여 생명을 북돋워 주는 것이다. 즉 형이하의 세계에서 형이상의 인격적 세계로 나아가라고 북을 쳐 고무시켜주는 것이다. 성인聖人처럼 근심하지 않는다. 성인聖人은 과거의 존재로 미래의 세계를 이치로 밝혀놓았기 때문에 '우천하래세憂天下來世'하는 존재이다. 성인聖人은 우환의식에 의해서 경전을 저작하여 후세 군자들이 인격적인 세계로 나아가기를 근심하는 것이다. 그러므로 「계사하」편 제7장에서는 "작역자作易者ㅣ 기유우환호其有憂患乎인뎌"라 하여 성인聖人의 우환의식을 밝히고 있다.

1) 현저인顯諸仁

인仁은 조화속에 물건을 생생하는 마음이고, 용用은 물건을 이루는 공을 뜻한다. 인仁은 본래 감춰져야 하는 씨앗과 같은 것이지만, 봄이나 치세治世가 되면 나타난다. 다시 말하면 씨앗이 땅속에 있다가 봄에 밖으로 나오면(內⇨外) 가을에 결실을 거둔다는 것이다.[99]

2) 장저용藏諸用

용用은 본래 써야 하는 것이지만, 가을이나 난세가 되면 감춰지는 것이다.

위의 내용을 정리하면 땅속에 있던 인仁이 봄을 맞아 밖으로 나와 커서(顯諸仁, 內 ⇒ 外) 열매 맺고, 다시 땅속으로 감춰지고(藏諸用, 外 ⇒ 內) 하는 음양의 조화를 말한다.

3) 고만물이불여성인동우鼓萬物而不與聖人同憂

하늘은 만물을 고동진작시켜 '현재인顯諸仁, 장재용藏諸用' 하도록 하되 무심無心으로 하는 것이고, 성인聖人은 이것이 잘 되도록 늘 상 걱정하는 것이니, 하늘과 성인聖人이 같이 걱정하는 것은 아니다. 즉 천지天地는 무심하므로 근심하지 않고, 성인聖人은 하고자 하는 일이 있으므로 근심하는 것이니, "천지天地는 하고자 하는 마음이 없되 조화를 이루고, 성인聖人은 하고자 하는 마음이 있되 사사로이 움직이지 않는다.(천지무심이성화天地無心而成化 성인유심이무위聖人有心而無爲)"와도 통通한다고 할 수 있다.

4) 성덕대업지의재盛德大業至矣哉

천지는 성덕成德으로 일월을 운행하는 대업을 이루고, 성인聖人은 성덕

---

99)『주역절중周易折中』의 '유염'의 말을 참조함. 그리고 현재인顯諸仁은 ⑴ 내부에서 외부로 나타나서 내재화된 성性이 드러남 ⑵ 감추어진 인仁의 씨앗이 땅에 뿌리박고 세상에 나온다. ➡ 군자 ➡ 비인격적 세계➡인격적 세계로 ⒜ 현顯 : 춘하春夏(양陽) ⒝ 인仁 : 씨앗 (생장수장生長收藏의 원리) ③만물화육의 이치

成德으로 천지의 일을 본 따 백성을 이루는 대업大業을 이룬다.

현저인顯諸仁(체體) ⇨ 성덕盛德 ┐
　　　　　　　　　　　　　　　　지의재至矣哉
장저용藏諸用(용用) ⇨ 대업大業 ┘

富有之謂ㅣ 大業이오
부 유 지 위　　대 업
日新之謂ㅣ 盛德이오 生生之謂ㅣ 易이오.[100]
일 신 지 위　　성 덕　　　생 생 지 위　　역

○ 富(부유할 부, 가멸 부) 有(있을 유) 之(갈 지) 謂(이를 위) 大(큰 대) 業(업 업) 日(해 일) 新(새 신) 盛(담을 성) 德(덕 덕) 生(날 생) 易(바꿀 역)

개요概要

이 구절은 성덕대업盛德大業을 설명한 글이다.

각설各說 [101]

1) 부유지위富有之謂 대업大業

건도乾道가 공간으로 드러남을 의미한다.[102] ①부유지위는 하늘은 만물을 포함하고 있으니 부유富有이다. ②대업의 대大는 건乾이고, 업業은 공간이다. 업業은 공간적인 표상으로 부유해지는 것이다. 덕德은 시간으로 날로 새로워지는 것이다.

───────────────

100) 부유한 것을 대업이라 하고, 날로 새로운 것을 성한 덕이라 이름이요 생하고 생함을 이르되 역이요

101) (觀中) 백성을 인격적인 존재로 변화시킬 뿐만 아니라 군자 자신도 인격적 존재로 변화되는 것이다. 재생하는 것이다. 다시 태어나는 것으로 물리적인 몸이 재생하는 것이 아니라 자신의 인격적 생명을 얻음을 역易이라고 하는 것이다. 이것의 변화는 물리적인 변화가 아니라 인격적인 변화지를 밝히고 있는 것이다. 물리적인 변화는 물리적인 시간이 흘러가는 것으로 형이상적 존재인 역도가 아니다. 역 변화원리의 근거이다.

102) 덕德과 업業도 시간과 공간으로 건도와 곤도로 각각 대응되는 체용적 관계임을 알 수 있다.

2) 일신지위성덕日新之謂盛德[103]

인仁을 나타냄에는 끊임없이 새롭게 하여야 성덕盛德이라 할 수 있으며, 시간적인 형이상의 의미를 가지고 있다.

3) 생생지위生生之謂 역易

『주역』의 우주론을 밝히고 있다. 전자前者의 생생은 물리적 존재, 육신의 생명이며, 후자後者의 생생은 시간적 존재, 형이상의 생명이다. 생생生生함이 하늘의 뜻이며, 영원성을 의미한다. 왜냐하면 음陰은 양陽을 생生하고, 양陽은 음陰을 생生하여, 끊임없이 반복反復(생성·변화)하는 것이 역의 이치이다. 역易에서는 태극太極 → 양의兩儀 → 사상四象 → 팔괘八卦 → 64괘로 만물이 생생한다고 하는 것이다.

成象之謂ㅣ 乾이오 效法之謂ㅣ 坤이오 [104]
성 상 지 위　　건　　　효 법 지 위　　　곤

개요概要

성인聖人의 작역作易 원리로서의 건곤을 말한다. 「계사상」편 제1장의 "재천성상在天成象 재지성형在地成形 변화현의變化見矣"의 구체적인 내용으로 밝혀진 것이다.[105] 하늘에 일월성신日月星辰의 형상이 있어 굳건하게

---

103) 우번虞翻은 『주역집해周易集解』에서는 "사물은 갖추지 않는 것이 없기 때문에 부유하다고 말하고, 변화함이 쉼이 없기 때문에 '日新'이다.(物無不備, 故曰富有, 故曰日新)"라고 하였다.

104) 상을 이룸을 건이오, 법을 드러냄을 곤이오,

105) '상象'은 괘상卦象과 소상小象이다. 좁은 의미에서 괘상이다. 그러나 단순히 상象은 괘효만 의미하는 것이 아니라 曆數를 포함하는 것이다. 상징적인 체계인 曆數도 자체를 상징적으로 드러낸 것이다. 이 세계는 나타난 상象의 세계이므로 현상現象이라고 한다. 여기서 상象은 그 내용인 뜻을 드러낸다. 상象이 형形으로 드러난 것이다. 그리고 도道는 이기理氣와 신명神明이 있다. 원리적인 측면을 이理, 작용적인 측면을 기氣이다. 그 근저에는 도덕성인 신명성神明性이 있는 것이다. 신명성이 근원적으로 존재하기 때문에 자연과학적 법칙이나 물리적 에너지와는 차원이 다른 것이다. 그러나 도道를 논리적으로 설명하기 위해서는 이치理致로 해부하기 때문에 법칙으로 착각하기 쉬운 것이다.

운행하여 쉬지 않는 것을 건乾이라 하고, 땅이 지극히 순하게 하늘의 법칙을 이어 본받은 것을 곤坤이라고 하니, 건곤乾坤이 역易의 문이 되는 것이다.

각설各說

1) 성상지위成象之謂 건乾

도道를 깨달아 상상으로 천명하는 것이 성인聖人의 사명으로 성인聖人이 천지지도를 주체적으로 자각하여 인도人道를 천명하는 것을 일러 건乾이라고 하는 것이다.[106] 성인聖人의 작역作易 과정으로도 볼 수 있다. 「설괘」에서 입상立象은 「계사繫辭」 하는 과정이다.

2) 효법지위效法之謂 곤坤

성인지도와 군자지도의 문제를 건곤乾坤에 비겨서 설명하고 있다. 효법效法은 상상으로 드러난 성인지도를 따르거나 모방함을 의미한다. 즉 성인聖人이 상상을 통해서 밝힌 인도人道를 통해서 그것을 본받아 법칙으로 실천하는 것이 곤坤(군자지도)이다. 곤괘坤卦 「문언」에서 밝히고 있는 곤도坤道의 성격을 알 수 있다.

> 極數知來之謂ㅣ 占이오 通變之謂ㅣ 事ㅣ오
> 극 수 지 래 지 위　 점　　 통 변 지 위　　 사
> 陰陽不測之謂ㅣ 神이라.[107]
> 음 양 불 측 지 위　 신

○ 極(다할 극) 數(셀 수, 헤아릴 수) 知(알 지) 來(올 래{내}) 通(통할 통) 事(일 사), 測(잴 측)

---

[106] '상象'을 이룬다는 것은 성인聖人의 측면에서 이루지는 것으로 천지지도를 주체적으로 자각하여 구체적인 현상사물에 비겨서 상징적으로 드러내는 것이 건乾으로 시초始初작용이다.

[107] 수數를 지극히 하여 미래를 앎을 점占이라 하고, 사물의 변화에 통함을 일이라 하고, 음양의 변화를 헤아릴 수 없는 것을 신神이라 한다.

이치(헤아림)를 궁구하여 다가옴을 아는 것에 대한 설명이다.

1) 극수지래지위점極數知來之謂占 통변지위사通變之謂事

수數(헤아림)를 지극히 하여 미래를 아는 것은 일의 변變을 통하는 것이다. 그러므로 점占이란 수數(헤아림)를 궁구하여 다가오는 미래를 아는 것이다.

2) 음양불측지위陰陽不測之謂 신神

5장의 첫 귀절인 '일음일양지위一陰一陽之謂 도道'에 대한 말이다. 도道란 음양을 주재하며, 신神이란 음양의 묘용妙用을 뜻하나, 이는 궁극적으로 같은 말이다. '음양불측陰陽不測'은 항시 순환하기 때문에 '이것이 양陽이다. 또는 음陰이다.'라고 말할 수 없다는 것이다. 즉 음陰이 신神인가 하면 어느덧 변해서 양陽이 되고, 양陽이 신神인가 하면 변해서 음陰이 되니, 신神은 일정한 방소方所가 없고, 음양불측陰陽不測하다는 뜻이다.109)

---

108) 점占은 수數를 지극한 데까지 추연推衍하여 미래의 시간을 알았다는 것으로 이것은 십무극十无極을 깨달음을 말하는 것이다. 즉 '점占'은 시간의 원리인 시간성을 자각하여 형이상의 변화원리에 통하는 것으로 개인의 일상적인 미래를 점치는 것이 아니라 우주변화원리를 밝혀내는 일임을 알 수 있다. 따라서 변화원리에 통하여 형이하의 사事를 추진한다는 것이다. 미래성 즉 시간성의 변화원리에 통하여 매 시간에 맞는 일을 하는 것이 사事이다.
1) 사事는 도道와 관계되지 않은 것은 하나도 없다. 돈 버는 사업등의 일을 이야기하는 것은 아니다. 물리적인 모습의 변화에 따른 물리적인 시간의 변화 따라 돈을 번다 혹은 건강하다 등의 미래를 점치는 것이 아니다. 경전에서는 시간의 근거가 되는 시간성의 차원에서 인격적인 변화의 원리를 밝히고 있기 때문이다.
2) 일상적으로 점占을 이해할 때 술수術數로 전락시키는 것은 이 세계가 뜻(인격성, 역사)을 가진 세계가 아니라 물리적인 시간이 흐르는 기계적인 세계관을 가지고 있기 때문이다. 즉 물리적 시간의 근거가 되는 시간性을 자각하지 못하고, 시간을 물리적으로 과거에서 미래에 흐르는 것으로 이해한 결과이다. 따라서 '사事'는 군자지사君子之事인 것이다. '수數'를 미루어 미래를 알았다는 것은 그 세계가 음양불측지위의 세계임을 자각했다는 것이다.
109) 위의 문장文章을 굳이 음양陰陽으로 나눈다면 다음 도표圖表와 같다.

陰	一陰之	成之者 性也	知者 謂之知	藏諸用	大業	富有	陰生	坤	通變 (陰神)
陽	一陽之	繼之者 善也	仁者 謂之仁	顯諸仁	盛德	日新	陽生	乾	極數之來(陽神)

○第六章

건곤乾坤을 상징하는 음양의 성질에 대한 설명이다.

夫易이 廣矣大矣라 以言乎遠則不禦하고
부역　광의대의　이언호원즉불어

以言乎邇則靜而正하고 以言乎天地之間則備矣라.[110]
이언호이즉정이정　　이언호천지지간즉비의

○ 廣(넓을 광) 遠(멀 원) 禦(막을 어) 邇(가까울 이) 靜(고요할 정) 備(갖출 비)

개요概要

역易은 하늘과 땅같이 크고 넓어서, 멀리는 이르지 않는 데가 없고, 가까이는 고요해서 전혀 느끼지 못하는 곳까지 미치니, 천지 사이의 모든 이치와 상象을 다 갖추었다는 것이다.

각설各說

1) 불어不禦

역도易道가 미치지 않는 곳은 없다는 것이다. 넓고 크다는 것이다.[111]

2) 정이정靜而正

주변의 다른 것과 교감하지 않아 그 영향을 받지 않으니, 치우치지 않아 바른 상태를 말한다. 즉 아직 발하지 않아 하나로 그쳐 있는 중中의 상태를 뜻한다.

---

110) 무릇 역易이 넓고 큼이라. 먼 것으로 말하면 다함이 없고, 가까움을 말하면 고요하여 바르고, 천天·지地의 사이를 말하면 (모든 것을)구비되었다.

111) 『周易本義』, "'불어不禦'는 다함이 없음을 말한 것이다. 고요하여 바름은 일에 나아감에 이치가 있음을 말한 것이다. 비備는 있지 않은 바가 없음을 말한 것이다.(不禦, 言无盡, 靜而正, 言卽物而理存, 備 言无所不有라.)"라고 하였다.

夫乾은 其靜也ㅣ 專하고 其動也ㅣ 直이라
부건 기정야 전 기동야 직

是以大ㅣ 生焉하며 夫坤은 其靜也ㅣ 翕하고
시이대 생언 부곤 기정야 흡

其動也ㅣ 闢이라 是以廣이 生焉하나니[112]
기동야 벽 시이광 생언

○ 靜(고요할 정) 專(오로지 전) 動(움직일 동) 直(곧을 직) 翕(합할 흡) 闢(열 벽) 廣(넓을 광)

개요槪要

건곤乾坤의 시간성과 공간성 특징, 체용體用, 동정動靜의 관계를 설명하고 있다.

각설各說

1) 부건기정야전夫乾其靜也專 기동야직其動也直 시이대생언是以大生焉

정靜은 체體, 동動은 용用[113]을 말한다. 건도乾道의 시간성의 특징이 전일專一하고 직直하다. 천도天道의 운행현상이 항구하여 그침이 없음을 직直이다. 이로써 대大가 생생하는 것이다.[114]

2) 부곤기정야흡夫坤其靜也翕 기동야벽其動也闢 시이광생언是以廣生焉

곤도坤道는 공간성으로 그 특징이 건도에 순승順承한다. 흡翕은 받아들이고, 벽闢은 완성한다는 것이다. 그러므로 광廣이 생생하는 것이다.

---

112) 건은 고요할 때는 한결같고, 그 움직일 때는 곧으니, 이로써 큰 것을 생하며, 곤은 고요할때는 닫히고, 음직일 때는 열림이라, 이로써 넓음이 생긴다 하나니,
113) 대大는 시간의 세계, 합덕과 분생의 원리로 천天의 권능을 말한다.
114) 직直은 건도乾道로서 하늘과 인간이 통함이다.

廣大는 配天地하고 變通은 配四時하고
광 대   배 천 지   변 통   배 사 시
陰陽之義는 配日月하고 易簡之善은 配至德하니라.[115]
음 양 지 의   배 일 월   이 간 지 선   배 지 덕

○ 廣(넓을 광) 配(아내 배, 짝 배) 變(변할 변) 通(통할 통) 易(바꿀 역) 簡(대쪽 간) 至(이를 지)

개요概要

건곤乾坤이 물리적인 천지天地로 드러나는 것이다. 물리적인 천지의 성정性情이 건곤이다. 건곤의 변통이 사시四時로 드러난 시간의 현상적인 변화를 말한다.

각설各說

1) 광대廣大 배천지配天地 변통變通 배사시配四時

역易의 광대함은 천지의 광대함에 짝하고, 역易의 변통함은 사시四時의 순환에 짝하며, 역易의 음양은 해와 달과 짝하고, 역易의 이간易簡은 천지의 지극한 건덕健德, 순덕順德에 짝하는 것이다.[116] ①광대廣大는 역도易道인 도덕성(공간성)이 나타난 것이다. 건곤지도의 광대함을 말한다. ②배사시配四時 : 건곤지도의 광대함이 천지와 짝하는 것이다.

2) 음양지의陰陽之義 배일월配日月

음양陰陽의 원리는 일월원리日月原理이다. 사시四時와 일월日月은 모두 천도天道를 중심으로 밝히고 있다. 배일월配日月이란 시간성의 원리, 일월지도를 말한다.

---

115) 광대는 천지에 짝하고, 변통은 사시에 짝하고, 음양의 뜻은 일월에 짝하고, 쉽고 간략한 선은 지극한 덕과 짝한다.
116) 역도易道가 광대하여 포함하지 않음이 없음을 말하였다.

3) 역간지선易簡之善 배지덕配至德

이간易簡이라는 건곤乾坤의 본성이다. 천지天地의 선善함을 밝히고 있다. 배지덕配至德은 최상의 지극한 덕德이다. 그러므로 천지天地의 선善과 최상의 덕德이 짝할 수 있는 것이다.

○第七章

이 장은 역易을 지극히 공부하는 이유가 '숭덕광업崇德廣業'에 있다는 것을 밝힌 것이다. 역易과 천天, 역易과 성인聖人사이에 역易의 이치가 인간의 덕德과 업業에 어떻게 작용하고 있는가를 보여주고 있다. 또한 천지天地만물의 생생生生에 대해 건곤乾坤의 문제를 재론再論하고 있다.

子曰 易이 其至矣乎ㄴ뎌
자 왈 역 기 지 의 호

夫易은 聖人이 所以崇德而廣業也ㅣ니
부 역 성 인 소 이 숭 덕 이 광 업 야

知는 崇코 禮는 卑하니 崇은 效天하고 卑는 法地하니라.[117]
지 숭 예 비 숭 효 천 비 법 지

○ 至(이를 지) 矣(어조사 의) 所(바 소) 以(써 이) 崇(높을 숭) 德(덕 덕) 廣(넓을 광) 業(업 업) 卑(낮을 비) 效(본받을 효) 法(법 법)

6장의 건곤의 문제를 재론한 것이다. 지知가 아니면 숭덕崇德은 불가능하다. 군자는 실존적인 삶의 주체이며, 효천效天이란 진리를 숭상하는 성인聖人이다.

[118]

----

117) 자왈, 역은 그 지극함인져. 대저 역은 성인이 (그것을 이용하여) 덕을 높이고, 사업을 넓히는 것이니, 지혜는 숭고함에 있고, 예법은 낮추는 것이니, 숭고한 것은 하늘을 본받고, 겸손하게 낮추는 것은 땅을 본받는 것이다.

118) 지知는 성性이고, 예禮는 용用이다. 성인聖人과 군자를 나눈 것이다. 지적知的인 존재는 성인聖人이며, 행적行的인 존재는 군자君子로 예禮로써 행行하는 것이다. 역도易道에서 성인聖人은 자기自己 덕德의 근거인 천도天道를 숭상崇尙하는 것이고, 군자君子는 성인聖人이 밝

1) 성인聖人 소이숭덕이광업야所以崇德而廣業也

①소이所以의 '역易'는 '역易으로써'라는 뜻이다. ②숭덕崇德은 하늘을 본받아 덕을 높이고(숭덕崇德, 천天, 지地, 숭崇) ③광업廣業은 땅을 법法으로 삼아 업업을 넓히는 것이다. (공업廣業, 지知, 예禮, 비卑) '덕德'은 건乾(체體), 숭덕崇德은 천天 중심이고, 명덕明德이다. '업業'은 곤坤(용用), 광업廣業은 지地 중심이다. 예의禮義이다.

2) 지숭知崇 예비禮卑

하늘의 주장함에 군자의 예禮는 낮춤으로서 빛이 나니 비卑라고 한 것이다. ①기독교는 낮은 곳으로 임하는 것이라고 하고. ②불교는 자신을 논파하는 것이라고 한다.

3) 숭효천崇效天 비법지卑法地

①'지知'는 양陽에 속하니, 높고 밝음을 귀貴하게 여기므로 숭崇이며, 이는 하늘보다 더 높은 것이 없으니 하늘을 형상形象한다는 뜻으로 '효천效天'이라고 하였다. 그리고 효천效天의 천天은 예禮로 성인聖人과 선왕先王을 말하고, 법지法地의 지地(비卑)는 겸겸謙으로 현인賢人과 군자를 의미한다. ②'예禮'는 음陰에 속하니, 겸손하고 물러나는 것을 귀貴하게 여기므로 비卑이며, 이는 땅보다 더 낮은 것이 없으니 땅을 본받는다는 뜻으로 '법지法地'라고 하였다. 바꾸어 말하면 하늘의 뜻과 땅의 법칙에 따라 행한다는 것이다. 법칙대로 행行함에 질서가 있어야 되니 이것이 예禮이다.

힌 법法을 본받아 자신을 낮추어서 진리를 실천 구현하는 것이다. 천지지도가 천지지덕이 되며 천지지도를 인간이 주체적으로 자각하였다는 것은 자신의 덕으로 내면화되었다는 것이다.

天地ㅣ 設位어든 而易이 行乎其中矣ㅣ니
천 지   설 위   이 역   행 호 기 중 의

成性存存이 道義之門이라[119]
성 성 존 존   도 의 지 문

○ 設(베풀 설) 性(성품 성) 存(있을 존) 門(문 문)

개요槪要

하늘이 준 본성本性으로 귀일歸一하고, 본성本性으로 돌아가는 것이 도
의지문道義之門이다. 즉 역易으로 문門으로 들어가면 도의지문道義之門으
로 나온다는 것을 말한다.

각설各說

1) 성성존존成性存存[120]

성成은 본래성의 완성, 이미 이루어진 본성을 의미한다. '존존存存'은
끊임없이 함양보존의 의미이다.

2) 도의지문道義之門

도의道義는 역易을 통과하는 문門이며. 천도天道의 인간 주체적 자각 원
리를 말한다. 역易이 이치대로 이루어진다는 것이다. 이루어지는 데도
천도운행절차에 적합해야 되며, 그 방법론이 예禮이다.

---

119) 하늘과 땅이 자리를 베풀면 역이 그 가운데서 행해지니, 이루어진 본성을 간직하고, 보
존하는 것이 도의에 들어가는 문이다.

120) 『周易本義』에서는 "천지天地가 자리를 베풀면 변화가 행해짐은 지智와 예禮가 성性에
보존되어 도의道義가 나오는 것과 같은 것이다. '성성成性'은 본래 이루어진 성性이요 '존존
存存'은 보존하고 또 보존함을 이르니, 그치지 않는 뜻이다.(天地設位而變化行, 猶知禮存性而道
義出也, 成性, 本成之性也, 存存, 謂存而又存, 不已之意也.)"라고 하였다.

○第八章

요지要旨

「계사繫辭」의 본론시작이다. 역학의 체계를 구체적으로 설명하고 있다. ①괘상과 「괘효사卦爻辭」, 성인지도聖人之道임을 밝히고 있다. ②군자지도를 7개의 「효사」로 설명하고 있으며, 그 이면에는 지뢰복괘地雷復卦 원리를 깔고 있다. ③군자지도와 소인지도를 구명하고 있다. ④괘상 원리가 괘효(군자지도)로 드러남을 밝히고 있다.

> 聖人이 有以見天下之賾하야
> 성 인   유 이 견 천 하 지 색
>
> 而擬諸其形容하며 象其物宜라
> 이 의 저 기 형 용   상 기 물 의
>
> 是故謂之象이오 聖人이 有以見天下之動하야
> 시 고 위 지 상   성 인   유 이 견 천 하 지 동
>
> 而觀其會通하야 以行其典禮하며 繫辭焉하야
> 이 관 기 회 통   이 행 기 전 례   계 사 언
>
> 以斷其吉凶이라 是故로 謂之爻이니[121]
> 이 단 기 길 흉   시 고   위 지 효

○ 賾(깊숙할 색) 擬(헤아릴 의) 諸(모든 저) 宜(마땅할 의) 典(법 전) 禮(예도 례{예}) 繫(맬 계) 以(써 이) 斷(결단할 단)

개요概要

성인聖人이 상象과 효爻를 지었음을 밝히고 있다.

---

[121] 성인聖人이 천하天下의 그윽하고 지극한 이치를 보고서 그 형용形容에 모의模擬하고 그 물건에 마땅함을 형상하였다. 이러므로 상象이라 이름이오. 성인聖人이 천하 (만물의) 움직이는 것을 봄에 있어서, 그 모이고 통通하는 바를 보고(자각하고), 그 전례典禮로써 행행行하며, 이것을 글로 표현하여 그 길吉과 흉凶을 판단함이라, 이를 효爻라고 함이니,

각설各說 [122]

1) 유이견천하지색有以見天下之賾

색賾은 본래 성이요, 근원적인 존재로서 심오한 진리 그 자체를 의미한다. [123]

2) 이의저기형용而擬諸其形容

①이의而擬는 헤아려 본다는 의미이며, ②형용形容은 만물의 생긴 모습을 말하며, 형形은 정靜이요, 용容은 동動이다.

3) 상기물의象其物宜

상象은 괘상을 말하며 시간의 의미를 나타내고 있다. ①존재원리(시간性)의 마땅한 의미를 상象으로 표상함이다. ②물物 = 존재론적인 현상론現象論이며, 물상적인 표현이 아니다.

4) 성인聖人 유이견천하지동有以見天下之動

문왕文王의 「괘사」와 주공周公의 「효사」를 말하는 것으로, 그 동효動爻로 길흉吉凶을 판단한다. 변화變化는 현상 가운데에서 변하지 않는 원리를 보았다(견見=각覺). 즉 천지天地의 작용원리(用九用六원리)를 자각하여 인간이 살아가는 법칙으로 삼는 것이다.

5) 관기회통觀其會通 이행기전례以行其典禮

회통會通은 이견천하지색以見天下之賾에서의 색賾의 의미로 근원적인 존재로서 깊은 진리 그 자체를 의미한다. ①회會란 이치가 하나도 남김없이 모이는 것이요, ②통通이란 막힘없이 행行해지는 것이다. ③전례典

---

122) '색賾'은 깊은색으로 현상 사물의 근저에 있는 것으로 은미하다, 깊다 등은 도道 자체를 나타내는 것이다. '색賾'은 도서원리 측면에서는 십오十五원리를 상징하고, 삼재의 세계에서는 천지지심을 상징한다. '의擬'에서 扌(手)는 손으로 비겨서 드러낸 것이다. 성인聖人이 천지지도를 주체적으로 자각하여 형용形容(本性)을 원리적 측면에서 해부한 것이다. 사물의 본질을 상징적으로 나타낸 것이다.

123) 색賾에 대하여 선유先儒들은 다음과 같이 밝히고 있다. ①공영달孔穎達은 진묘眞妙라고 하고, ②정자程子는 심원心元이라 하고, ③주자朱子는 잡란雜亂(『周易本義』 "賾 雜亂也.")이라 했다.

禮란 사덕四德의 예禮로서 인도人道 중심이며, 길흉을 판단하는 기준이 되는 상규常規, 일정한 법칙을 말한다.[124]

6) 계사언繫辭言 이단기길흉以斷其吉凶

이以는 '역易으로써, 64괘와 384효로써'라는 뜻이다. 효爻자에는 교통한다는 뜻과 예지叡智와 총명聰明하다는 뜻이 있다. 이것은 구체적인 삶의 원리를 밝히고 있는 것이 효爻이다. 효爻의 내용은 길흉의 결단으로 예의를 통해서 길흉을 밝히고 있다. 즉 예의에 맞으면 길吉이고, 맞지 않으면 흉凶인 것이다.

言天下之至賾호대 而不可惡也ㅣ며 言天下之至動호대
언 천 하 지 지 색　　이 불 가 오 야　　언 천 하 지 지 동

而不可亂也니 擬之而後애 言하고 議之而後애 動이니
이 불 가 란 야　　의 지 이 후　언　　의 지 이 후　　동

擬議하야 以成其變化하나라.[125]
의 의　　이 성 기 변 화

○ 賾(깊숙할 색) 亂(어지러울 란(난)), 惡(미워할 오), 擬(헤아릴 의) 議(의논할 의)

개요概要

「괘·효사」의 말씀은 심오한 역의 이치이니 성인지도聖人之道를 자각하고 언행言行을 하라는 말이다.

각설各說

1) 부가오不可惡 볼가란不可亂

'불가오不可惡' 역易 속에서 이치를 깨달아 근원적인 진리를 말했기 때

---

124) 극기복례克己復禮란 나를 파하고, 본성의 세계로 나아감을 말한다.
125) 천하의 지극히 심오한 것을 말하되 싫어하지 못하며, 천하의 지극히 동함을 말하되 어지럽지 아니하니, (마땅한 이치에) 헤아린 후에 말하고, (괘효사의 말씀에) 의논한 후에 움직이니, 헤아리고 의논한 후에 그 변화를 이룬다.

문에 미워할 수 없는 것이며, '불가란不可亂'은 천하의 지극히 큰 움직임을 말하였지만, 이치에 정확히 들어맞아 예의로 드러났으므로 어지럽힐 수 없는 것이다.

2) 의지이후擬之而後 언언

비긴다 함은 마땅한 이치에 견주어 헤아린 다음 말하는 것이다.

3) 의지이후議之而後 동동

『주역』의「괘효사」말씀과 의논한 후에 움직인다는 것이다.

4) 의의擬議

신명원리神明原理, 괘효원리卦爻原理를 구명. 성인지도聖人之道를 헤아림.

5) 이성기以成其 변화變化

역의 변화를 이룬다. 도서원리에 의해 변화가 완성. 변화란 나 자신부터 수신修身 → 제가치국평천하齊家治國平天下 한다는 것이다.

鳴鶴이 在陰이어늘 其子ㅣ 和之로다
명 학   재 음   기 자   화 지

我有好爵하야 吾與爾靡之라하니
아 유 호 작   오 여 이 미 지

子曰 君子ㅣ 居其室하야 出其言애 善이면
자 왈 군 자   거 기 실   출 기 언   선

則千里之外ㅣ 應之하나니 況其邇者乎여
즉 천 리 지 외   응 지   황 기 이 자 호

居其室하야 出其言애 不善이면
거 기 실   출 기 언   불 선

則千里之外ㅣ 違之하나니 況其邇者乎여
즉 천 리 지 외   위 지   황 기 이 자 호

言出乎身하야 加乎民하며
언 출 호 신   가 호 민

行發乎邇하야 見乎遠하나니 言行은 君子之樞機니
행 발 호 이   현 호 원   언 행   군 자 지 추 기

樞機之發이 榮辱之主也ㅣ라
추 기 지 발　　영 욕 지 주 야

言行은 君子之所以動天地也ㅣ니 可不愼乎아[126]
언 행　　군 자 지 소 이 동 천 지 야　　가 불 신 호

○ 鳴(울 명) 鶴(학 학) 我(나 아) 有(있을 유) 好(좋을 호) 爵(잔 작) 吾(나 오) 與(줄 여) 爾(너이) 靡(함께할 미, 쓰러질 미) 應(응할 응) 況(하물며 황) 邇(가까울 이) 違(어길 위) 見(나타날 현) 顯 樞(지도리 추) 機(틀 기) 榮(꽃 영) 辱(욕되게 할 욕)

풍택중부괘風澤中孚卦(☲) 구이「효사」설명으로 군자지도를 표상하고 있다. 즉 군자君子의 존재 근거가 성인聖人에 있음을 말한다.

1) 명학재음鳴鶴在陰 기자화지其子和之

성인聖人과 군자를 상징하며 성인과 군자의 합덕을 말한다. 형이상-형이하, 체용體用관계로 볼 수 있다. ①명학鳴鶴은 성인지언, 하늘의 말씀, 성인지도를 의미한다. ②기자其子는 군자를 상징한다.

2) 아유호작我有好爵 오여이미지吾與爾靡之

①호작好爵은 천지지도天地之道를 주고받는다. 진리를 공유한다는 의미이다. ②미靡는 함께할 미자이다. 즉, 성인군자의 합덕의미. 음양합덕을 말한다.

3) 추기樞機

근본이 되는 기틀로서 핵심, 중中을 말한다. 추樞는 문門의 지도리(運行

---

126) "우는 학이 그늘에 있거늘 그 자식이 화답하도다. 내가 좋은 벼슬이 있어 너와 더불어 함께 얽힌다"하니, 공자왈 "군자가 그 자기집에 거해서 그 말을 냄에 선하면 천리밖에서 응하나니, 하물며 그 가까운데서랴! 그 실에 거해서 그 말을 냄에 불선하면 천리밖에서 어기나니, 하물며 그 가까운데서랴! 말이 몸에서 나와 백성에게 더하며, 행실이 가까운데서 발해 먼 곳에서 나타나나니, 언행은 군자의 추기니, 추기의 발함이 영과 욕의 주가 되느니라. 언행은 군자가 이로써 천지를 움직이는 바니 가히 삼가 하지 아니하랴!"

基準)를 말한다. 여닫는 동작動作을 제어하는 중심, 기준基準, 주축점主軸點이다. 문門의 축軸으로 도道의 문門으로 들어가느냐 마느냐를 결정決定하는 것이다.

4) 선善과 불선不善

①선善은 존재진리를 구명(가치문제가 아니다), 본성이 그대로 드러남
②불선不善은 존재진리를 구명究明하지 않는다.

5) 영욕지주야榮辱之主也

영욕榮辱은 군자 자신의 내면적 문제로 군자지도를 따르라는 것이다. 주主는 주요한 원인을 말한다.

> 同人이 先號咷而後笑ㅣ라하니
> 동인 선호도이후소
> 子曰 君子之道ㅣ 或出 或處 或黙 或語ㅣ나
> 자왈 군자지도 혹출 혹처 혹묵 혹어
> 二人이 同心하니 其利ㅣ 斷金이로다
> 이인 동심 기리 단금
> 同心之言이 其臭ㅣ 如蘭이로다.[127]
> 동심지언 기취 여란

○ 同(한가지 동) 號(부르짖을 호) 咷(울 도) 後(뒤 후) 笑(웃을 소) 處(살 처) 黙(묵묵할 묵) 斷(끊을 단) 金(쇠 금) 臭(냄새 취) 蘭(난초 란(난))

개요槪要

천화동인괘天火同人卦(☰) 구오효九五爻에 대한 해설이다. 성인聖人·군자지도君子之道의 합덕, 진리와 내가 하나가 되는, 주체적 자각을 통한 ⇨ 군자의 언행言行을 말한다.

---

127) "동인이 먼저는 부르짖어 울고 뒤에는 웃는다" 하니, 공자왈 "군자의 도가 혹 나가기도 하고 혹 처하기도 하고 혹 침묵하고 혹 말하기도 하나, 두 사람의 마음이 같으니 그 날카로움이 쇠를 끊도다. 같은 마음의 말은 그 향기가 난초와 같도다."

1) 혹출혹처혹묵혹어或出或處或黙或語

동인괘同人卦 구오九五가 동動하면 외호괘外互卦가 태兌가 되니, 상괘上卦로 나와서(혹출或出) 말하는(혹어或語) 상상象이고, 육이효가 동動하면 중천건괘가 되니 아래에 잠겨서(혹처或處) 침묵하는(혹묵或黙) 것이다.

2) 기리단금其利斷金

구삼九三과 구사九四는 외호괘 건乾을 이루고 있으니 금金(건도乾道)의 상상象이고, 구오성인과 육이六二 군자가 한마음으로 움직이면 호괘互卦가 쾌夬의 상상象이니 '단금斷金(건도乾道의 깨우침)' 하는 것이다.

3) 기취여란其臭如蘭

구이九二는 내호괘 손巽(음목陰木)으로 처하여 침묵하나 난초(음목陰木)의 향기가 나고, 구오는 외호괘 태兌로 나가서 말하는 것이다. 구오九五 성인聖人과 육이六二 군자君子가 합덕하면 난초의 향기와 같이 멀리 퍼지고 또 '먼저 부르짖으며 울고, 나중에는 웃는다.[128]

> 初六은 藉用白茅ㅣ니 无咎ㅣ라하니
> 초 육   자용백모   무구
>
> 子曰 苟錯諸地라도 而可矣어늘 藉之用茅하니
> 자왈 구조저지   이가의   자지용모
>
> 何咎之有리오 愼之至也ㅣ라
> 하구지유   신지지야
>
> 夫茅之爲物이 薄而用은 可重也ㅣ니
> 부모지위물   박이용   가중야
>
> 愼斯術也하야 以往이면 其无所失矣리라.[129]
> 신사술야   이왕   기무소실의

---

[128] 야野는 군자가 행위하는 장소이고, 전田은 군자가 치세治世하는 곳이며, 교郊는 성인聖人과 군자가 일치하는 곳이다.

[129] "초육은 자리를 까는데 흰 띠를 쓰니 허물이 없다" 하니, 공자왈 "진실로 저 땅에 두더라도 괜찮거늘 띠플을 까는데 쓰니 무슨 허물이 있으리오. 삼가함의 지극함이라. 무릇 띠의 물건 됨이 박하나 쓰는 것은 중히 여기니, 이 방법과 같이 삼가함으로써 가면 그 잃는 바가 없으리라."

○ 藉(깔개 자) 白(흰 백) 茅(띠 모) 苟(진실로 구) 錯(둘 조(措), 섞일 착) 諸(다 저) 何(어찌 하) 愼(삼갈 신) 薄(엷을 박) 斯(이 사) 術(방법 술, 꾀 술) 往(갈 왕)

개요槪要

택풍대과괘澤風大過(䷛) 초육初六효로 군자의 겸손에 대하여 말하고 있다.

각설各說 [130]

1) 자용백모藉用白茅

흰 띠풀로 깔고 않는다. 지극히 삼가는 것

2) 신지지愼之至

'불신不愼'이 '신지지愼之至'로 바뀐 것이다. 군자는 모든 일에 공경하고 삼가하라는 말이다.[131]

勞謙이니 君子ㅣ 有終이니 吉이라하니
노겸　　　군자　유종　　　길

子曰, 勞而不伐하며 有功而不德이 厚之至也ㅣ니
자왈　노이불벌　　　유공이부덕　　후지지야

語以其功下人者也ㅣ라 德言盛이오 禮言恭이니
어이기공하인자야　　　덕언성　　　예언공

謙也者는 致恭하야 以存其位者也ㅣ라.[132]
겸야자　치공　　　이존기위자야

---

130) 『대학』「경문」제1장, "物有本末, 事有終始, 知所先後, 則近道矣." 하였다.

131) 택澤의 물질문명이 최고도에 이르러 범람하는데, 목도木道가 오히려 물속에 빠져 뿌리째 썩고 있는 형상이다. 또 본本(初爻)과 말末(上爻)이 약해 뒤집어지는 때이므로, 제사를 지내어(하느님을 믿고 정성을 드려) 안전하게 하려는 것이다. 그냥 지내도 정성스러운 것인데 더구나 밑에 흰 띠를 두어 깨끗이 하였으니 아무런 허물이 없는 것이다. 띠라는 것은 하찮은 것이나 정성을 다하는데 써서 허물이 없게 하였으니, 그 쓰임이 所重한 것이다. 이러한 방법으로 삼가해서 세상을 살면 실수가 없게 된다는 것이다.

132) "수고로운 겸이니 군자가 마침이 있으니 길하다" 하니, 공자 말씀하시되 "수고로워도 자랑하지 아니하며, 공이 있어도 덕으로 하지 아니함이 후함의 지극함이니, 그 공으로써 남의 아래함을 말함이라. 덕은 성함을 말하는 것이고 예는 공손함을 말하니, 겸손이란 공손함을 이루어서 그 자리를 보존하는 것이다."

○ 勞(일할 로{노}) 謙(겸손할 겸) 終(끝날 종) 伐(칠 벌) 厚(두터울 후) 至(지극할 지) 功(공 공) 盛(담을 성) 恭(공손할 공) 致(보낼 치)

지산겸괘地山謙卦(☷☶) 구삼九三효로 군자君子의 겸양지덕에 관한 말이다.[133]

1) 노겸勞謙

공로功勞와 덕德, 남과 사회를 위해서 수고하는 겸손이다.

2) 노이불벌勞而不伐 유공이부덕有功而不德

도움을 주고 받는 것은 삶에 있어서 지극히 당연한 것인데 무엇을 했다고 말하겠는가?[134]

3) 어이기공하인자야語以其功下人者也

수고하고도 겸손한 군자는 비록 공功이 있으나 다른 사람의 공에 비해 아래로 여기면서 겸손해 하는 것이다.

4) 이존기위자야以存其位者也

육효중괘로 보면 삼효三爻의 위位가 선후천의 위치라 더욱 겸양해야 한다.(건괘乾卦 구삼九三 「효사」 참조)

亢龍이니 有悔라하니 子曰 貴而无位하며 高而无民하며
항 용   유회   자왈 귀 이 무 위   고 이 무 민

賢人이 在下位而无輔ㅣ라 是以動而有悔也ㅣ니라.[135]
현인   재 하 위 이 무 보   시 이 동 이 유 회 야

---

133) 겸괘의 군자지도와 지천태

134) 불가佛法에서도 삼륜三輪이 청정삼륜淸淨三輪한다면 너와 나 그리고 물物이 없어야 함을 밝히고 있다.

135) "높은 용이니 뉘우침이 있다"라 하니, 공자왈 "귀해도 위가 없으며, 높아도 백성이 없으며, 어진 사람이 아래에 있어도 도움이 없음이라. 이로서 동함에 뉘우침이 있느니라.

○ 亢(목 항) 龍(용 룡(용)) 悔(뉘우칠 회) 貴(귀할 귀) 賢(어질 현) 在(있을 재) 位(자리 위) 輔(덧방나무 보) 動(움직일 동) 悔(뉘우칠 회)

개요槪要

중천건괘重天乾卦(䷀) 상구효에 대한 말로, 언행이 지나쳐 이미 돌이킬 수 없는 지경을 말한다.

각설各說

1) 항룡유회亢龍有悔

시의성에서 벗어난 교만한 존재가 소인임을 지적하고 있다. 노겸군자勞謙君子에 대한 경계의 말이다.

2) 시이동이유회야是以動而有悔也

건괘乾卦 상구효의 상구上九는 너무 높이 올라갔으므로 돕는 이가 없어 후회 막심한 자리이다. 이러므로 움직일수록 후회만 쌓이는 것이다.

不出戶庭이면 无咎ㅣ라하니
불 출 호 정　　무 구

子曰, 亂之所生也ㅣ則言語ㅣ以爲階니
자 왈　난 지 소 생 야　즉 언 어　이 위 계

君不密則失臣하며 臣不密則失身하며
군 불 밀 즉 실 신　　신 불 밀 즉 실 신

幾事ㅣ不密則害成하나니
기 사　불 밀 즉 해 성

是以 君子ㅣ愼密而不出也하나니라.[136]
시 이 군 자　신 밀 이 불 출 야

○ 戶(지게 호) 庭(뜰 정) 亂(어지러울 란(난)) 階(섬돌 계) 密(빽빽할 밀) 失(잃을 실) 幾(기미 기) 害(해칠 해) 愼(삼갈 신) 出(날 출)

---

[136] "호정을 나가지 않으면 허물이 없다"라 하니, 공자가 이르기를, "어지러움이 생하는 바는 언어로써 단계가 되는 것이니, 인군이 주밀하지 못하면 신하를 잃으며, 신하가 주밀하지 않으면 몸을 잃으며, 기밀한 일이 주밀하지 아니하면 해를 이루나니, 이로써 군자가 삼가하고 주밀해서 나가지 아니하나니."

수택절괘水澤節卦(䷻) 초구효初九爻에 대한 말로 군자는 언어를 삼가고, 주밀하게 하여야 한다는 말이다.

각설各說

1) 난지소생야亂之所生也 즉언어이위계則言語以爲階

절괘節卦의 초구初九가 태兌의 처음에 있기 때문에 언어로써 말하였다. 언어는 바로 몸(身)의 호정戶庭이며, 모든 어지러움과 환난患難이 언어로부터 나오니, 삼가하고 치밀하게 사용해야 하는 것이다.

2) 불출호정不出乎庭 무구无咎

선천先天에는 운둔하라는 의미이다. 불출호정不出乎庭은 시의성을 알아서 밖으로 나가지 않음을 말한다. 계階는 섬돌(계)로 단초, 원인의 의미이다.

3) 기사幾事

어떤 일에 대한 기미를 말한다.

4) 불밀不密

사려 깊지 못해서 시의성에 맞지 않은 것을 말한다.

子曰, 作易者ㅣ 其知盜乎ㄴ뎌
자왈 작 역 자 기 지 도 호

易曰, 負且乘이라 致寇至라하니
역왈 부 차 승 치 구 지

負也者는 小人之事也ㅣ오
부 야 자 소 인 지 사 야

乘也者는 君子之器也ㅣ니 小人而乘君子之器라
승 야 자 군 자 지 기 야 소 인 이 승 군 자 지 기

盜ㅣ 思奪之矣며 上을 慢코 下를 暴ㅣ라
도　사탈지의　상　만　하　폭

盜ㅣ 思伐之矣니 慢藏이 誨盜ㅣ며 冶容이 誨淫이니
도　사벌지의　만장　회도　야용　회음

易曰, 負且乘致寇至라하니 盜之招也ㅣ라[137]
역왈　부차승치구지　　도지초야

○ 作(지을 작) 盜(훔칠 도) 負(질 부) 且(또 차) 乘(탈 승) 致(보낼 치) 寇(도둑 구) 奪(빼앗을 탈) 慢(교만할 만, 게으를 만) 暴(사나울 폭, 햇볕 쪼일 폭) 伐(칠 벌) 藏(감출 장) 誨(가르칠 회) 冶(불릴 야, 꾸밀 야) 容(얼굴 용) 淫(음란할 음) 招(부를 초)

개요槪要 [138]

뇌수해괘雷水解卦(䷧) 육삼효에 대한 말이다. 형이상의 도덕성인 군자지도를 능멸하고 부당하게 이익을 취한 소인小人을 또 다른 소인이 탈취하려 하는 것이다. 그러므로 소인지도가 소인小人을 부르는 것이다. 군자지도와 소인지도는 본인의 마음과 언행에 있다. 심판의 의미이다. 요컨대, 지는 것은 소인의 일이요 타는 것은 군자의 그릇이니(小人而乘君子之器), 위를 거만하게 하고 아래를 사납게 하느니라(上慢下暴), 감춤을 게을리 함이 도적을 부르는 것이며(慢藏), 얼굴을 다듬은 것(冶容) 스스로 도적을 부르는 것이니, '역을 지은 자 그 도둑을 앎 인져(作易者, 其知盜乎)'라고 한 것이다. 또 나라에 기강이 바로 선다면 소인이 위와 같이 도적 부르는 일을 감히 하지 못할 것이다.

---

137) 공자가 이르기를, "역을 지은 자 그 도둑을 안져!" 역에 말하기를 "져야 할 것이 또 타니라. 도적 이름을 이룬다"라 하니, "지는 것은 소인의 일이요 타는 것은 군자의 그릇이니, 소인이 군자의 그릇을 탐이라 도적이 빼앗을 것을 생각하며, 위를 거만하게 하고 아래를 사납게 하느니라. 도적이 칠 것을 생각하니, 곳집 감춤을 게을리 함이 도적을 부르는 것이며, 얼굴을 다듬은 것이 음탕함을 부른 것이니, 역에 말하기를 '져야 할 것이 또 타고 도적이름을 이룬다'라 하니, 도적을 부름이라."

138) 『역학계몽易學啓蒙』에서 "「계사」 제1장에서 건곤으로 시작하여 제8장까지는 괘효를 이야기하며, 괘효 원리의 내용은 군자지도이다"라고 하였다.

1) 작역자作易者

작역자는 복희伏羲, 문왕文王, 주공周公을 칭하나, 여기서는 주로 문왕文王을 말한다.

2) 치구지致寇至

도적盜賊을 이르게 한다는 뜻으로, '치致'는 인위적으로 이르게 한다는 뜻이고, '지至'는 자연스럽게 이른다는 뜻이다. '만장慢藏'이라는 인위적인 잘못에 의해 도적이 이르게 한 것이다.

3) 상만하폭上慢下暴

군자君子는 자기의 직분職分을 지켜 윗사람에게는 도리를 다하고, 아랫사람에게는 관대하여야 함에도 소인小人은 윗사람에게는 거만하고 아랫사람에게는 사납게 하니 세상 사람이 가만두지 않는 것이다.

4) 장藏

곳집은 창고를 말하며, 여기서는 속에 감추어진 것을 말한다.

---

139) 뇌수해괘雷水解卦 육삼효에 대한 말로, 자신의 잘못으로 인해 화를 부르는 것을 비유해서 한 말이다. 이 장은 성인聖人이 상象을 짓고 말을 맨 뜻(특히 언행)과, 이를 공부하는 법을 일곱 예문을 들어 설명했다. 이 장에서는 『주역』 본문중 일곱괘를 인용하였다. 이는 '칠일래복七日來復'의 뜻과 관련이 있다고 볼 수 있다. 앞의 여섯 예문例文에서는, 본문 인용(주공의 「효사」)이 먼저 나오고 공자의 글(자왈.)이 뒤에 나오나, 여기서는 강조하기 위해 그 순서가 뒤바뀌었다. 이 뒤바뀜으로 인해 후학자들 간에 다른 章에 있어야 할 예문이라는 착간의 논란이 있어 왔다.

○第九章

요지要旨

제9장은 천지지수절天地之數節, 대연지수절大衍之數節을 통해 하도·낙서 원리를 설명하고, 나아가 괘효卦爻원리의 근거가 도서圖書원리임을 말하고 있다.[140]

> 天一地二天三地四天五地六天七地八天九地十이니
> 천 일 지 이 천 삼 지 사 천 오 지 육 천 칠 지 팔 천 구 지 십

개요槪要

천지의 수를 말한다. 1·3·5·7·9는 천수(기수奇數·양수陽數)이며, 2·4·6·8·10은 지수地數(우수偶數·음수陰數)이다. 수數의 기우奇遇의 원리를 설명하고 있다. ①기수奇數는 천도天道의 작용원리를 표상하는 생성이 중심이다. ②우수偶數는 지도地道의 작용원리를 표상하며 땅은 합덕을 의미하므로 합덕원리가 중심이다. '수數'는 이수理數로서 '시간'을 표상한다. 하도·낙서를 수로서 표상하는 근거는 천간天干에 있다.[141]

---

140) 수數 자체가 철학이다. 수數가 나타내는 모든 상象은 허상虛象이 아니고, 실상實象이다. 다시 말하면 만물은 그 본질대로 상象을 나타내고, 상象에는 반드시 그 상象의 내용인 바의 수數가 있다는 것을 의미한다.(한동석, 『우주변화의 원리』 179쪽)

141) 『周易本義』에서 "이 쪽[죽간竹簡]은 본래 제10장의 처음에 있었는데, 정자程子가 "마땅히 여기에 있어야 한다." 하였으니, 이제 그 말씀을 따른다. 이는 천지天地의 수數에 양陽의 기수奇數와 음陰의 우수偶數를 말한 것이니, 곧 이른바 하도河圖라는 것이다. 그 위치가 1·6은 아래에 있고 2·7은 위에 있고 3·8은 좌左에 있고 4·9는 우右에 있고 5·10은 중앙에 있으니, 이 장章을 가지고 말하면 중앙의 5는 대연大衍의 어머니가 되고 다음의 10은 대연大衍의 자식이 되며, 다음의 1·2·3·4는 사상四象의 자리가 되고 다음의 6·7·8·9는 사상四象의 수數가 된다. 두 노老[노양老陽·노음老陰]는 서西·북北에 위치하고, 두 소少[소양少陽·소음少陰]는 동東·남南에 위치하며, 그 수數는 각기 그 유類에 따라 밖에 교차한다.(此簡, 本在第十章之首, 程子曰 宜在此, 今從之, 此 言天地之數, 陽奇陰偶, 卽所謂河圖者也, 其位, 一六居下, 二七居上, 三八居左, 四九居右, 五十居中, 就此章而言之, 則中五爲衍母, 次十爲衍子, 次一二三四 爲四象之位, 次六七八九 爲四象之數, 二老, 位於西北, 二少, 位於東南, 其數則各以其類, 交錯於外也.)"라고 하였다.

○ 位(자리 위) 相(서로 상) 得(얻을 득) 各(각각 각) 合(합할 합) 數(셀 수) 行(갈 행) 鬼(귀신 귀) 神(귀신 신)

개요概要

「계사繫辭」 제9장은 천지지도天地之道를 전제로 인도人道를 설명하고 있다. 그러므로 천지지수절天地之數節에서는 오五를 중심으로 하고 있으며, 이것은 천인합일天人合一을 의미한다.[143]

각설各說

1) 오위상득이각유합五位相得而各有合

'오위상득五位相得'은 기수 1·3·5·7·9(양陽의 오위五位)와 우수 2·4·6·8·10(음陰의 오위五位)가 동류하여 1·2, 3·4, 5·6, 7·8, 9·10을 서로 얻는 것을 말한다.[144] '각유합各有合'이란 서로 합한다는 것은 1·6, 2·7,

---

142) 하늘수가 다섯이요 땅의 수가 다섯이니, 다섯 위가 서로 얻으며 각각 합함이 있으니, 천수는 이십오요 지수는 삼십이라. 무릇 천지의 수가 오십오니, 이것으로써 변화하며 귀신을 행하느니라.

143) 오五의 인격적인 세계가 1의 비인격적인 세계와 합덕하므로서 6의 인격적인 世界로 변화한다.

```
       ┌→ 6 → 7 → 8 → 9 (인격적인 도덕세계)
〈五〉
       └→ 1 → 2 → 3 → 4 (인격성이 배제된 사물의 세계)
```

144) 세상의 사물은 위가 어긋나는 경우가 많다. 양위陽位지만 음陰의 자리이고, 음위陰位이지만 양陽이 자리할 수 있다. 육십사괘 중에서 정위正位로 이루어 진 것이 수화기제괘水火旣

3·8, 4·9, 5·10가 두 개씩 합하는 것을 말한다.

2) 변화變化

음양변화를 말한다. 변變은 양陽(1·3·5·7·9)이고, 화化는 음陰(2·4·6·8·10)이다. 예를 들면 일一이 변하여 수水를 생생生하면 육六이 화化를 이룬다는 것이다.

3) 행귀신行鬼神

귀신鬼神은 오행五行을 따라 행하되, 음陰일 때는 귀鬼하고 양陽일 때는 신神하므로, '행귀신行鬼神'이라고 한다. 즉 한번 양陽하고 한번 음陰하는 것을 수數로써 표현하면, 한번 천수天數하고 한번 지수地數하는 것이며, 이를 자세히 나누면 천수天數에도 생수生數와 성수成數가 있고, 지수地數에도 생수生數와 성수成數가 있어 오행五行을 따라 행하는 것이다.[145]

> 大衍之數ㅣ 五十이니 其用은 四十有九ㅣ라
> 대 연 지 수 오 십   기 용   사 십 유 구
>
> 分而爲二하야 以象兩하고 掛一하야 以象三하고
> 분 이 위 이   이 상 양   괘 일   이 상 삼
>
> 揲之以四하야 以象四時하고 歸奇於扐하야
> 설 지 이 사   이 상 사 시   귀 기 어 륵
>
> 以象閏하나니 五歲애 再閏이라
> 이 상 윤   오 세   재 윤
>
> 故로 再扐而後애 掛하나니라.[146]
> 고   재 륵 이 후   괘

○ 衍(넘칠 연) 兩(두 양(량)) 掛(걸 괘) 揲(셀 설) 歸(돌아갈 귀) 奇(기이할 기) 扐(손가락 사이 륵(늑)) 閏(윤달 윤) 歲(해 세) 閏(윤달 윤) 掛(걸 괘)

濟卦뿐이다. 부정위不正位로 이루어진 것이 화수미제괘火水未濟卦이다.

[145] 干支와 五行및 四方과 五色

[146] 크게 넓힌 수가 오십이니 그 씀은 사십구라. 나누어 둘로 해서 양의를 형상하고, 하나를 걸어서 삼재를 형상하고, 넷으로 셈으로써 사시를 형상하고, 나머지를 손가락 사이에 끼움으로써 윤달을 형상하나니, 오년에 두번 윤달이라. 그러므로 다시 끼운 후에 거느니라.

대연지수를 통해서 낙서원리, 육효중괘원리, 설시법[147]을 밝히고 있다.[148]

----

147) 설시법

①대연지수大衍之數 오십五十 기용사십유구其用四十有九 : 대연지수 50은 태극太極은 사용치 않으므로 시초蓍草 50개 중中 하나를 뽑아서 가로로 놓고, 49만을 사용한다.

②분이위이分而爲二 이상양以象兩 : 나머지 시초蓍草 49를 임의로 둘로 나누는 것으로 이는 태극太極에서 음양陰陽(양의兩儀)이 생생하는 것을 상징象徵한다. 왼손에 쥔 시초蓍草는 양陽으로 하늘의 의미로써 천책天策이며, 오른손의 시초蓍草는 음陰으로 땅의 의미로 지책地策이다. 지책地策(오른손에 쥔 蓍草)만 상위에 내려놓는다.

③괘일掛一 이상삼以象三 : 지책地策은 음陰(땅)을 상징象徵하므로, 땅에서 만물이 생생하는 이치理致에 따라, 지책地策에서 시초蓍草 하나를 뽑아(인책人策) 왼손 네째와 다섯째 손가락 사이에 낀다. 왼손에 들고 있는 천책天策, 상 위에 내려놓은 지책地策, 지책地策에서 하나를 뽑아 왼손에 낀 '인책人策'은, 천天·지地·인人 삼재三才를 상징象徵하므로 '이상삼以象三'이라고 하였다(삼재三才).

④ 설지이사揲之以四 이상사시以象四時 : 천책天策(왼손)을 오른손으로 넷씩 세는 것은, 춘하추동春夏秋冬 사시四時의 변화를 상징한다(사시四時).

⑤ 귀기어륵歸奇於扐 이상윤以象閏 : 천책을 오른손으로 세고 남은 나머지를, 1년 사시를 돌고 남은 것이라 해서, 왼손 세 째와 네 째 손가락 사이에 끼워서 윤달을 상징한다(윤월).

⑥ 오세재윤五歲再閏 고재륵이후故再扐而後 괘掛 : 상 위에 내려놓았던 지책地策을 다시 오른손에 들고, 왼손으로 넷씩 세어서 남은 나머지를, 왼손 둘째와 세 째 손가락 사이에 끼워서 재윤再閏을 상징한다. 왼손의 손가락 사이에 세 번에 걸쳐 끼워 놓은 시초蓍草를 합하여, 처음에 하나를 뽑아서 상 위로 가로로 놓았던 시초(태초太極)의 왼쪽 위에 세로로 걸쳐 놓는다. 따라서 50개의 시초蓍草(대연지수大衍之數 50)로 행한 지금까지의 과정을 일변一變이라 한다.(오세재윤五歲再閏). '괘일卦一'은 '괘卦'는 손가락에 지책地策 중 한 개를 끼워 놓는다는 뜻이고 '재륵이후再扐而後 괘卦'의 '괘卦'는 상위에 내려놓는다는 뜻이다. 이 때 천책天策의 나머지와 지책地策의 나머지, 그리고 새끼 손가락에 끼워 두었던 인책人策을 합치면 그 수는 반드시 오五 아니면 구九가된다.(第一變)

⑦ 이렇게 해서 얻은 오五 또는 구九를 따로 내놓고 나머지 점대를 동일한 방법으로 사영四營을 되풀이 하면 사四 아니면 팔八이 된다.(第二變)

⑧ 사四 또는 팔八을 따로 내놓고또 나머지 점대를 동일한 방법으로 되풀이 하면 사四 아니면 팔八이 된다.(第三變)

⑨이렇게 세번을 되풀이 하면서 얻은 점대를 합습하면 이십오二十五, 이십일二十一, 십칠十七, 십삼十三 중에 어디 하나에 해당한다. 그것을 태극太極을 제외한 나머지 수 사십구四十九에서 빼면 이십사二十四, 이십팔二十八, 삼십이三十二, 삼십육三十六 중에 어느 하나가 될 것이다. 이것을 사四로나누면 얻어지는 수가 육六이면 노음老陰(태음太陰), 칠七이면 소양少陽, 팔八이면 소음少陰, 구九이면 노양老陽(태양太陽)이라(사상四象) 비로소 초효初爻가 결정된다. 여섯 효爻를 얻으려면열 여덟번을 되풀이 해야 하므로 십유팔변이성괘十有八變而成卦라고 한 것이다.

148) 『周易本義』에서는 "대연大衍의 수數가 50이라는 것은 하도河圖의 중궁中宮에 있는 천수天數 5를 가지고 지수地數 10을 승승乘하여[곱하여] 얻은 것이요, 점占을 치는 데에 사용함

각설各說

1) 대연지수大衍之數 오십五十 기용其用 사십유구四十有九

분이위이分而爲二

　대연지수大衍之數란 큰 변화 원리, 근원적根源的인 존재원리를 표현한 것이다. 오십五十은 합덕(용用), 체體가 된 수數를 말한다.

2) 이상양以象兩

　음양陰陽을 말한다.

3) 이상삼以象三

　삼재三才를 형성. 삼재三才원리로 천지인天地人 다음에 만물이 드러남을 말한다.

4) 설지이사揲之以四

　천책天策을 네 개씩 헤아림은 사상四象변화의 원리를 의미한다.

5) 이상사시以象四時

　곤책坤策을 네 개씩 헤아리는 것은 사시四時변화를 의미로써 만물의 원리를 깨달음 말한다.

6) 귀기어륵歸奇於扐

　남은 시초를 3째, 넷째손가락에 들어가게 함.

에 이르러는 또 다만 49를 쓰니, 이는 모두 이치와 형세의 자연스러움에서 나온 것이요, 사람이 지혜와 힘으로 손익損益[가감加減]할 수 있는 것이 아니다. 양兩은 천지天地를 이른다. 괘掛 그 시초 하나를 왼손의 작은 손가락 사이에 다는 것이다. 삼三은 삼재三才이다. 설揲은 사이를 띄워 셈이다. 기奇는 넷으로 세고 남은 것이다. 륵扐은 왼손의 가운데 셋째 손가락의 두 사이에 끼는 것이다. 윤閏은 달의 남은 날을 모아 달을 이룬 것이니, 5년 사이에 두 번 날을 모아 두 번 달을 이루므로 5년 가운데 무릇 두 번 윤달이 있은 뒤에야 별도로 적분積分[여분]을 일으키니, 이는 마치 한 번 건 뒤에 좌左·우右의 시초를 각기 한 번씩 세고, 한 번 륵扐하는 것과 같다. 그러므로 다섯 번 가운데 무릇 두 번 륵扐함이 있은 뒤에 별도로 한 번 겶을 일으키는 것이다.(大衍之數五十, 蓋以河圖中宮天五, 乘地十而得之, 至用以筮, 則又止用四十有九, 蓋皆出於理勢之自然而非人之知(智)力所能損益也, 兩 謂天地也, 掛 懸其一於左手小指之間也, 三 三才也, 揲 間而數之也, 奇 所四數之餘也, 扐 勒於左手中三指之兩間也, 閏 積月之餘日而成月者也, 五歲之間 再積日而再成月, 故五歲之中, 凡有再閏然後別起積分, 如一掛之後, 左右各一揲而一扐, 故五者之中, 凡有再然後別起一掛也.)"라고 하였다.

7) 이상윤以象閏

윤달원리와 괘의 관계를 언급하고 있다. 시생始生원리를 밝히고 있다.

乾之策이 二百一十有六이오 坤之策이 百四十有四ㅣ라
건 지 책　　이 백 일 십 유 육　　　곤 지 책　　백 사 십 유 사

凡三百有六十이니 當期之日하고[149]
범 삼 백 유 육 십　　　당 기 지 일

개요概要

건곤乾坤 책수절에 대한 설명이다. 건지책乾之策 216은 시간성時間性, 곤지책坤之策 144는 공간성空間性을 표상하고 있다. 따라서 건곤책수절乾坤策數節은 시간성과 공간성를 표상하며, 360의 원圓은 천지지도天地之道를 상징한다고 볼 수도 있다.

각설各說

1) 건지책乾之策 이백일십유육二百一十有六 곤지책坤之策

　백사십유사百四十有四

　가. 건곤책수절 계산방식은 다음과 같다.

　①양효 : 9×4(사상수) = 36 × 육효 = 216(건책수)

　②음효 : 6×4(사상수) = 24 × 육효 = 144(곤책수)

2) 凡三百有六十이니 當期之日

　360수數 산출방식[150]은 360 = 216(건책수) + 144(곤책수)이다. 이것은

---

149) 건의 책수가 216이요, 곤의 책수가 144이다. 그러므로 모두 360이니 기년의 일수에 해당하고.

150) 정역正易에서의 대일원수大一元數와 무무위수无无位數
(1) 대일원수大一元數 : 100(일원수一元數) × 삼재三才 = 300(대일원수大一元數)
(2) 무위수无位數 : 하도낙서河圖洛書 수의 중심수의 합 인 15 + 5 = 20을 말한다.
(3) 무무위수无无位數 : 20(무위수无位數) × 삼재三才 = 60이다.
(4) 일원수一元數 : 작용수(하도낙서의 합수) 100(일원수)

천지지도天地之道의 합合인 360을 의미한다고 볼 수 있다.

> 二篇之策이 萬有一千五百二十이니
> 이 편 지 책　만 유 일 천 오 백 이 십
> 當萬物之數也하니[151]
> 당 만 물 지 수 야

○ 篇(책 편) 策(채찍 책) 當(당할 당) 物(만물 물)

개요槪要

만물지수萬物之數 절을 통해서 만물의 수를 밝히고 있다.

각설各說

1) 당만물지수當萬物之數也

만물萬物 종류는 11,520책 = 6,912책(건지책乾之策) + 4,608책策(곤지책坤之策)

①64×6효 = 384효이므로, 양효陽爻가 192, 음효陰爻가 192가 된다.
②192(양효) ×36(4×9/노양책수)= 6,912책(건지책)
③192(음효) ×24(4×6/노음책수)= 4,608책(곤지책)

> 是故로 四營而成易하고 十有八變而成卦하니[152]
> 시 고　사 영 이 성 역　　십 유 팔 변 이 성 괘

개요槪要

대연지수를 통해서 육효중괘六爻重卦 형성원리를 밝히고 있다.

---

151) 상하 두 편의 책수가 11,520이니 만물의 수에 해당하고
152) 이런고로 네 번을 경영하여 역易을 이루고, 18번을 변하여 괘卦를 이루니

1) 사영이성역四營而成易

시초蓍草를 할 때, 대연지수 50에서 하나(태극)를 빼는 것을 제외한 다음의 과정을 말한다. 즉 ①시초 49개를 임의로 나눈다(음양). ②지책地策 중에서 인人을 취한다(삼재三才). ③천책을 넷씩 센다(사시四時, 윤월閏月). ④ 지책地策을 넷씩 센다(오세재윤五歲再閏).

2) 십유팔변이성괘十有八變而成卦

설시를 하여 작괘作卦를 할 때 한 효를 이루기 위하여 삼변三變의 과정을 거쳐야 함으로 여섯 효의 한 괘를 얻기 위해서는 18변變(3×6 = 18)의 과정을 거쳐야만 한다는 것이다(18서법筮法). 이것이 육효중괘 형성원리이다.

> 是故로 八卦而小成하야 引而伸之하며 觸類而長之하면
> 시 고 　 팔 괘 이 소 성 　 　 인 이 신 지 　 　 촉 류 이 장 지
> 天下之能事ㅣ 畢矣리니[153]
> 천 하 지 능 사 　 필 의

○ 卦(걸 괘) 小(작을 소) 成(이룰 성) 引(끌 인) 伸(펼 신) 觸(닿을 촉) 類(무리 류{유}) 長(길 장) 能(능할 능) 事(일 사) 畢(마칠 필)

음양사상陰陽四象 작용에 의해 표상되는 사상四象 작용의 원리의 근거로 육효중괘를 구성됨을 말하고 있다.

1) 팔괘이소성八卦而小成

팔괘八卦는 소성小成으로 각각 음괘陰卦와 양괘陽卦가 서로 만나 상하로

---

153) 이런 까닭에 팔괘로 작은 괘를 이룬다 하야, 이끌어 펴며, 무리에 따라 확장하면 천하의 일을 능히 다할 것이다

겹쳐짐에 중괘가 형성되어 천하의 이치를 밝힌다는 것이다.

2) 인이신지引而伸之[154]

인이신지引而伸之는 대성괘大成卦를 이룸을 말한다. 즉 하나의 소성괘小成卦(삼효단괘) 위에 여덟 개의 소성괘小成卦를 차례로 놓는 방법으로 늘려서 64(8×8)괘를 만드는 것이다.

3) 촉류이장지觸類而長之

모든 만물萬物의 종류에 가서 부딪쳐 길어나감. 8괘가 64괘가 되듯이 계속 변화하여 나갈 수 있음을 말한다.

4) 천하지능사필의天下之能事畢矣

인이신지引而伸之와 촉류이장지觸類而長之의 이치를 알면 천하의 모든 일을 다 마칠 수 있다는 것이다.

顯道하고 神德行이라
현 도   신 덕 행
是故로 可與酬酢이며 可與祐神矣니[155]
시 고   가 여 수 작   가 여 우 신 의

○ 顯(나타날 현) 道(길 도) 神(귀신 신) 德(덕 덕) 行(갈 행) 可(옳을 가) 與(줄 여) 酬(술잔 수) 酢(술따를 작) 祐(도울 우) 神(귀신 신)

각설各說

1) 현도顯道 신덕행神德行

도道가 밝혀진 것은 도道가 드러나는 것이며, 신묘한 덕을 행하는 것이다.

---

154) 인이신지引而伸之란 육효중괘六爻重卦는 팔괘八卦를 겹치는 것이다. 구九에서 십十으로 즉 낙서洛書에서 하도河圖로 완성하는 것으로 인간의 문물제도와 합덕하여 사랑으로 가득 차는 것을 의미함

155) 도道를 드러내고, 덕행을 신묘하게 한다. 이 때문에 더불어 주작할 수 있으며 더불어 神을 도울 수 있는 것이다.

①현도顯道는 음양법칙을 밝혀 진리를 알고, 도의 실천및 천·지·인 삼재사상을 역易 속에서 펼쳐놓았다는 것이다. ②신덕행神德行은 역도易道를 드러내고 신명한 덕을 행함을 말한다. ⇨ 왕도정치 실현

2) 가여수작可與酬酢

신명神明에게 물어보기 위해 시초를 뽑는 것이 '수酬'요, 괘卦로써 답을 하여 따르게 하는 것이 '작酢'이다. 즉 『주역』의 괘효를 통하여 신神과 인간 사이에 말과 뜻이 오고 간다는 뜻이다.[156]

3) 가여우신의可與祐神矣

신神이 인간을 위해 가르쳐 주고 싶어도 표현할 방법이 없던 것을, 괘를 통해서 가르쳐줄 수 있으니 신神을 돕는 것이며, 또 신神이 하고자 하는 의도를 괘卦를 해석함으로써 따르니 역시 신神을 돕는 것이다. 가여우신의可與祐神矣은 ①시초蓍草가 인간과 신神까지 도울 수 있다는 것이다. ②역易은 신神이 하는 바를 알 수 있다는 것이다.

子曰 知變化之道者ㅣ 其知神之所爲乎ㄴ뎌[157]
자 왈 지 변화 지 도 자   기 지 신 지 소 위 호

○ 化(될 화) 道(길 도) 者(놈 자) 其(그 기) 知(알 지) 神(귀신 신) 所(바 소) 爲(할 위)

개요槪要

9장의 전체 결론이다.

---

156) 가여수작可與酬酢은 ①성인聖人과 군자이다. ②천지가 서로 대응하는 것이다. ③시초의 위력이나 주역속의 이치와 응대하고 답하는 것과 같다.
157) 공자 왈, 변화의 도를 아는 자가 신의 하는 바를 알 것이다.

각설各說

1) 지변화지도자

변화지도를 아는 것이 신神이 하는 바를 아는 것이다.[158]

2) 기지신지소위호其知神之所爲乎

신神의 소이所以가 드러남을 의미한다. 변화원리는 신神을 의미한다.

---

[158] 사상수四象數가 갖는 철학적 의미는? 시간성의 원리를 드러내고 있는 사상원리가 객관화된 시간의 측면으로 드러날 때 상징적인 의미를 가지게 되는 것이다. 삼팔목三八木이 동東쪽에 있다고 하는 것은 삼팔三八이 시간적으로 봄에 해당하는 것을 상징적으로 동쪽에 놓은 것이다.

○第十章

요지要旨

성인지도 사언四焉(사辭·변變·상象·점占)에 대한 말이다.

易有聖人之道ㅣ 四焉하니
역 유 성 인 지 도　　 사 언

以言者는 尙其辭하고 以動者는 尙其變하고
이 언 자　 상 기 사　　 이 동 자　 상 기 변

以制器者는 尙其象하고 以卜筮者는 尙其占하나니[159]
이 제 기 자　 상 기 상　　 이 복 서 자　 상 기 점

○ 尙(숭상할 상) 變(변할 변) 器(그릇 기) 象(코끼리 상) 卜(점 복) 筮(점대 서) 占(점 점)

개요槪要 [160]

성인聖人이 역도易道를 표상한 4가지 방법에 대하여 밝히고 있다.

각설各說

1) 사辭

좁은 의미에서 「계사상繫辭上·하下」, 넓은 의미에서 「괘효사卦爻辭」와 「십익十翼」 모두를 포함한다. 그리고 '언言'은 생각을 말로 나타내는 것이며, '사辭'는 생각을 글로 나타내는 것이다.

2) 변變

효爻로 표현된다. 행동함에는 변화원리를 깨달아 길흉吉凶을 판단한다.

---

159) 역에 성인의 도가 네 가지 있으니, (역易) 말하는 자는 그 말을 숭상하고, (역易) 동動하는 자는 그 변變을 숭상하고, (역易) 기물器物을 만드는 자는 그 상을 숭상하고, (역易) 복서卜筮하는 자는 그 점占을 숭상한다.
160) 『주역본의』에서는 "네 가지는 모두 변화의 도道이니, 신神이 하는 것이다."(四者, 皆變化之道, 神之所爲者也.)라고 하였다.

3) 상象

문물제도와 기구器具를 만드는 것은 괘상원리를 통해서 드러난 성인지도를 근거로 해야 하는 것이다.(「계사하繫辭下」편 제2장 참조)

4) 점占

수數(헤아림)를 추연하는 것은 변화지도를 알고자 하는 것이다.

是以로 君子ㅣ 將有爲也하며
시 이   군 자   장 유 위 야

將有行에 問焉而以言하거든 其受命也ㅣ 如嚮하야
장 유 행   문 언 이 이 언   기 수 명 야   여 향

无有遠近幽深히 遂知來物하나니
무 유 원 근 유 심   수 지 래 물

非天下之至精이면 其孰能與於此ㅣ리오[161]
비 천 하 지 지 정   기 숙 능 여 어 차

○ 將(장차 장) 爲(할 위) 行(갈 행) 焉(어찌 언) 受(받을 수) 命(목숨 명) 如(같을 여) 嚮(향할 향) 遠(멀 원) 近(가까울 근) 幽(그윽할 유) 深(깊을 심) 遂(마침내 수, 드디어 수, 이를 수) 來(올 래{내}) 物(만물 물) 非(아닐 비) 精(쓿은 쌀 정) 孰(누구 숙) 能(능할 능) 與(줄 여) 此(이 차)

개요槪要

성인지도聖人之道 4가지 중에서 상기사尙其辭에 대한 말이다.

각설各說

1) 군자장유위야君子將有爲也 장유행문언이이언將有行問焉而以言

성인聖人에게 묻는 것은 바로 경전經典을 공부하는 것이며, 장차 행함에 있어 의문이 있어 역易에 물으면 그 대답은 말로서 한다는 것이다. ①

---

161) 그러므로 군자가 장차 일을 함에 있거나, 장차 행함에 있어 물어서 말하려하거든 그 명령을 받음이 메아리와 같아서 멀고 가까운 것과 그윽하고 깊은데까지 남김없이 이 일을 알려주는 것이니 천하의 지극히 정精이 아니면 그 누가 이에 참여參與(할 수 있겠는가)하겠는가?

장유위야將有爲也는 형이상학적 생각, 구상의 의미이며, ②장유행將有行은 형이하학적 행동, 일용생활의 전부를 말한다.

2) 其受命也 如嚮

명命을 받는 것은 심성내면에서 이루어지는 것이다. 그러므로 미래에 일어나는 사건(物)을 안다는 것이다.(遂知來物)[162] 여향如嚮은 형이상학적 생각을 말한다.

3) 무유원근유심无有遠近幽深 수지래물遂知來物

역도易道는 멀고, 가깝고, 은밀하고, 깊숙함에 구별없이 천도天道를 드러낸다는 것이다.

4) 비천하지지정非天下之至精

정精은 엑기스로서 천도天道의 지극至極한 뜻을 말한다.

5) 기숙능여어차其孰能與於此

유정유일惟精惟一하고 윤집궐중允執厥中한 도통의 경지가 아니면 능히 알 수 없으며, 『주역』의 이치가 아니면 능히 알 수 없다는 것이다.

參伍以變하며 錯綜其數하야 通其變하야
삼 오 이 변　　착 종 기 수　　통 기 변

遂成天地之文하며 極其數하야 遂定天下之象하니
수 성 천 지 지 문　　극 기 수　　수 정 천 하 지 상

非天下之至變이면 其孰能與於此ㅣ리오[163]
비 천 하 지 지 변　　기 숙 능 여 어 차

○ 參(석 삼(간여할 참) 伍(대오 오) 變(변할 변) 錯(섞일 착) 綜(모을 종) 通(통할 통) 變(변할 변) 成(이룰 성) 文(무늬 문) 極(다할 극) 數(셀 수) 遂(마침내 수)

---

162) 상기의 내용은 문언問言과 지래知來로 요약이 가능하다.

163) 삼三과 오五를 세어 변變하며, 그 수數를 섞고 종합하며, 그 변화를 통하여 드디어 천지의 문체를 이룬다고 하며, 그 수를 궁구하여 드디어 천하 만물의 상을 정하니 천하의 지극한 변이 아니면 그 누가 능히 여기에 참여하겠는가.

개요概要

성인지도 4가지 중에서 상기상尙其象과 상기변尙其變에 대한 설명이다.

각설各説

1) 삼오이변參伍以變[164]

삼三·오五는 십오十五로 천지天地에서 모든 변화가 일어난다는 것이다.[165]

이것을 설시揲蓍의 과정에서 괘卦를 구하는 과정으로 본다면 먼저, 삼參은 삼변이성일효三變而成一爻하는 삼변三變을 말한다. 다음으로 오伍는 설시의 과정에서 ①천책天策(왼손) ②지책地策(오른손) ③인책人策(掛一策) ④천책天策의 설揲 ⑤지책地策의 설揲을 말한다고 할 수 있다.

2) 착종기수錯綜其數

삼오이변參伍以變의 방법으로 반복하여 그 수數를 섞고 뒤짚어 모으는 것을 말한다. 그 결과 노양수老陽數(9), 소음수少陰數(8), 소양수少陽數(7), 노음수老陰數(6)를 얻는다. 또한 삼효단괘의 팔괘八卦를 얻어 변화의 수를 알고 → 64괘 → 384효

3) 통기변通其變 수성천지지문遂成天地之文

앞 문장의 '이동자以動者 상기사尙其辭'를 다시 설명한 말이다. 삼오이변參伍以變의 '변變'에 통通한다는 말로 작괘作卦하여 나온 괘의 변함에 통

---

164) 주자朱子는 '三伍以變'에 대하여 『周易本義』에서 "이는 상象을 숭상하는 일이니, 변變은 상象이 아직 정해지지 않은 것이다. 삼參은 삼三으로 셈이요 오伍는 오五로 셈이니, 이미 삼三으로 세어 변하고 또 오五로 세어 변하여 한 번 먼저하고 한 번 뒤에 하여 번갈아 서로 상고해서 많고 적음의 실제를 살피는 것이다. 착錯은 사귀어 서로 함이니 한 번 왼쪽으로 하고 한 번 오른쪽으로 함을 이르며, 종綜은 총괄하여 셈이니 한 번 낮추고 한 번 높임을 이르니, 이 또한 모두 시초蓍草를 세어 괘卦를 구하는 일을 말한 것이다.(此 尙象之事, 變則象之未定者也, 參者, 三數之也, 伍者, 五數之也, 旣參以變, 又伍以變, 一先一後, 更相考, 以審其多寡之實也. 錯者, 交而互之, 一左一右之謂也. 綜者, 總而之, 一低一昂之謂也. 此亦皆謂蓍求卦之事)"라고 밝히고 있다.

165) '상병화'는 "삼오이변參伍以變은 삼재三才와 오행五行원리이다."라고 하였다.

하여 천지의 문채를 이룬다는 것이다. 다시 말하면 작괘作卦하여 나온 괘상卦象 속에 천지의 모든 형상이 들어있다는 것이다. 문文은 삼효단과로 이것이 천지의 아름다움을 완성하는 것이다. 다시 말하면 하늘(☰)과 땅(☷), 천둥(☳)과 바람(☴), 물(☵)과 불(☲), 산(☶)과 못(☱)이 천지天地의 문채文彩를 이루어 세상의 아름다움을 완성한다는 것이다.

4) 극기수極其數 수정천하지상遂定天下之象

수數의 변화를 궁구하여 천지변화의 형상을 결정할 수 있다는 것이다.

易은 无思也하며 无爲也하야 寂然不動이라가
역　무사야　　무위야　　적연부동

感而遂通天下之故하나니
감이수통천하지고

非天下之至神이면 其孰能與於此ㅣ리오[166]
비천하지지신　　기숙능여어차

○ 无(없을 무) 思(생각할 사) 爲(할 위) 寂(고요할 적) 然(그러할 연) 不(아닐 불) 動(움직일 동) 感(느낄 감) 遂(이를 수) 通(통할 통)

개요槪要

신神과 일치하는 방법, 천지天地가 하나되는 방법을 설명하고 있다. 상기점尙其占과 관련된 내용이다. 신인합일神人合一과 역도易道의 자각을 위해서는 사특한 생각과 작위가 없는 무심의 경지를 말한다.

각설各說

1) 역무사야易无思也 무위야无爲也 적연부동寂然不動

①무사야无思也는 역易 속에 진리를 알아내려는 근본적인 마음가짐이

---

166) 역은 생각이 없고 함이 없어 적연히 동하지 않다가 감동하여 마침내 천하의 연고를 통하니 천하의 지극히 신묘한 자가 아니면 그 누가 이에 참여하겠는가.

다. 사심私心이 없이 이루어짐을 말한다. 지선至善의 원점으로 들어가는 것이다. 무심無心으로 돌아간다는 의미한다.

②적연부동寂然不動은 사서四書에서는 성誠으로 표현하며, 불교佛敎에서의 허무적멸虛無寂滅과 같은 의미이다.

2) 감이수통천하지고感而遂通天下之故

①감통感通은 인격적인 존재가 하나되는 것이다. ②연고緣故는 선후천 변화의 연고變故이다. 여기서 역易과 지신至神이 같은 것으로 역도易道가 인격적 존재라는 것을 알 수 있다. 따라서 인간이 자신의 심성내면에 본래성으로 가지고 있는 지신至神함을 자각할 때 역도易道를 깨달을 수 있다.

> 夫易은 聖人之所以極深而研幾也ㅣ니
> 부역　성인지소이극심이연기야
>
> (易)唯深也故로 能通天下之志하며
> 역　유심야고　능통천하지지
>
> (易)唯幾也故로 能成天下之務하며
> 역　유기야고　능성천하지무
>
> (易)唯神也故로 不疾而速하며 不行而至하나니
> 역　유신야고　부질이속　불행이지
>
> 子曰, 易有聖人之道四焉者ㅣ 此之謂也ㅣ라.[167]
> 자왈　역유성인지도사언자　차지위야

○ 極(다할 극) 深(깊을 심) 研(갈 연) 幾(기미 기) 深(깊을 심) 志(뜻 지) 幾(기미 기) 務(일 무) 神(귀신 신) 速(빠를 속) 至(이를 지) 焉(어찌 언) 此(이 차) 謂(이를 위)

---

[167] 역易은 성인聖人이 깊고 그윽한 것을 다 함으로써 기미를 살피는 것(연구하는 것)이니, (역易은) 오르지 깊기 때문에 능히 천하의 뜻을 통하며, (역易은) 오로지 기미幾微이기 때문에 능히 천하의 일을 이루며, (역易은) 오로지 신묘神妙하기 때문에 빠르지 않으면서도 빠르고, 행行하지 않으면서도 이른다. 孔子께서 이르기를, "역易에 성인聖人의 도道가 네 가지가 있다는 것은 이것을 말한 것이다."

　지정至精과 지변至變, 지신至神 이루어진 것이 역易이다. 그러므로 역易
은 이 세 가지를 궁구한다는 것을 설명하고 있다.[168]

1) 성인지소이극심이연기야聖人之所以極深而研幾也

　성인聖人은 극심, 연기하여 지극히 신묘한 경지에(지신至神=변화자)에 들
어감을 말한다. ①극심極深이란 지극히 깊은 곳에 들어감을 말한다. 형이
상의 세계 즉 심성내면의 세계, 본래성의 세계를 말한다. 지정至情은 깊
은 이치를 알아내는 것. ②연기研幾는 지변至變은 미세한 이치를 연구하
는 것, 사물 깊이 은폐되어 있는 이치나 드러나지 않는 이치를 다함. ③
기幾는 도道 자체가 구체적으로 드러나지는 않았지만 장차 드러날 선단
先端이다.[169]

2) 유심야고唯深也故 능통천하지지能通天下之志

　형이상形而上의 세계에 도달했기 때문에 천하의 뜻과 통하는 것이다.
천하'란? 물리적인 천지가 아니라 도덕적 인문세계이다.

3) 유기야고唯幾也故 능성천하지무能成天下之務

　기미幾微를 연구하기 때문에 천하의 일을 군자에 의한 왕도정치로 완
성한다.

4) 유신야고唯神也故 불질이속不疾而速 불행이지不行而至

　신神은 형이상의 세계는 빠르지 않아도 빠르며, 행行하지 않아도 이루
어진다는 것이다.

---

168) 성인聖人이 역易으로써 ①文言而以言하고 ②通其變, 極其數를 거쳐 ③感而遂通天下之
故 함으로써 ④천하의 이치理致를 깨닫는 것이다.
169) 기미幾微는 ①사물事物의 현상이 겉으로 나타나기 전前의 기밀 ②기미幾微는 도道를
자각해야 알 수 있는 것으로 변화지도를 자각하지 못하면 기미幾微를 알 수 없다. 여기서 성
인聖人도 역도易道를 주체적主體的으로 자각했음을 알 수 있다.

5) 성인지도사언자聖人之道四焉者

넷이란 ①상사尙辭, ②상변尙變, ③상상尙象, ④상점尙占이며, 이를 '극심極甚(깊은 이치를 알아냄)'하고 '연기研幾(미세한 이치를 연구함)'하여 신神에 들어가는 것이 성인지도聖人之道인 것이다.[170]

---

170) 『중용』 제13장에서는 "군자의 도는 네 가지인데 나는 그 중에 한 가지도 능하지 못하니, 자식에게 바라는 것으로서 부모를 섬김에 능치 못하고, 신하에게 바라는 것으로서 군주를 섬김에 능하지 못하며, 아우에게 바라는 것으로서 형의 섬김에 능히 하지 못하며, 붕우에게 바라는 것을 내가 먼저 베풂을 능히 하지 못한다. 떳떳한 덕을 행하며 떳떳한 말을 삼가 (行에) 부족한 자가 있으면 감히 힘쓰지 않을 수 없고, (言이) 유여有餘하면 감히 다하지 못하여 말은 행실을 돌아보며 행실은 말을 돌아보아야 하니 군자는 '어찌 조조(독실)하지 않으리오'(君子之道四, 丘未能一焉. 所求乎子, 以事父, 未能也. 所求乎臣, 以事君, 未能也. 所求乎弟, 以事兄, 未能也. 所求乎朋友, 先施之, 未能也. 庸德之行, 庸言之謹, 有所不足, 不敢不勉, 有餘, 不敢盡, 言顧行, 行顧言, 君子胡不慥慥爾.)"라고 하여, 효孝, 충忠, 경敬(제悌)신信에 대하여 말한다.

○第十一章

역易에 대한 이해로 도서圖書원리를 통해 괘효卦爻원리가 드러남을 밝히고 있다. 다시 말하면 성인지도聖人之道가 괘상과 「괘효사」를 통해서 길흉吉凶을 드러내고 있다.

> 子曰, 夫易은 何謂者也오
> 자왈 부역 하위자야
>
> 夫易은 開物成務하야 冒天下之道하나니
> 부역 개물성무 모천하지도
>
> 如斯而已者也ㅣ라
> 여사이이자야
>
> 是故로 聖人이 以通天下之志하며 以定天下之業하며
> 시고 성인 이통천하지지 이정천하지업
>
> 以斷天下之疑하나니라.[171]
> 이단천하지의

○ 何(어찌 하) 謂(이를 위) 者(놈 자) 開(열 개) 物(만물 물) 成(이룰 성) 務(일 무) 冒(무릅쓸 모, 덮을 모) 道(길 도) 如(같을 여) 斯(이 사) 已(이미 이) 故(옛 고) 通(통할 통) 志(뜻 지) 業(업 업) 斷(결단할 단) 疑(의심할 의)

천지天地가 만물을 생생生生하여 인격적인 세계로 완성하는 것은 성인·군자이다. 천인합덕은 역도易道에 의해서 개물성무開物成務 하는 것으로 역도易道가 천하지도를 덮는 것이다.[172]

---

171) 공자가 이르기를 "역은 어찌하여 만든 것인가? 역은 사물을 열어주고 일을 이루어 천하의 도를 포괄하니, (다른 것이 아니라)이와 같을 뿐이다. 이러므로 성인聖人이 (역으로써) 이로써 천하의 뜻과 통하며 천하의 업을 정하며, 천하의 의심을 결단한 것이다."

172) 제4장의 '능미륜천하지도能彌綸天地之道'에서 역도易道가 천지의 준거로 천지지도를 가득 채워 얽어매는 것이다.

각설各說

1) 개물성무開物成務 모천하지도冒天下之道

　개물開物은 시생始生이요, 하늘이며, 성무成務는 일의 완성이요. 그러므
로 이통천하지지以通天下之志이라. 사람의 미개발된 지혜를 열어주는 것,
즉 시초점하여 지래물知來物(천도天道, 미래사를 앎) 하는 것을 말한다. ①성
무成務는 이정천하지업以定天下之業이니 사람이 마땅히 해야 할 사업을 정
해주는 것, 즉 괘를 판단하여 천하의 일을 이루게 하는 것을 말한다. ②
모천하지도冒天下之道는 이단천하지의以斷天下之疑이니 개물성무開物成務하
여 통지通志·정업正業한 것을 포함하는 것이다.[173]

2) 여사이이자야如斯而已者也

　이와 같을 뿐이다. 역의 또 다른 일면에 대한 해설이다.

3) 성인聖人 이통천하지지以通天下之志 이정천하지업以定天下之業
　　이단천하지의以斷天下之疑

　성인聖人이 천하의 미래를 알아서 천하의 사업을 정해주어 천하의 의
문을 해결해주는 것이다.

　①이통천하지지以通天下之志 : 용구用九, 통지通志

　②이정천하지업以定天下之業 : 용육用六, 정업定業

　③이단천하지의以斷天下之疑 : 천하의 의혹됨을 판단하여 밝혀주는 것
이다.

> 是故로 著之德은 圓而神이오 卦之德은 方以知오
> 시 고　　시 지 덕　　원 이 신　　　괘 지 덕　　방 이 지
>
> 六爻之義는 易以貢이니 聖人이 以此로 洗心하야
> 육 효 지 의　　역 이 공　　　성 인　　이 차　　세 심

---

[173] 시초점蓍占을 하여 얻은 상象과 그 점占풀이를 하여 '통천通天하자고 (천하의 변화하는
이치에 통함)'하는 것을 말한다. 또한 천하의 도道에 어긋남이 없다. 천하의 도道에 알맞게, 역
리易理를 알면 모든 것을 알 수 있다.

退藏於密하며 吉凶애 與民同患하야 神以知來코
퇴 장 어 밀　　길 흉　　여 민 동 환　　신 이 지 래

知以藏往하나니 其孰能與於此哉ㅣ리오
지 이 장 왕　　　기 숙 능 여 어 차 재

古之聰明叡知神武而不殺者夫ㄴ뎌[174]
고 지 총 명 예 지 신 무 이 불 쇄 자 부

○ 是(옳을 시) 蓍(시초 시) 德(덕 덕) 圓(둥글 원) 神(귀신 신) 卦(걸 괘) 方(모 방) 貢(바칠 공 (=告)) 此(이 차) 洗(씻을 세) 退(물러날 퇴) 藏(감출 장) 密(빽빽할 밀) 與(줄 여) 同(한가지 동) 患(근심 환) 來(올 래(내)) 藏(감출 장) 往(갈 왕) 孰(누구 숙) 能(능할 능) 與(줄 여) 古(옛 고) 聰(귀 밝을 총) 明(밝을 명) 叡(밝을 예) 知(알 지) 神(귀신 신) 武(굳셀 무) 不(아닐 불) 殺(죽일 살)

개요槪要

역도易道가 도서원리를 통해 이통以通, 이정以定, 이단以斷을 괘효卦爻원리로 밝히고 있다.

각설各說

1) 시지덕蓍之德 원이신圓而神

시초蓍草의 덕은 둥글어서 신비스럽다. 윗 귀절의 개물開物(형이상, 천天)에 해당한다. 하늘의 둥근 것을 상징한다.[175] 시지덕蓍之德은 신물神物로써 시초점, 도서圖書원리의 본성을 의미한다. ②원이신圓而神은 도道는 둥글고, 원만하고 신묘하다는 의미이다.

---

174) 이런 까닭에 시초蓍草의 덕德은 원만하고 신묘神妙하며, 괘卦의 덕德은 방方으로써 알려주고, 육효六爻의 뜻은 변하고 불변하는데서 (吉凶을) 예지할 수 있게 하니, 성인聖人이 이로써 마음을 깨끗이 씻어 은밀함에 물러가 간직해 두며, 길흉간에 백성과 더불어 근심을 함께 하여 신묘함으로써 미래를 알고, 지혜로써 지나간 일을 간직하는 것이니, 그 누가 능히 이에 참여하겠는가. 옛날에 총명하고 예지하며, 신비로운 무용으로써 사람을 죽이지 아니하는 인져(者)일 것이다.

175) 원래의 시초蓍草는 일곱 가닥으로 자라는데, 7은 양수陽數이며, 천수天數이므로 둥근 것을 상징한다. 7×7= 49(기용其用은 49)가 이에 해당한다. 신神이라고 한 것은 삼오이변參五以變하면 어떤 괘卦가 나올지 모르기 때문이다.

2) 괘지덕卦之德 방이지방以知

위 절의 성무成務(형이하)에 해당한다. 괘는 팔괘八卦를 말하며, 8은 음수이며, 땅에 해당하니 모난 것을 상징한다. 공간으로 드러난다는 것이다. 8×8=64괘가[176] 이에 해당한다. 또한 지지라고 한 것은 이미 괘가 정해졌기 때문이다. ①괘지덕卦之德은 괘효를 통해서 표상되어진 괘효卦爻 원리의 본성을 말한다. ②방이지方以知는 공간으로 드러낸다는 것이다. 지도地道와 연결된다.

3) 육효지의六爻之義 역이공易以貢

육효六爻의 변화원리에 의해서 역도易道가 모두 드러나게 된다는 것이다.[177] 윗 구절의 '모천하지도冒天下之道'에 해당한다(작용). 육효六爻가 변역變易, 교역交易 등의 변화로써 이치理致와 길흉吉凶을 사람에게 구체적이고, 자세하게 가르쳐 준다는 것이다.[178]

4) 성인聖人 이차세심以此洗心

현인지덕으로 마음을 수양한다는 뜻이다.

5) 퇴장어밀退藏於密 길흉여민동환吉凶與民同患

은밀隱密하게 물러나 감추지만 길흉吉凶과 같이 일이 있을 때는 백성과 더불어 하는 것이다. 그러므로 '여민동환與民同患'이라고 말하였다. 근심에는 즐거움도 포함되어 있다.

---

176) 64방方으로 길흉·회린·무구등을 말해주고 있다는 것이다.

177) 이것을 구체적으로 설명하면 ①성인聖人이 역도易道로 마음을 닦아서 근원적인 세계에 도달하여 성덕된 결과로서의 길흉에 대하여 백성과 더불어 근심하는 것이다. 따라서 성인聖人이 역도易道를 자각하는 것은 후세의 백성을 걱정하는 우환의식임을 알 수 있다. ②도, 원리는 미래적 존재로 미래를 근거로 하여 과거를 이해해야하는 것이다. 이러한 원리를 근거로 하지만, 군자의 구체적인 삶은 지이장왕을 통해서 신이지래神以知來하는 것이라고 할 수 있다.

178) (亞山周易) 卦之德 方以知에서 세분하여 육효로서 우리에게 보여주고 있다는 것이다. 또 효가 변하는 것과 변하지 않는 것으로써 더 구체적으로 우리에게 가르쳐 주는 것이다. 마치 임금에게 공물을 바치듯 육효로서 우리에게 세밀하게 일깨워주고 있다는 것이다.

6) 신이지래神以知來

신이지래神以知來란 역도易道의 신묘함으로써 미래를 안다는 것이며, 앞의 일을 예측하는 것이다. 원이신圓而神의 신神이다.

7) 지이장왕知以藏往

방이지方以知의 지知이며, 과거의 전상典常과 예의禮義를 간직한다는 뜻이다. 다시 말하면 그 괘상卦象 또는 「괘사卦辭」에 따른 전례를 지혜롭게 간직하는 것이다.

8) 고지총명예지古之聰明叡知

역易의 이치를 깨닫고 슬기롭게 선용善用하는 것을 말한다.

9) 신무이불살자부神武而不殺者夫

신묘한 무용으로 잘못된 세상을 바꾸나, 소인小人을 도리를 어긋나지 않도록 교화하여 군자로 인도引導한다는 것이다.

是以明於天之道而察於民之故하야 是興神物하야
시 이 명 어 천 지 도 이 찰 어 민 지 고   시 흥 신 물

以前民用하니 聖人이 以此齋戒하야
이 전 민 용   성 인   이 차 재 계

以神明其德夫ㄴ더.[179]
이 신 명 기 덕 부

○ 察(살필 찰) 民(백성 민) 故(옛 고) 興(일 흥) 齋(재계할 재(상복 자)) 戒(경계할 계)

개요概要

역易을 공부하는 방법에 대한 설명이다.

---

179) 하늘의 도에 밝고 백성의 연고를 살펴서 이에 신물을 일으켜 백성들의 씀을 앞서서 개발하니, 성인聖人이 이로써 재계하여 그 덕을 신명하게 한 것이다.

각설各說

1) 명어천지도이찰어민지고明於天之道而察於民之故

하늘의 도(하늘의 원리, 시간)를 밝게 하고, 백성의 연고緣故(인간의 삶, 공간)를 살펴서 미래를 예지叡智한다는 것이다. 민지고民之故는 백성의 길흉화복은 하늘의 법칙에 결부되어 있다.

2) 시흥신물是興神物

시초蓍草를 말하고, 하도·낙서원리를 자각이며, 신물神物을 보여주는 징조이다. 신물神物이란 하도河圖, 낙서洛書, 시초蓍草 등을 말한다.

3) 이전민용以前民用

성인聖人이 백성들을 인도하여 그 길흉吉凶을 가르쳐 준다는 것이다. 이때, 전前은 동사動詞로 인도한다는 의미를 갖는다.

4) 성인聖人 이차재계以此齋戒 이신명기덕부以神明其德夫

재계齋戒는 몸과 마음을 단정히 하는 것이다.[180] ①신명神明은 신비스럽고 밝은 것을 말한다.[181] ②기덕其德은 신물神物의 무사무위한 덕이다. 성인聖人이 이를 백성을 위해 사용함으로써 그 덕을 '원이신圓而神하고, 장이지方以知' 하게 나타내는 것이다.

是故로 闔戶를 謂之坤이오 闢戶를 謂之乾이오
시 고　 합 호　　위 지 곤　　　벽 호　　 위 지 건

一闔一闢을 謂之變이오 往來不窮을 謂之通이오
일 합 일 벽　　위 지 변　　　왕 래 불 궁　　위 지 통

見을 乃謂之象이오 形을 乃謂之器오
현　 내 위 지 상　　 형　 내 위 지 기

---

180) 지선至善의 경지, 내적으로는 제齊하고, 외적으로는 계戒하라는 것이다. 세심과 동일한 의미라고 할 수 있다. ①재심齋心은 형이상학적, 내적, 체體(정심正心)이고, ②재계齋戒는 형이하학적, 외적, 용用(수신修身)의 의미이다.

181) 인간이 가지고 있는 천성이요, 내 속의 하늘이다. 이신명以神明은 건곤지도乾坤之道이다.

> 制而用之를 謂之法이오
> 제 이 용 지　　위 지 법
>
> 利用出入하야 民咸用之를 謂之神이라.[182]
> 이 용 출 입　　민 함 용 지　　이 지 신

○ 一(한 일) 闔(닫을 합) 闢(열 벽) 往(갈 왕) 來(올 래{내}) 不(아닐 불) 窮(다할 궁) 見(나타날 현) 乃(이에 내) 謂(이를 위) 象(코끼리 상) 形(모양 형) 器(그릇 기) 制(마를 제) 用(쓸 용) 法(법 법) 利(이로울 리{이}) 出(날 출) 入(들 입) 咸(다 함)

개요概要

역易의 의의와 건곤乾坤의 이치理致를 설명하고 있다.

각설各說

1) 합호闔戶 위지곤謂之坤 벽호闢戶 위지건謂之乾

문을 닫는 것과 같이 만물萬物의 완성작용을 하는 주체를 곤도坤道라 하며, 문門을 여는 것과 같이 만물萬物을 시생始生하는 작용의 주체를 건 도乾道라 한다. 건곤乾坤으로 말한 것은 음양陰陽의 대표적인 성정性情을 지녔기 때문이다.[183] 제5장에서 말한 '장저용藏諸用'하는 뜻이고, '벽호闢 戶를 위지건謂之乾'은 '현저용顯著仁'의 뜻이다.[184]

2) 일합일벽一闔一闢 위지변謂之變

한번은 곤도坤道에 의해 완성작용이 이루어지고, 한번은 건도乾道에 의 해 시생작용이 이루어지는 것이 변變이다. 다시 말하면 음양이 일음일양

---

182) 그러므로 문을 닫는 것을 곤이라 하고, 문을 여는 것을 건이라 한다. 한번은 한번 닫고, 한번 엶을 변이라고 하고, 왕래하여 다함이 없는 것을 통이라고 한다. 드러남을 상象이라고 하고, 형체가 나타남을 기器라고 이르고, 만들어 씀을 법法이라 이르고, 씀을 이롭게 하여 나 가고, 들어와서는 백성들이 모두 사용하는 것을 신神이라 이른다.

183) 천지의 성정을 표상하는 건곤은 천지의 위대한 본성이 만물을 낳고 길러주는 생생지위 역生生之謂易의 호생지덕好生之德을 하는 것이다.

184) 합호와 벽호의 내용을 비교하면 다음과 같다.
①합호闔戶 : 완성작용(곤작성물坤作成物), 형이하의 유형지문, 종終
②벽호闢戶 : 시초주관(건지대시乾知大始). 형이상의 무형지문, 시始

一陰一陽하는 것이 바로 '일합일벽一闔一闢'이다. 왜냐하면 합闔(음陰)이 변해서 벽闢(양陽)이 되고 벽闢(양陽)이 변해서 합闔(음陰)이 되니 이것이 변變이다. 일합일벽(일음일양, 음양변화)하여 드러난 것이 상象이다. 그것이 구체적인 물상을 이룬 것이 기器이다. 이 상象과 기器를 잘 다스려 법도에 맞게 쓰는 것을 법法이다. 그리고 합호벽호闔戶闢戶를[185] 왕래불궁하게 하여 백성이 모두 쓸 수 있도록 하는 것이 신神이다.[186]

3) 왕래불궁往來不窮 위지통謂之通

그 작용作用이 왕래하며 다함이 없는 것을 통通이라고 한다. 즉 음양변화, 건곤변화, 사물의 변화에 통通하면 왕래에 막힘이 없다는 것이다.[187]

4) 현내위지상見乃謂之象 형내위지기形乃謂之器

건곤지도乾坤之道인 변화원리를 상징적으로 드러낸 것이 상象 즉, 괘상卦象이다. 구체적인 형체로 드러났을 때 기器(괘卦)가 된다. ①현見은 현상적으로 나타난 형이하학적 계시啓示로 현顯이다. ②상象은 심적心的으로 나타난 형이상학적 계시, 재천성상在天成象. ③형形은 형의 기준은 인간 본래성이다. 기器는 물적, 재지성형在地成形.

5) 제이용지制而用之 위지법謂之法

상象과 기器를 마름질하여 질서에 맞게 하는 것이다.

6) 민함용지民咸用之 위지신謂之神

사람들이 모두 사용하는 것을 신神이라고 한다. 즉 신神의 공능功能이 현상적으로 드러난 것이 백성들의 삶이라는 것이다.

---

185) 일설에 의하면 '합호벽호闔戶闢戶'의 '합호'를 정적인 것으로 시초蓍草를 합하는 것으로 보고, '벽호闢戶'는 동적인 것으로 시초蓍草를 나누는 것으로 보기도 한다.

186) 신神을 먼저 말한 것은 태극太極이 정靜했다가 동動하여 나오는 뜻을 살린 것이며(유정이동야有情而動也), 합벽闔闢은 바로 동정動靜의 기틀(합벽闔闢은 동정지기야動靜之機也)이므로 건곤의 대표적인 성정이 된다.

187)「계사상」편「제5장」이 도道를 중심으로 논하였다면, 여기서는 백성과 현상성을 중심으로 전개하는 동일한 구조이다. 앞의 신물원리에 근거하여 건곤원리가 성립되기 때문에 건곤지도를 밝힌 것이다.

是故로 易有太極하니 是生兩儀하고
시 고　역 유 태 극　　시 생 양 의

兩儀ㅣ 生四象하고 四象이 生八卦하니
양 의　생 사 상　　사 상　생 팔 패

八卦ㅣ 定吉凶하고 吉凶이 生大業하나니라.[188]
팔 패　정 길 흉　　길 흉　생 대 업

○ 極(다할 극) 兩(두 양(량)) 儀(거동 의) 四(녁 사) 象(코끼리 상) 八(여덟 팔) 卦(걸 괘) 定(정할 정) 吉(길할 길) 凶(흉할 흉) 業(업 업)

개요概要

64괘 형성形成 원리原理와 길흉吉凶에 대한 설명이다.

각설各說 [189]

1) 역유태극易有太極 시생양의是生兩儀

괘효원리의 구체적인 생성방향은 ①태극太極으로 시작 ②양의兩儀는 음양작용 ③대업大業은 왕천하사업(『주역』384효爻의 변화와 조화의 세계)을 말한다.

2) 팔괘정길흉八卦定吉凶 길흉생대업吉凶生大業

팔괘八卦 속에 길흉이 판단判斷되어 있고 길흉이 이로부터 정정定해진다. 팔괘八卦가 이미 정해진 후에 64괘 384효가 나옴으로써, 천하의 업業을 정하는 것이다. 군자적인 삶이 당위원리로 대업大業은 모든 만물을 인격적 세계로 만들어 가는 사업이다. 그러므로 괘효원리는 왕도정치원리이며, 군자지도이다.

---

188) 그러므로 역에 태극이 있으니, 태극이 양의를 낳고 양의가 사상을 낳고 사상이 팔괘를 낳고, 팔괘는 길흉을 낳고, 길흉은 대업을 낳는다.
189) 효爻의 음양陰陽작용이 사상四象으로 드러나며, 용구용육用九用六의 구체적인 사상四象작용을 드러내기 위해서 팔괘八卦가 생성生成되고 길흉吉凶이 정해진 것이다. 따라서 효爻에 의해서 군자지도와 소인지도를 나누어 길흉吉凶을 드러낸 것이다.

周易과 소통 기본과정

是故로 法象이 莫大乎天地하고 變通이 莫大乎四時하고
시고　법상　　막대호천지　　　변통　막대호사시

懸象著明이 莫大乎日月하고 崇高ㅣ 莫大乎富貴하고
현상저명　　막대호일월　　숭고　막대호부귀

備物하며 致用하며 立成器하야
비물　　치용　　　입성기

以爲天下利ㅣ 莫大乎聖人하고
이위천하리　　막대호성인

探賾索隱하며 鉤深致遠하야 以定天下之吉凶하며
탐색색은　　　구심치원　　　이정천하지길흉

成天下之亹亹者ㅣ 莫大乎蓍龜하나라.[190]
성천하지미미자　　막대호시귀

○ 法(법 법) 莫(없을 막) 乎(~보다 호) 變(변할 변) 通(통할 통) 懸(매달 현) 象(코끼리 상) 著(분명할 저) 崇(높을 숭) 富(가멸 부) 貴(귀할 귀) 備(갖출 비) 致(이룰 치) 成(이룰 성) 器(그릇 기) 利(이로울 리{이}) 探(더듬을 탐, 찾을 탐) 賾(깊숙할 색) 索(찾을 색{동아줄 삭}) 隱(숨길 은) 鉤(갈고랑이 구) 深(깊을 심) 致(보낼 치) 遠(멀 원) 亹(힘쓸 미) 蓍(시초 시) 龜(거북 귀)

각설各說 [191]

1) 법상막대호천지法象莫大乎天地 변통막대호사시變通莫大乎四時

상象을 법法받는 것이 천지보다 큰 것이 없고, 변變해서 통하는 것은 사시四時가 가장 전형적인 것이다. 그러므로 사시四時를 통해서 시간적인 변화원리를 알아야 한다. 음양변화에 따라 사시四時의 순환이 계속됨(통通)을 뜻한다.

2) 현상저명懸象著明 막대호일월莫大乎日月

천지天地 다음에 사시四時이다. 절괘節卦에서 '천지절天地節이 사시성四

---

[190] 물건을 구비하며 씀을 지극히 하며, 기물을 이루어 천하의 이로움을 삼음은 성인聖人보다 더 큼이 없고, 잡란雜亂한 것을 상고하고 숨은 것을 찾으며 깊은 것을 찾아내고 먼 것을 이루어 천하의 길·흉을 정하며 천하의 힘써야 할 일을 이룸은 시蓍·구龜보다 더 큼이 없다.

[191] '법상法象이 막대호천지莫大乎天地라' 함은 하늘은 상象을 드리우고 땅은 그를 본받은(法한) 것이다. 아래로 '막대호시귀莫大乎蓍龜'까지 각기 음양의 이치와 그것이 가장 잘 드러난 상象과 비유比喻하여 말한 것이다.

時成하니'라 함은 천지의 마디가 사시四時라는 것이다. 마디를 짓는 역할을 하는 것이 일월日月이다. 즉 현상저명懸象著明이 일월日月보다 큰 것이 없는 것이다. 천지의 정기를 받은 것이 일월日月이다. 일월은 천도天道(일월日月)와 인도人道(사시四時)의 문제를 언급하고 있다.

3) 숭고막대호부귀崇高莫大乎富貴

성인聖人의 부귀를 뜻한다.[192] (부귀 → 덕)

4) 비물치용備物致用

기구器具를 만드는 것이 '비물備物'이고, 이를 바르게 사용함이 '치용致容'이다. 비물備物은 존재원리이다.

5) 탐색색은探賾索隱

그윽하고 깊은 것을 더듬어 찾으며, 숨어 있는 것을 찾아내는 것을 말한다. 즉 진리를 탐구하는 방법이다.

6) 구심치원鉤深致遠

깊이 있는 역도易道를 갈구리질을 하여(연구하여) 멀리까지 이르게 함을 말한다. 이치가 아무리 깊고 먼 곳에 있어도 시초蓍草가 우리에게 다 가르쳐 준다는 의미이다.

7) 이위천하리以爲天下利 막대호성인莫大乎聖人

인류발전을 성인聖人이 이룬 것을 말한다.

8) 성천하지미미자成天下之亹亹者 막대호시귀莫大乎蓍龜

거북점보다 큰 것이 없음을 말한다. ①미미亹亹는 군자가 도덕적 세계 구현을 위해 힘쓰고 힘쓰는 모양이다. ②시구蓍龜는 하도·낙서와 시초점蓍草占, 거북점을 말한다.[193]

---

192) 부귀도 숭고해야 옳은 부귀이며, 인색하게 축적함이 부가 아니고, 또 권력이나 누리려고 함이 귀貴함이 아니라는 것을 천명힌 것이다.

193) 『서경書經』「주서·홍범」편, 제8 "계의는 복서할 사람을 가려 세우고서야 이에 명하여 복서한다. 비오는 듯함과 게임과 몽매함과 끝어짐과 이김이며, 정과 회이다. 무릇 일곱 가지

是故로 天生神物이어늘 聖人이 則之하며
시 고 천 생 신 물 　　성 인 　칙 지

天地變化ㅣ어늘 聖人이 效之하며
천 지 변 화 　　　성 인 　효 지

天垂象하야 見吉凶이어늘 聖人이 象之하며 河出圖하며
천 수 상 　　현 길 흉 　　　성 인 　상 지 　　하 출 도

洛出書ㅣ어늘 聖人이 則之하니
낙 출 서 　　　성 인 　칙 지

易有四象은 所以示也ㅣ오 繫辭焉은 所以告也ㅣ오
역 유 사 상 　소 이 시 야 　　계 사 언 　소 이 고 야

定之以吉凶은 所以斷也ㅣ라.[194]
정 지 이 길 흉 　소 이 단 야

○ 神(귀신 신) 物(만물 물) 則(본 받을 칙) 效(본받을 효) 垂(드리울 수) 見(나타날 현) 河(강 이름 하) 圖(그림 도) 洛(강 이름 락(낙)) 書(쓸 서) 象(코끼리 상) 示(보일 시) 繫(맬 계) 辭(말 사) 告(알릴 고)

는 거북점에는 다섯 가지를 쓰고, 시초점에는 두 가지를 쓰니, 잘못됨을 추측하여 아는 것이다. 이 사람을 세워 복서를 하되 세 사람이 점을 치면 두 사람의 말을 따른다. 너는 큰 의심이 꾀함을 너의 마음에 미치고, 경사에 미치고, 서인에 미치고, 복서에 미쳐라. 네가 따르고 거북점이 따르고 시초점이 따르고 경사와 서민이 따르면 이것을 대동이라 하나, 몸이 강강(康彊) 자손이 길함을 만날 것이다. 네가 따르고 거북점과 시초점이 따르며, 경사가 거스르고 서민이 거슬러도 길할 것이다. 경사가 따르고 거북점과 시초점이 따르며, 네가 거스르고 경사가 거슬러도 길할 것이다. 서민이 따르고 거북점이 따르며, 시초점이 따르고 네가 거스리고 경사가 거스러도 길할 것이다. 네가 따르고 거북점이 따르고 시초점이 거스르고 경사가 거스르고 서민이 거스리면 안의 일을 하는 것은 길하고, 밖의 일을 하는 것은 흉할 것이다. 거북점과 시초점이 모든 사람과 위배되면 정함에 사용함은 길하고, 동함에 사용함은 흉할 것이다.(七, 稽疑, 擇建立卜筮人, 乃命卜筮. 曰雨, 曰霽, 曰蒙, 曰驛, 曰克, 曰貞, 曰悔. 凡七, 卜五, 占用二, 衍忒. 立時人作卜筮, 三人占, 則從二人之言. 汝則有大疑, 謀及乃心, 謀及卿士, 謀及庶人, 謀及卜筮. 汝則從, 龜從, 筮從, 卿士從, 庶民從, 是之謂大同, 身其康彊, 子孫其逢, 吉. 汝則從, 龜從, 筮從, 卿士逆, 庶民逆, 吉. 卿士從, 龜從, 筮從, 汝則逆, 庶民逆, 吉. 庶民從, 龜從, 筮從, 汝則逆, 卿士逆, 吉. 汝則從, 龜從, 筮逆, 卿士逆, 庶民逆, 作內吉, 作外凶. 龜筮共違于人, 用靜吉, 用作凶.)"

194) 이런 까닭에 하늘이 신비로운 물건을 낳음에 성인이 그것을 본받고, 천지가 변함에 성인 聖人이 그것을 본받으며, 하늘이 형상을 드리워서 길흉을 나타냄에 성인이 그것을 형상하며, 하수에서 그림이 나오고, 낙수에서 글이 나옴에 성인이 그것을 법하니, 역에 사상이 있는 것은 보이는 바요, 말을 매어 놓은 것은 알려주는 바요, 길흉이 결정되어 있는 것은 (이 속에 길흉이) 판단되어 있기 때문이다.

위 내용을 천도天道표상의 방법과 결부해보면, 천생신물天生神物 성인칙지聖人則之 → 점占, ②천지변화와 성인효지聖人效之 → 변變, ③천수상天垂象 현길흉見吉凶 성인상지聖人象之 → 상象, ④하출도河出圖 낙서출洛出書 성인칙지聖人則之 → 사辭를 뜻한다. 따라서 이상 네 가지(占, 變, 象, 辭)가 성인聖人이 역도易道를 드러내는 방법을 말한다.

1) 천생신물天生神物 성인칙지聖人則之

하늘이 신물을 내니 성인聖人이 본받았다는 것이다. 도서원리안에 괘효원리가 포함되었음을 밝히고 있다. 다시 말하면 천도天道에 인도人道가 내포되어 있다는 것이다. 하도·낙서원리가 밝혀졌다는 것은 천도天道가 밝혀졌다는 것이다.

2) 천지변화天地變化 성인효지聖人效之

성인聖人이 자각한 천지 변화 원리가 군자의 행동원리가 된다. 즉 효爻에 나타난 길흉이 군자의 언행원리이다.

3) 천수상天垂象 견길흉見吉凶

하늘이 상象으로 길흉을 드러냈다는 것이다.

4) 하출도河出圖 낙출서洛出書 성인칙지聖人則之

①하도낙서의 내용

☯ 하도와 낙서

	河　　圖	洛　　書
1	천지만물의 도道에 있어서 천도天道를 상징 ⇨ 체십용구작용, 음체양용의 건도乾道 표상 ⇨ 천도天道를 상징 양수25+ 음수30 = 55수	천지만물의 도에 있어서 지도地道를 상징 ⇨ 체오용육작용, 양체음용의 곤도坤道 표상 ⇨ 지도地道를 상징 양수(25) + 음수(20) = 45수
2	중심본체수 십十과 오五(十五) 일一에서 십十까지의 십수十數 도형 십무극十无極이 나타남(낙서의 체오용육의 역할을 포함)	중심본체수 오五 일一에서 구九수까지의 구수九數 도형 생성의 과정만 표상
3	하도는 중심본체수가 십十과 오五로 인도人道를 포함하며, 인간의 궁극적인 존재원리인 천도위주의 역도를 표상 인간의 존재법칙인 하도적 신명원리 표상	낙서는 중심본체수 오五로서 인도人道 중심으로 역리를 표상 ⇨ 인간의 실존적 삶 방식과 실천적 삶의 원리 표상 낙서의 실천적인 원리는 하도의 신명원리에 근거
4	상생相生질서 논리	상극相剋질서 논리
5	(1·6), (2·7), (3·8), (4·9) 음양의 결합 ⇨ 음양조화합덕 0 ⇨ 만물창생(씨)과 존재의 궁극적인 자기완성(열매)을 표상	(1·9), (2·8), (3·7), (4·6) 음음陰陰, 양양陽陽의 결합 ⇨ 음양합덕× ⇨ 만물창생(씨) ×

	河　　　圖	洛　　　書
6	천지만물의 생성生成원리 표상	천지만물의 생장生長원리 표상
7	체體로서 순작용 ⇨ 9·8·7·6의 체감遞減작용 미래적시간에서 현재를 조명	용用으로서 역逆작용 ⇨ 1·2·3·4의 체증遞增작용 현재 시간에서 미래를 향해서
8	삼극지도(태극, 황극, 무극) 표상	삼재지도(천, 지, 인) 표상
9	10과 5를 중심으로 생수(1, 2, 3, 4)와 성수(6, 7, 8, 9)가 2개의 원주상으로 배열	생수生數와 성수成數의 일렬적 배열
10	하도河圖에는 「계사상」편 9장의 천지지수(10개)를 모두 사용하여 일정한 체계를 이루고 있다. 각 수의 위치는 그 배열이 생수와 성수, 음수와 양수의 음양합덕 구조를 이루고 있다. 전체적으로는 천도天道의 오행적 구조를 표상하고 있다.	낙서洛書는 「계사상」편 9장의 천지지수(10개)중에서 9수만 표상하고 있다. 수의 공간적인 배치가 내외를 이루지 못하고, 수의 배열 위치가 일렬로 배열되어 生成數는 갖추고 있으나 음양수는 이루지 못하여 천도天道를 창생시킬 수는 없다. 전체적으로는 오행적 구조를 갖추고 있으나 하도에 비해 금金·화火의 위치가 바뀌어 있다.
11	낙서의 중심수 5와 마주한 생·성수를 합치면 15가 되는 이는 하도의 본체수 15와 일치한다. 따라서 천도의 존재원리를 표상하는 하도 중심수 15가 본체가 되어 지도地道의 변화법칙을 상징하는 낙서의 수 15로 작용되는 것이다. 이것을 체용體用의 입장에서 보면 체하도體河圖 용낙서用洛書의 구조를 갖는다고 할 수 있다.	

5) 역유사상易有四象

역유사상易有四象은 11장 제일 앞의 구절에 대한 결론적 설명이다.

6) 소이시야所以示也

시示란 칠七(소양), 팔八(소음), 구九(노양), 육六(노음)을 통해 괘상을 보여

주는 것이다. 시示는 계시이다.

7) 계사언繫辭焉 소이고야所以告也

괘상卦象을 「괘사卦辭」·「효사」로써 고告하여(풀이하여) 각자가 그 행할 바를 가르쳐 준다(통천하지지通天下之知, 정천하지업定天下之業).

8) 정지이길흉定之以吉凶 소이단야所以斷也

괘효卦爻에 길흉吉凶을 정함으로써 판단하여 준다(이단천하지의以斷天下 之擬).

○第十二章[195]

요지要旨

「계사상繫辭上」편의 총 결론이다. 성인지도의 주체적 자각을 통해 역도易道의 이치를 이해함을 말한다. 도기道器와 변통變通의 문제를 거론하고 있다.

易曰, 自天祐之라 吉无不利라하니
역왈 자천우지 길무불리

子曰, 祐者는 助也ㅣ니
자왈 우자 조야

天之所助者ㅣ 順也ㅣ오 人之所助者ㅣ 信也ㅣ니
천지소조자 순야 인지소조자 신야

履信思乎順하고 又以尙賢也ㅣ라
이신사호순 우이상현야

是以自天祐之吉无不利也ㅣ니라.[196]
시이자천우지길무불리야

○ 自(스스로 자) 祐(도울 우) 无(없을 무) 助(도울 조) 所(바 소) 順(순할 순) 信(믿을 신) 履(신 리(이)) 思(생각할 사) 又(또 우) 以(써 이) 尙(오히려 상) 賢(어질 현)

---

195) 9장에서는 괘효원리의 근거인 도서원리를 밝혔고, 제10장에서는 군자가 괘효로 표상된 역도易道를 어떻게 자각하는가를 밝혔으며, 제11장에서는 도서와 괘효의 내용과 도서원리와 괘효원리의 관계, 성인聖人과 군자의 관계 등을 밝히고 있다. 이 章에서는 역도易道는 군자지도임을 밝히고, 성인聖人에 의해서 역도易道가 경전으로 천명되어지는 과정을 밝히고 있다. 성인聖人이 밝힌 역도易道는 건곤지도로 집약이 되며, 이 건곤지도는 형이상자이며, 형이상자인 역도易道를 상징적으로 표상한 것이 괘효원리이며, 괘효로 표상되는 것은 군자의 덕행임을 마지막에서 밝히고 있다.

196) 역에 이르기를 "하늘이 보우하니 길吉해서 이롭지 않음이 없다."라고 하였다. 공자왈 보우한다는 것은 도와주는 것이다. 하늘이 도와주는 것은 순종하기 때문이요, 사람이 도와주는 것은 믿음(신실)이 있기 때문이다. 믿음(신실)함을 이행하여 순종할 것을 생각하고, 또 그것으로 어진 이를 숭상한다. 이로서 하늘이 도와주니 길해서 이롭지 않음이 없다.

개요概要

위의 절節은 화천대유괘(☰) 상구上九효에 대한 내용으로서 성인지도聖人之道에 대한 순종과 진실을 말하고 있다.

각설各說

1) 천지소조자순야天之所助者順也 인지소조자신야人之所助者信也

하늘이 돕는 것은 천명天命에 순종하기 때문이며, 사람이 돕는 것은 믿음(신실함)을 지키기 때문이다.

2) 이신사호순履信思乎順

믿음을 가지고, 천명에 순종할 것을 생각한다는 것이다. 성인聖人의 말씀을 자각하여 하늘에 따를 것을 생각한다. 즉 군자가 '순천응인順天應人'하는 것이다. 다시 말하면 역도易道란 천도天道를 믿고, 가슴으로 깨닫는 것이다.(성인지언聖人之言의 자각自覺)

3) 우이상현又以尙賢

현인賢人으로 숭상한다.[197] 역易을 통하여 표현된 역도易道를 깨달아서 인도人道를 실천 구현한다는 뜻을 세우는 것이다.

子曰, 書不盡言하며 言不盡意니
자왈 서불진언 언불진의

然則聖人之意를 其不可見乎아
연즉성인지의 기불가견호

子曰, 聖人이 立象하야 以盡意하며 設卦하야
자왈 성인 입상 이진의 설괘

以盡情僞하며 繫辭焉하야 以盡其言하며 變而通之하야
이진정위 계사언 이진기언 변이통지

---

197) 성인聖人과 역도易道의 관계를 통해서 역도易道를 자각하여 살아간다. 성인聖人에 의해 역도易道가 드러나고 이것을 주체로 군자가 살아감을 말한다.

以盡利하며 鼓之舞之하야 以盡神하니라.[198]
이 진 리　　　고 지 무 지　　　이 진 신

○ 書(쓸 서) 不(아닐 불) 盡(다될 진) 言(말씀 언) 意(뜻 의) 然(그러할 연) 象(코끼리 상) 設
(베풀 설) 盡(다될 진) 情(뜻 정) 僞(거짓 위) 鼓(북 고) 舞(춤출 무) 盡(다될 진)

개요槪要

성인聖人이 어떻게 역易을 저작했는가? 역에서 드러낸 역도易道의 공능
功能은 무엇인가? 세상의 우환을 근심하는 성인聖人의 마음을 어떻게 볼
수 있는 것인가?

각설各說

1) 서불진언書不盡言 언불진의言不盡意

뜻을 다 말로 표현할 수는 없고, 말을 다 글로 표현할 수는 없다는 것
은 언어言語와 문자文字에 국한된 의미가 아닌 존재론적 의미를 말과 글
로 표현하기에는 한계가 있다는 말이다. 왜냐하면 문자文字란 무형無形의
말을 볼 수 있도록 공간화空間化 한 것이며, 언어言語란 볼 수도, 들을 수
도 없는 사람의 심리작용을 시간화時間化 한 것이기 때문이다.

2) 연즉성인지의然則聖人之意

의意는 성인聖人에 의해 깨달아진 역도易道를 말한다. 인간의 마음이 없
으면 도道는 드러나지 않는다. 다시 말하면 인간의 마음 세계를 떠나서
도道는 존재하지 않는다는 것이다. 성인聖人의 뜻은 인간 본래성을 깨달
아서 살아가도록 하는 것이다.

3) 입상立象 이진의以盡意

입상立象은 도道를 이치로 해부하여 도서圖書·괘상卦象의 상象을 세웠다

---

198) 공자가 이르기를, 글은 말을 다하지 못하고, 말은 뜻을 다하지 못함이니 그런 즉 성인聖
人의 뜻은 가히 볼 수 없는 것인가? 공자왈, 성인이 (역속에)상을 세워서 뜻을 다하고, 괘를 베
풀어서 참과 거짓을 다하며, 말을 매어서 그 말을 다하며, 변變하고 이것을 통通하게 하여 (만
민萬民의) 이로움을 다하며, 이로서 (백성의 마음을) 두드리고 춤추게 하여 신묘함을 다 하니라.

는 것이다.[199] 이때 상象이란? 괘상원리, 상징원리, 도서원리, 근원적 존재원리를 말한다. 즉 음양의 상象을 세워 우주와 인간사의 이치를 다 표현한 것이다. 따라서 상象이란? 역도易道를 자각하는 방법이며, 실천하는 근거로써 변화막측한 역易의 내용을 성인聖人이 상象으로써 다 표현한 것이다.

4) 설괘設卦 이진정위以盡情僞

설괘設卦는 뜻을 표상하는 과정에서 참과 거짓을 구체적으로 드러내는 것이다.[200] 바꾸어 말하면 존재원리를 모두 드러낸 것이다.

①괘효卦爻에는 강剛·유柔, 정正·부정不正, 득중得中·부득중不得中의 정위正位가 있고, 사람에게는 선·악의 정위正位가 있다. 따라서 괘卦를 지음으로써 사람의 정正과 위位를 다 표현할 수 있다는 것이다. ②정情은 자기 분수와 위치를 지키며, 진실을 말한다. 괘卦에서는 득중得中, 득위得位로 표현한다. ③위僞는 경거망동하며, 거짓을 말한다. 괘卦에서는 부정不正, 부득중不得中의 실위失位로 표현한다.

5) 계사언繫辭焉 이진기언以盡其言

「계사繫辭」는 말씀으로 군자지도와 당위원리를 말하고 있다. 「계사繫辭」를 통해 길흉을 판단함을 밝히고 있는 것이다.[201] 그러므로 말 속에는 길흉이 있는 것이다.

6) 변이통지變而通之 이진리以盡利

건곤乾坤의 작용을 통하여 변통變通이 이루어지기 때문에 변화원리에 통하여 만물이 생성하는 이로움을 다하는 것이다.[202] ①변이통지變而通之

---

199) 심성내면에서 이루어짐.
200) 『주역』은 괘효역학의 입장이다. 그러나 성인聖人의 뜻이 괘효사의 언사를 통해서만 역도易道가 드러난다고 생각해서는 곤란하다. 언사의 한계점을 극복하기 위해 상象과 수數로써 역도를 표상하고 있다.
201) 『주역』「계사상」편 제8장, "계사언繫辭言, 이단기길흉以斷其吉凶"
202) 인간의 입장에서는 이물利物은 사물事物을 의義롭게 다스린다는 것이다. 즉 사물을 용

는 변變은 만물의 생성원리이요, 음양陰陽의 변화원리이다. ②이진이以盡利는 성인지도의 구명하여 천하 사람들의 이로움을 다한다.

7) 고지무지鼓之舞之 이진신以盡神

성인聖人이 밝힌 역도易道 안에서 모든 것이 인격적 완성을 이루는 것이다. 그래서 신神이라고 하는 것이다.[203] 따라서 백성을 격려하고, 고무시켜 천도天道 변화의 신묘함을 온전히 파악할 수 있는 지혜를 가질 수 있도록 한다는 것이다. ①고지무지鼓之舞之는 성인聖人의 뜻을 다 알게 되면, 고지무지하여 심열心悅이 외부外部로 나타나게 된다. 생명을 고무시켜주는 것으로 변이통지와 같은 의미로 역의 공능이다. ②이진신以盡神은 결론으로 역도易道 자체를 다 드러냈다고 볼 수 있다(생생지역生生之易).

乾坤은 其易之縕耶ㄴ뎌
건 곤 기 역 지 온 야

乾坤이 成列而易이 立乎其中矣니
건 곤 성 열 이 역 입 호 기 중 의

乾坤이 毁則无以見易이오
건 곤 훼 즉 무 이 견 역

易을 不可見則乾坤이 或幾乎息矣리라.[204]
역 불 가 견 즉 건 곤 혹 기 호 식 의

○ 乾(하늘 건) 坤(땅 곤) 易(바꿀 역) 縕(헌솜 온) 耶(어조사 야) 成(이룰 성) 列(벌일 열[렬]) 毁(헐 훼) 幾(기미 기) 息(숨 쉴 식)

도성에 맞게 다스리는 것이다.

203) 인격적 존재인 신神이 만물을 화육하는 것을 '민함용지民咸用之 위지도謂之神(상편 제11장)'라고 하였다. 이것은 역도易道를 자각한 군자에 의해서 왕도정치가 이루어지는 것으로 백성들에게는 신묘함으로 나타나는 것이다. 즉 군자의 왕천하 사업이 백성에게는 신神으로 드러나는 것이다.

204) 건과 곤은 역을 쌓아놓은 것인져! 건과 곤이 (분해하여) 열을 이루니 역이 그 가운데 있는 것이니, 건곤이 훼손되면 이로써 역을 볼 수 없을 것이요, 역을 가히 보지 못한 즉 건곤이 거의 쉬게 되리라.(멸식/종식되리라)

건곤乾坤이라는 음양에서 만물이 나오므로, 만물萬物은 건곤乾坤이고, 건곤乾坤은 만물萬物이라는 뜻을 표상하고 있다.

각설各說

1) 건곤乾坤 기역지온야其易之縕耶

건곤乾坤이 역易의 온축蘊蓄이란 말은 건乾은 양陽의 쌓임이고, 곤坤은 음陰의 쌓임이다. 그러므로 건곤乾坤은 음陰과 양陽의 변화로 이루어지므로 역易의 심오한 뜻이 쌓인 바탕이라 할 수 있다. 온蘊이란 쌓을 온으로 함의, 내용, 심오한 뜻으로 바탕이 되는 곳, 쌓여있는 곳, 모이는 곳 등을 말한다.

2) 건곤성열이역乾坤成列而易 입호기중의立乎其中矣

건곤乾坤이 64괘에 다 들어 있다. 그러므로 건곤은 역의 쌓임이다. 이것이 나머지 62괘에 고루 퍼져서 각기 만물을 구성하고 있으므로 '성열成列'이라고 하였다.

3) 건곤乾坤 훼즉무이견역毁則无以見易

건곤乾坤이 나누어져 역을 지었으므로, 건곤이 훼손되어 없어지면 역을 볼 수 없다는 것이다. 이는 천지가 무너졌다는 것이 아니라, 천지와 만물 사이의 관계를 설명한 것이다.

4) 불가견즉건곤不可見則乾坤 혹기호식의或幾乎息矣

건곤乾坤의 작용은 만물 즉, 역易으로 나타난다. 따라서 역도易道를 가히 볼 수 없다면 건곤의 작용은 볼 수 없다는 것이다.[205]

---

205) 역도가 없다면 천지의 이치가 존재할 수 없다는 것이다.

是故로 形而上者를 謂之道ㅣ오 形而下者를 謂之器오
시 고 형 이 상 자 위 지 도 형 이 하 자 위 지 기

化而裁之를 謂之變이오 推而行之를 謂之通이오
화 이 재 지 위 지 변 추 이 행 지 위 지 통

擧而措之天下之民을 謂之事業이니라.[206]
거 이 조 지 천 하 지 민 위 지 사 업

○ 形(모양 형) 道(길 도) 器(그릇 기) 化(될 화) 裁(마를 재) 變(변할 변) 推(옮을 추) 通(통할 통) 擧(들 거) 措(둘 조) 事(일 사) 業(업 업)

개요槪要

형이상자인 역도易道를 중심으로 도기道器를 구분하여 밝히고 있다.

각설各說 [207]

1) 형이상자위지도形而上者謂之道 형이하자위지기形而下者謂之器

'도기道器'를 구분하는 것으로 형形의 세계를 초월한 자를 '도道'라고 하고, 형상을 갖고 있는 것을 '기器'라고 한다. ①도기道器는 개념적으로 구분하지만 본질적으로는 분리될 수 없다. 왜냐하면 기器는 천도天道가

---

206) 이런 까닭으로 형용하여 위의 것을 도道라고 하고, 형용하여 아래 것을 기器라고 하고, (음양질운작용으로) 변화하여 제재制裁하는 것을 변變한다 하고, (음양변화법칙을) 추진하여 운행하는 것을 통通이라 하고, (이 이치를)들어서 천하의 백성에게 실행하는 것을 사업(왕도정치)이라 한다.

207) (觀中)
1) 형이상자는 무형이고 형이하자는 유형으로 구별하지만, 무형이라도 마음속의 사유작용과 물리적인 시간 등은 무형적이지만 형이상자 즉 도道는 아니다. 또한 도道는 원리성을 가지고 있다. 그러나 자연과학적 법칙은 도道라고 하지 않는다. 이에 근본적 차이는 신명성(도덕성, 인격성)이 있다. 형이상의 세계는 유형의 세계를 벗어나 있는 도덕적인 세계이다. 따라서 형이상자는 무형적 존재이자 원리적 존재로 인격성(도덕성)을 본성으로 하는 존재이다.
2) 형이하자는 형이상의 도道 자체가 이하而下한 것으로 형이하로 내려온 것이다. 형이하적 존재는 현상 사물이지만 역학에서의 형이하자는 현상적 사물이 아니라 형이상의 신명성이 인간 본래성으로 내재화된 '성명지리'이다. 인간 본래성으로서 성명지리는 천지지도가 드러나 밝혀지는 장場인 동시에 역도易道가 행해지는 매개체이다. 그래서 기라고 하는 것이다.
3) 변화는 형이상의 도 자체가 자기전개의 작용이 만물의 생성으로 드러나는 것을 이른다. 이것을 미루어 행하는 것을 통이라고 하는 것 즉 도 자체의 자기전개 작용이 끊임없이 이루어지는 것이 통이다.

현상적으로 드러난 것으로 볼 수 있기 때문이다. ②도道는 기器 안에 들어 있는 진리(시간성)이다. ③기器란 천도天道가 드러난 장소, 그릇이다.[208]

2) 화이재지위지변化而裁之謂之變

변통의 원리를 들어서 백성들의 삶의 원리로 드러내는 것이 군자의 사업인 것이다. 화化나 재載는 모두 변하는 것이니, '화지化之'는 양陽에서 음陰으로, '재지裁之'는 음陰에서 양陽으로 변하는 것이다.[209]

3) 추이행지위지통推而行之謂之通

화이재지化而裁之 하는 것을 미루어서, 그에 따라 행하는 것이다(효爻에 따라 행동).

4) 거이조지천하지민擧而措之天下之民

'거擧'는 '고지무지' 하는 것을 말하고, '조지措之'는 역도易道를 둔다는 것이다. 그러므로 역도易道(도기道器, 변통變通의 원리)를 천하의 백성에게 베풀어 고무 진작시키는 것이 사업인 것이다.

是故로 夫象은 聖人이 有以見天下之賾하야
시 고   부 상   성 인   유 이 견 천 하 지 색

而擬諸其形容하며 象其物宜ㅣ라 是故謂之象이오[210]
이 의 저 기 형 용   상 기 물 의   시 고 위 지 상

○ 賾(깊숙할 색) 擬(헤아릴 의) 容(얼굴 용) 諸(모든 제) 宜(마땅할 의) 象(코끼리 상)

---

208) 인간 본래성 ➡ 성명지리 ➡ 사덕원리 ➡ 제도와 문물 ➡ 기器
「홍범구주」: 천도天道의 원리가 제도와 문물, 정치로 드러난 것
　　인간존재원리의 실천 : 왕도정치 실현
　　　　인간 존재성의 발현 ➡ ○ / 인간 본래성의 왜곡- ×
　　　　└────제도와 문물────┘

209) 공영달은 "음양의 전환을 미루어 행하도록 작용을 발휘하는 것을 통이다."라고 언급하였다.

210) 이런 까닭으로 대저 상象은 성인聖人이 천하의 잡란함(그윽하고 깊이 가려져 있는 역의 이치)을 보고서 (그것을) 그 형체에 비기며, 그 물건에 마땅함을 형상한 것이다. 이런 까닭에 상象이라 이름이오,

이 절에서 상象이란 형이상자를 상징적으로 드러낸 것을 말한다. 즉, 역도易道를 괘효원리로 표상한 것임을 밝히고 있다.[211]

1) 부상夫象

괘상卦象을 의미한다.

2) 유이견천하지색有以見天下之賾

도道가 드러나는 비유를 나타내고 있다. 견見은 색賾의 깨달음을 의미한다.

심深은 모두 도 자체를 의미한다.

3) 상기물의象其物宜

존재진리의 마땅함, 사물에 마땅한 바를 상징적으로 드러낸 것이다.

聖人이 有以見天下之動하야 而觀其會通하야
성인　유이견천하지동　　이관기회통

以行其典禮하며 繫辭焉하야 以斷其吉凶이라
이행기전례　　계사언　　이단기길흉

是故謂之爻ㅣ니 極天下之賾者는 存乎卦하고
시고위지효　　극천하지색자　　존호괘

鼓天下之動者는 存乎辭하고[212]
고천하지동자　　존호사

---

211) 제8장(선천적 관점)에서도 나오는 내용이지만 부상夫象(후천적 관점)의 입장에서 다시 한 번 그 의미를 밝혀놓은 것이다.

212) 성인聖人이 천하의 (만물의) 움직임을 봄에, 그 막히고 통함을 보고, 이로써 그 떳떳한 예를 행하며, 말을 달아 그 길흉을 판단(결단)한 것이라, 이런 까닭에 효라고 이른 것이니, 천하(천도天道의 입장)의 잡란(그윽하고 깊이 가려져 있는)한 것을(이치를) 지극히 다함(궁극)은 괘에 있고, 천하(인도人道입장, 군자지도)의 (만물이) 동함을 고무함(움직여 나아가는 것)을 드러내는 것은 사(효사)에 있다하고

○ 會(모일 회) 通(통할 통) 典(법 전) 禮(예도 례{예}) 斷(결단할 단) 極(다할 극) 賾(깊숙할 색) 鼓(북 고) 辭(말 사)

개요槪要

괘상卦象 속에는 근원적인(지극한) 도가 담겨져 있고,「계사繫辭」에는 생명生命을 고동시키는 원리가 들어 있다. 따라서 효爻를 통하여 길흉吉凶을 나눈 것은 길吉을 쫓아서 생명을 고동시켜 주라는 의미를 가지고 있다.

각설各說

1) 유이견천하지동有以見天下之動

천하의 지극한 움직일을 보고서

2) 곤기회통觀其會通

모이고, 통함을 보고서

3) 전례典禮

괘체효용卦體效用의 전례 글, 일정한 상규常規를 의미한다.

4) 극천하지색자極天下之賾者

색賾은 존재진리, 도道, 도리道理, 심오한 이치를 말한다.

5) 고천하지동자鼓天下之動者 존호사存乎辭

'관기회통觀其會通 이행기전례以行其典禮'하여 각 효마다 말을 매서 '단기길흉斷其吉凶' 하였으니 사辭(「괘사」,「효사」)에 그 동動함이 다 표현되어 있다는 뜻이다.

化而裁之는 存乎變하고 推而行之는 存乎通하고
화 이 재 지   존 호 변   추 이 행 지   존 호 통

神而明之는 存乎其人하고 黙而成之하며
신 이 명 지   존 호 기 인   묵 이 성 지

> ## 不言而信은 存乎德行하니라.[213]
> 불 언 이 신   존 호 덕 행

○ 化(될 화) 裁(마름질할 재) 存(있을 존) 推(옮을 추) 通(통할 통) 黙(묵묵할 묵)

개요概要

변통의 원리를 통해서 신명지덕神明之德을 행함을 말한다.

각설各說

1) 화이재지化而裁之 존호변存乎變

화化는 심心이요, 재裁는 물物이다. 그러므로 심물心物의 조화는 모두 변하는데 있으며, 역리易理의 모든 것이 음변양화陰變陽化 하는 이치에서 나온다고 할 수 있다. 재지裁之하는 데는 질서와 법칙을 어기지 아니하면서 행한다.

2) 신이명지神而明之 존호기인存乎其人

신령스럽게 그것을 밝히는 것은 인간(성인·군자)에게 있다. ①신이명지神而明之는 시간성의 원리, 변동의 원리이다. ②존호기인存乎其人의 기其는 국한의 의미, '기인其人'은 성인聖人을 뜻한다.

3) 묵이성지黙而成之 불언이신不言而信

묵묵히 완성하며, 말하지 않아도 믿는 것은 군자의 덕행에 있다. 성인聖人의 덕이 군자의 덕행으로 이루어지는 것이다. 하려고 하지 않아도 이루는 것이 '묵이성지黙而成之'이며, 말로 표현될 것을 기다리지 않고도 믿는 것이 '불언이신不言而信'이니, 제11장에서 '무사야无思也 무위야无爲也'라고 말한 시구蓍龜의 덕德이며, 정情, 변變하여 신神에 들어간 경지이다.

---

213) (음양 질운작용) 변화하여 제재함은 변變에 있다 하고, (이러한 음양변화법칙을) 미루어(추리하여) 행함은 통通에 있다 하고, (역의 이치를) 신묘하게 밝히는 것은 그 사람에게 있다 하고, 묵묵한 가운데 이룬다 하여, 말하지 않아도 (모든 사람이) 믿음은 덕德을 행행行行하는데 있다 하니라.(덕德≠덕행德行)

4) 존호덕행存乎德行

　군자지덕행君子之德行을 말한다.

제3부 계사하편繫辭下篇

계사하편繫辭下篇

요지要旨

상편上篇은 도서圖書원리를 통해 천도天道·성인지도를 표상하고 있고, 하편下篇은 괘효卦爻원리를 통해 인도人道·군자지도를 표상하며, 그리고 「계사하」편 12장으로 구성되어 있다.

○第一章

八卦成列하니 象在其中矣오 因而重之하니
팔괘 성 열   상 재 기 중 의   인 이 중 지

爻在其中矣오[214]
효 재 기 중 의

○ 八(여덟 팔) 卦(걸 괘) 成(이룰 성) 列(줄 렬{열}) 象(코끼리 상) 在(있을 재) 其(그 기) 中(가운데 중) 矣(어조사 의) 因(인할 인) 而(말 이을 이) 重(무거울 중)

개요概要

제1장 전체는 육효중괘의 구성원리를 설명하고 있다. 다시 말하면 괘효역을 본격적으로 설명하고 있다.

각설各說

1) 팔괘성렬八卦成列 상재기중의象在其中矣

일건천一乾天(☰)·이태택二兌澤(☱)·삼리화三離火(☲)·사진뢰四震雷(☳)·오손풍五巽風(☴)·육감수六坎水(☵)·칠간산七艮山(☶)·팔곤지八坤地(☷)의 여덟괘 속에 만물을 대표하는 상(만물의 상징)이 들어 있다. 팔괘성열八卦成列은 팔괘로 분리하여 소성괘가 생성되고, 64괘로 배열한다. 팔괘가 열列을 지었다는 것은 팔괘가 중첩되는 것이며, 중첩되어 효爻가 그 가운데 있다는 것이다. 즉 효爻는 반드시 팔괘八卦가 중첩된 육효六爻밖에 될 수가 없다.

2) 인이중지因而重之 효재기중의爻在其中矣

육효중괘인 대성괘大成卦를 이룬 후 비로소 효가 그 가운데 있다는 것이다. 즉 효爻를 통해서 길흉을 결단한다는 것이다.

---

214) 팔괘가 열列을 이루니 상象이 그 가운데 있고, (팔괘로) 인하여 거듭(而重)하니 효가 그 가운데에 있다.

> 剛柔相推하니 變在其中矣오
> 강 유 상 추　　변 재 기 중 의
>
> 繫辭焉而命之하니 動在其中矣라.[215]
> 계 사 언 이 명 지　　동 재 기 중 의

○ 剛(굳셀 강) 柔(부드러울 유) 相(서로 상) 推(옮을 추) 變(변할 변) 其(그 기) 繫(맬 계) 辭
(말 사) 焉(어찌 언) 命(목숨 명) 動(움직일 동) 在(있을 재)

개요槪要

앞 절의 육효중괘六爻重卦 구명究明에 이어 효爻의 내용인 강유剛柔를 밝
히고 있다.[216] 즉 괘효卦爻를 통해 중정지도를 드러내고자 한 것이다(군자
의 사덕원리).

각설各說

1) 강유상추剛柔相推

음양의 합덕작용이 공간에서는 강유剛柔작용으로 나타난다. 그 가운데
변화가 있음을 「설괘」 제2장에서 밝히고 있다. 강유剛柔는 음양의 지도
地道적 공간적 차원이다. 강유剛柔(음양)가 교체하여 64괘가 생성 → 모든
것이 음양의 변화 속에 이루어진다. 그러므로 역은 음양의 조화라고 할
수 있다.

2) 변재기중의變在其中矣

변變 → 형이상학적 원리 → 드러남.

---

215) 강과 유가 서로 미루니 그 변함이 그 가운데 있고, 말을 달아 명(고告)하니 움직여 그 가
운데 있다.

216) 『주역』은 지도地道의 입장이므로 강유剛柔의 입장에서 역리를 전개되고 있다. 「계사
하」편 제6장에서 "강유剛柔가 서로 밀고 당기는 질운迭運작용을 한다는 것(음양합덕陰陽合德
이강유유체而剛柔有體라)"은 음양이 합덕되었기 때문에 강유剛柔작용이 일어나는 것이다. 그
러므로 그 가운데 변화가 있음을 밝히고 있다. 성인聖人이 괘효와 사辭를 엮어 명령하니 그
가운데 동動(군자의 행동원리)이 있는 것이다. 즉 괘효원리를 통해 성인聖人이 밝히고자 한 것
은 인도人道인 군자의 사덕원리임을 알 수 있다.

3) 계사언이명지繫辭焉而命之 동재기중의動在其中矣

성인聖人이 「괘효」를 통해 말을 묶어 명命하니 그 가운데 군자의 행동 원리가 있다는 것이다. ①명命은 성인聖人의 명命, 말씀을 괘효卦爻에 걸었다. 성性(체體) 명命(용用) ②동動은 군자적 삶의 원리를 제시, 인간 행동의 원리를 말한다. 「계사」의 내용은 서괘 원리가 내포되어 있다.

> 吉凶悔吝者는 生乎動者也ㅣ오
> 길 흉 회 린 자   생 호 동 자 야
>
> 剛柔者는 立本者也ㅣ오 變通者는 趣時者也ㅣ라.[217]
> 강 유 자   입 본 자 야   변 통 자   추 시 자 야

○ 吉(길할 길) 凶(흉할 흉) 悔(뉘우칠 회) 吝(아낄 린{인}) 剛(굳셀 강) 柔(부드러울 유) 立(설 립{입}) 本(밑 본) 變(변할 변) 通(통할 통) 趣(달릴 취, 따를 추) 時(때 시)

개요概要 [218]

군자의 행동, 움직임에 따라 길흉회린이 생한다는 것이다.

---

217) 길하고 흉하고 뉘우치고 인색한 것은 동動하는 데서 생하고, 강유剛柔는 근본을 세우는 것이요, 변變과 통通은 때에 따르는 것이다.

218) (觀中)
(1) 변화는 무엇인가? '변화'는 시간의 흐름으로 드러나는 것이다. 천지가 합덕되지 않으면 시간이 섭리 주재되지 않는다. 천지의 합덕체로써 인격적 존재인 신神에 의해서 시간이 섭리攝理 주재되어진다는 것은 시간이 흐른다고 하는 것인데 이것은 물리적인 생명의 현상을 주재한다는 것이다. 이는 형이상적 존재인 신神이 자신의 인격성을 분여與해주는 현상이 물리적 시간으로 나타나는 것이다. 즉 물리적인 생명체에 시간이 주어지는 것이다. 따라서 시간의 흐름은 생명의 끊임없는 생성이며, 생명의 창조와 화육으로 나타난다. 생명의 생성은 그것이 변화로 창조와 진화가 계속해서 일어나는 것이다. 시간에 따라서 생명현상이 끊임없이 전개되어지는 것이다. 도道(천도天道, 존재론적) 자체로 보면 그렇다. 호생지덕好生之德을 '인간의 입장'에서 보면 물리적인 생명은 시간으로 주어지고, 물리적인 생명의 근거로써 형이상적인 생명은 본래성으로 주어져 있다. 즉 인간 본래성으로 성性이자 명命인 성명지리이다.
(2) 성명지리性命之理는 무엇인가? 본성과 역사적 사명이 근거가 되어 본성이 주어지고, 본성이 발현되어 역사적 사명이 완성되어지는 것이 바로 성명지리이다. ①시간에 있어서 물리적 시간과 시간의 근거인 시간성이 인간에게 있어서는 '시간'은 물리적 생명이 되고, ②시간성은 성명지리가 된다. 후천이봉천시後天而奉天時하는 존재가 군자로 천도天道의 시간성이 시간으로 드러나는 시의성을 알아서 봉행을 해야하는 것이다. 따라서 형이상의 시간성을 자각하여 자신의 성명지리를 완성함으로 물리적 생명에 주어진 사명을 다 하게 되는 것이다.
(3) 본本은 체體를 세운다는 것이고, 시時는 시의성(시간성 원리)을 말한다.

각설各說

1) 길흉회린자吉凶悔吝者

인간의 마음과 행동(군자지도, 소인지도)결과로 드러난다.

2) 강유剛柔者

강유剛柔작용을 통해서 음양이 드러나는 것이다. 바꾸어 말하면 인도 人道를 자각함으로써 천도天道가 드러나는 것이다.

3) 입본자야立本者也

음양과 강유剛柔가 괘를 세우는 근본이다.

4) 변통자變通者

군자 입장에서 시의성에 맞게 행동하는 것이 변과 통이다.[219] ①변은 음양작용이고, ②통은 시의성, 인도人道를 말한다. 변통자는 생성변화의 원리를 의미한다.

5) 취시자야趣時者也

시의성, 시간성을 따르는 것이다. 시간時間의 ①시時는 시중, 시의성, 시간성이며, ②간間은 공간성이다.

吉凶者는 貞勝者也ㅣ니 天地之道는 貞觀者也ㅣ오
길 흉 자   정 승 자 야   천 지 지 도   정 관 자 야

日月之道는 貞明者也ㅣ오
일 월 지 도   정 명 자 야

天下之動은 貞夫一者也ㅣ라.[220]
천 하 지 동   정 부 일 자 야

---

[219] '변통變通'은 시간에 따라 이루어지는 것으로 변變은 음양의 질운작용이며, '통通'은 끊임없는 음양의 작용이다. 인간이 매 시간의 의미인 시의성에 맞게 행동하는 것이 변통이다. 실존적으로는 봄이 변하여 여름으로 통하고, 여름이 변하여 가을로 통한다.

[220] 길흉은 항상 이기는 것이니, 천지의 도는 항상 보여 주는 것이오. 일월日月의 도는 항상 밝은 것이요, 천하의 움직임은 일자(뇌풍항괘에서 항상한 것이다.)에서 바르게 하는 것이다.

○ 吉(길할 길) 凶(흉할 흉) 貞(곧을 정) 勝(이길 승) 觀(볼 관) 貞(곧을 정) 者(놈 자) 也(어조사 야) 動(움직일 동) 夫(지아비 부)

개요槪要

중정지도를 말한다. 천도天道가 인도人道의 근원이 된다는 말이다.

각설各說

1) 길흉자吉凶者 정승자야貞勝者也

장貞은 정正으로 항상 바르다는 뜻이다. 천지天地는 항상 바름을 보이고, 일월日月은 때와 장소를 가리지 않고 항상 바르게 밝히고 있으니, 천하의 동動함은 정도正道로 오직 하나일 따름이다. ①정貞은 길吉이며, 정貞 → 정正, 항상이다. 길吉은 정도正道이다. 그러므로 정貞은 바름이요, 통상함이니 정貞을 항상됨으로 해석한다. ②정승貞勝은 항상 올바름(正)과 길吉한 것이 이긴다는 것이다.[221]

2) 천지지도天地之道 정관자야貞觀者也

천지지도는 근원적인 존재로써 바르게 보아 깨우쳐야 한다.

3) 일월지도日月之道 벙명자야貞明者也

천지일월이 사상四象으로 천지의 합덕체가 일월日月로 운행되며, 항상 밝음으로 인도人道의 근거가 된다.

4) 천하지동天下之動 정부일자야貞夫一者也

항이일덕恒以一德의 원리로 성인지도聖人之道로 하나가 되는 것이다. 다시 말하면 하나의 근원에서 이루어진다는 것이다. 하나의 근원이란 회통처會通處로써 성인지도이다. 부夫는 어於이다. ①일一은 하나의 통일된 법칙이다. 일자一者(성인지도, 뇌풍항괘, 진리)에서 바르게 하는 것이다.[222]

---

221) 길吉과 흉凶중에서 길吉이 이기면 길吉이 되고, 흉凶이 이기면 흉凶이 된다는 의미이다. 이를 음양작용으로 보면 음이 성하면 음의 세상이 되고, 양이 성하면 양의 세상이 된다는 뜻이니, 음양의 순환과 주야및 계절의 변화가 이 원리에 따른다는 것이다.

222) 『서경』의 "인심은 위태하고 도심은 적으니 정일精一하여야 진실로 그 중中을 잡으리

②인간의 영생은 마음, 형이상학적 차원에서 이루어진다.[223]

夫乾은 確然하니 示人易矣오
부 건　확 연　　시 인 이 의

夫坤은 隤然하니 示人簡矣니
부 곤　태 연　　시 인 간 의

爻也者는 效此者也ㅣ오 象也者는 像此者也ㅣ라[224]
효 야 자　효 차 자 야　　상 야 자　　상 차 자 야

○ 夫(지아비 부) 乾(하늘 건) 確(굳을 확) 然(그러할 연) 示(보일 시) 隤(순할 퇴, 부드러울 퇴, 막힐 퇴) 然(그러할 연) 簡(대쪽 간) 效(본받을 효) 此(이 차) 象(코끼리 상)) 像(형상 상)

개요槪要

건곤지도가 이간지도易簡之道임을 천명한 「계사상」편 1장을 보완하고 있다.[225] '확연確然'은 하늘의 강건한 모습이고, '퇴연隤然'은 땅의 유순한 모습이다. '시示'는 앞 귀절에서 말한 '관觀'을 뜻하니, '천지지도天地之道 정관자야貞觀者也'를 이어서 설명하고 있다.

각설各說

1) 부건확연夫乾確然 시인역의示人易矣

하늘은 잠시도 쉬지 않고 한 치의 오차도 없이 강건하게 운행되니 '확연確然'하다. 따라서 주야晝夜의 변화는 항상 일정하게 운행되니 사람이 볼 때는 쉬운 것이다.

라."("人心惟危, 道心惟微, 惟精惟一, 允執厥中")고 함과 같은 뜻이다. 천지는 끊임없는 운행을 보이고 해와 달도 항상하게 밝힘이니, 이는 모두 정일精一한 정성을 다하는 것이다. 즉 천하의 모든 움직임은 지극한 정성 하나로 귀일歸一하는 것이다.

223) 고회민은 '일一을 태극太極'으로 해석하였다.

224) 건은 굳세니 사람에게 쉬움으로 보여주고, 곤은 순하니 사람에게 간략함을 보여주니 爻는 이것을 본받음이요, 상象은 이것을 형상화 한 것이다.

225) 『주역』「계사상」편 제1장, "건지대시乾知大始, 곤작성물坤作成物, 건이이지乾以易知, 곤이간능坤以簡能"라고 하였다.

2) 부곤퇴연夫坤隤然 시인간의示人簡矣

땅은 하늘의 '자강불식自强不息' 하는 것을 그대로 본받아 따르니 사람들이 볼 때 간단하게 보여 '퇴연隤然'한 것이요.[226] 따라서 건곤지도는 이간지도임을 설명하고 있다.[227]

3) 효야자爻也者 효차자야效此者也

효爻라는 것은 차此(이간지도易簡之道)를 본받은 것이다. 양효陽爻는 체십용구體十用九이고, 음효陰爻는 체오용육體五用六으로서 양효陽爻는 사람에게 쉽게 드러내어 보이고, 음효陰爻는 간단한 것이다.[228]

4) 상야자象也者 상차자야像此者也

상象이라는 것은 이간지도易簡之道를 인간의 심성에서 군자지도를 상징적으로 나타낸 것이다. 상차자야像此者也는 건곤乾坤의 소식消息을 형상한 괘상을 뜻하기도 한다. ㉠상象(형이상)은 마음으로 보고 느끼는 것, 인간의 심성을 상징한다. ㉡상像(형이하)은 이간易簡의 방법을 육안으로 볼 수 있는 형상으로 나타낸다.[229] (예를 들면, --, ━) 즉 만물의 형形을 상像한 것이다. ㉢형상화란 인성과 지성知性(인간 본래성)을 통해서 상징화한다.

> 爻象은 動乎內하고 吉凶은 見乎外하고
> 효상　동호내　　길흉　현호외

---

226) 곤坤은 공간성의 세계로 퇴연하니 보는 사람이 간단하다.

227) 천지의 도가 주체화 ➡ 인간의 삶으로 형성된다.
①군자지도를 ⓐ 개인의 측면 ➡ 성명지리 ⓑ 국가의 측면 ➡ 왕도정치 ⓒ 공간적 측면 ➡ 사덕원리, ⓓ 우주적 측면 ➡ 성경의 역사 ⓔ 인간 개체적 측면 ➡ 학문이다.
②이간지도가 인간에게는 ①'이易'는 지성知性되고 ②'간簡'은 인성仁性으로 내재화되는 것이다.(『주역』「계사상」편 제6장, "이간지도易簡之道, 배지덕配至德")

228) 효차자야效此者也는 건곤의 이간易簡하는 이치를 본받는 것을 말한다. 즉 효爻라는 것은 건乾의 강건剛健하여 쉬운 이치와 곤은 유순하여 간단한 이치를 각기 본받는다는 것이다.
① 효는 괘의 여섯효를 뜻하며, 건곤의 '확연, 퇴연'하는 것을 본받는 것이다.

229) 천지지도, 일월지도, 천하지동의 모든 것이 구체화 된 것을 형상이라 한다.

> 功業은 見乎變하고 聖人之情은 見乎辭하니라.[230]
> 공 업   현 호 변   성 인 지 정   현 호 사

○ 象(코끼리 상) 動(움직일 동) 乎(어조사 호) 吉(길할 길) 凶(흉할 흉) 外(밖 외) 功(공 공) 業(업 업) 見(볼 견, 나타날 현) 變(변할 변) 情(뜻 정) 辭(말 사)

개요槪要

효상爻象의 변화에 따라 길흉이 드러나고, 괘상의 변화에 따라 공업功業이 드러나고 성인聖人의 심정心情은 말에서 나타남을 밝히고 있다.

각설各說

1) 효상爻象

인간의 마음 안에서의 움직임이다. 그리고 음양이 변하여 길흉이 밖으로 나타난다는 것이다.

2) 길흉吉凶

괘변을 통한 「괘사」에 길흉이 나타나 있고, 이것이 인간의 행동이 드러날 때 생긴다.

3) 공업功業

공업功業은 변화에서 나타난다.[231] 현상적으로 나타난다. 인간의 심성이 행동으로 드러난다.

4) 성인지정聖人之情

성인聖人의 뜻은 천하 백성을 사랑하는 마음으로 「효사」나 「십익」 등의 말씀에 구체적으로 드러나 있다.

----

230) 효와 상은 (괘)안에서 움직이고, 길과 흉은 밖에서 나타난다. 공과 업은 (괘상과 효상이) 변하는 데서 나타나고, 성인聖人의 심정은 말에서 나타난다.
231) 천지의 위대한 덕성으로 만물은 낳고 길러주는 것이 변화를 통해서 드러나는 것이 천지의 사업이며, 군자의 왕천하 사업도 천하의 백성들을 인격적인 존재로 변화시켜 완성시켜 주는 것이다.

天地之大德曰生이오 聖人之大寶曰位니 何以守位오
천 지 지 대 덕 왈 생   성 인 지 대 보 왈 위   하 이 수 위

曰仁이오 何以聚人고
왈 인   하 이 취 인

曰財니 理財하며 正辭하며 禁民爲非ㅣ 曰義라.[232]
왈 재   이 재   정 사   금 민 위 비   왈 의

○ 德(덕 덕) 曰(가로 왈) 聖(성스러울 성) 寶(보배 보) 位(자리 위) 何(어찌 하) 守(지킬 수) 聚
(모을 취) 財(재물 재) 理(다스릴 리) 辭(말 사) 禁(금할 금) 爲(할 위) 非(아닐 비)

인의지도仁義之道와 성명지리性命之理에 대해서 말한 것이다.

1) 天地之大德 日生 聖人之大寶 日位

천지天地의 큰 덕德을 생생이라고 하고, 성인聖人의 큰 보배를 위位라고
하니, 무엇으로서 지위地位를 지키겠는가? 인仁이다. 천지天地의 큰 덕德
(本性)은 만물을 낳고 길러주는 생생이다. 성인聖人의 위대한 보물實物은
위位(존위尊位, 덕위德位)이다. 그러므로 천지지도天地之道를 인간人間이 주
체적主體的으로 자각했을 때 인간人間의 덕德이 되는 것이다. 보實는 성인
聖人을 내려 보냄이다.

2) 何以守位 日仁

어떻게 덕위德位를 지키는 것인가? 인仁이다. 인仁이 체體가 되어 체禮

---

232) 천지의 큰 덕을 가로되 생생이오, 성인의 큰 보배를 가로되 위니, 어떻게 위를 지킬 수
있는가? 가로되 인仁이요, 어떻게 (천하의)사람들을 모으는가? 가로되 재물財物이니, 재물을
다스리고, 말을 바르게 하며, 백성의 잘못됨을 금하는 것을 가로되 의義라

233) 천지天地의 위대한 덕德(본성本性)은 만물을 낳고 길러주는 생생이다. 성인聖人의 위대
한 보물은 위位(존위尊位, 덕위德位)이다. 어떻게 덕위德位를 지키는 것인가? 인仁이다. 의義는
입으로 음식이 들어가는 데 소화되어 말이 나오는 것이다. 즉 형이하의 사물이 인간의 몸을
통해서 형이상의 진리가 나오는 것이다. 여기서도 천지로 시작하여 성인聖人에서 군자의 성
명지리인 인의로 결론을 짓고 있다. 따라서 『주역』이 궁극적으로 지향하는 것이 군자의 성명
지리를 실천 구현하고자 하는 것을 알 수 있다.

로 드러남으로써 인격적인 세계가 열리는 것이다. 인仁이 드러난 세계世界가 바로 도덕적 세계이다. 진리구명, 사랑으로 위位를 지킨다.[234]

3) 하이취인何以聚人 왈재日財 이재理財

무엇으로 사람을 모으는가? 재물(문물제도)이다. 재물을 다스리고 말을 바르게 하며, 비행非行을 금禁함을 의義라고 한다. 재물財物이란 형이하자(문물제도)로써 이를 통해서 모은다. ①취인聚人은 사람을 모으는 것으로 예禮로서 관계 맺어지는 세계로 사람이 모이는 것이다.[235] ②재물(문물제도)을 다스리고 말을 바르게 하며 백성들에게 비인격적인 행위를 금禁하는 것을 의義라고 하는 것이다. 재물財物이란 백성에게 인仁을 베푸는 데는 위位와 재財가 필요하나, 재물은 욕심을 불러와 죄를 짓기가 쉽다. 따라서 의義롭지 아니하면 취하지 않음을 말한다.

4) 정사正辭

정사正辭는 교육을 통하여 언사를 바르게 한다는 것이다. → 형이상학적 도덕성, 인의, 왕도정치, 예禮를 바탕으로 한 군자, 부자를 말한다.

5) 금민위비禁民爲非

비非는 시비지심是非之心으로 도덕성을 말함

6) 왈의日義

왕도정치의 실현, 의義는 원리적 표현으로 사물을 올바로 다스리는 원리가 의義이다.

> ✍ 이 장은 괘효와 길흉의 뜻을 경륜하고, 인의仁義를 말하여 군자의 사명을 밝혔다.

---

234) 仁(사랑)은 상대방을 살리고, 나를 불태우는 것이다. 진리의 내용은 모두 사랑이다.
235) 『대학大學』 제10장에서 "인자仁者, 이제발신以財發身, 불인지不仁者, 이신발재以身發財"라고 하여, 재물은 예禮의 세계를 위해서 쓰여져야 하는 것으로 밝히고 있다.

○第二章

요지要旨

천지지도天地之道와 64괘의 연관성을 밝히고 있다. 단지, 13괘로 설명한 것은 12달+윤달=13과 연관성이[236] 있다고 할 수 있다.[237]

古者包犧氏之王天下也애 仰則觀象於天하고
고 자 포 희 씨 지 왕 천 하 야   앙 즉 관 상 어 천

俯則觀法於地하며 觀鳥獸之文과 與地之宜하며
부 즉 관 법 어 지   관 조 수 지 문   여 지 지 의

近取諸身하고 遠取諸物하야 於是애 始作八卦하야
근 취 저 신   원 취 저 물   어 시   시 작 팔 괘

以通神明之德하며 以類萬物之情하니[238]
이 통 신 명 지 덕   이 류 만 물 지 정

○ 古(옛 고) 包(쌀 포) 犧(희생 희) 仰(우러를 앙) 則(법칙 칙, 곧 즉 본받을 측) 觀(볼 관) 象(코끼리 상) 俯(구푸릴 부) 鳥(새 조) 獸(짐승 수) 文(문채 문) 與(줄 여) 宜(마땅할 의) 近(가까울 근) 取(취할 취) 諸(다 저) 身(몸 신) 遠(멀 원) 物(만물 물) 是(비로소 시, 옳을 시) 通(통할 통) 神(귀신 신) 明(밝을 명) 德(덕 덕) 類(무리 류) 萬(일만 만) 情(뜻 정)

개요槪要

복희씨의 팔괘八卦 작역作易의 과정을 설명하고 있다.

---

236) 일설一說에 오행五行+팔괘八卦=13도 있고, 『도덕경道德經』의 생지도生之徒도 13이요, 사지도死之徒도 13이라는 구절과 연관시키는 경우도 있다.

237) 13괘의 내용을 성통원리聖統原理에 적용하기도 한다. 『십팔사략』의 기록을 근거로 한 중국철학에서 말하는 14성인은 三皇(복희伏羲, 신농神農, 황제黃帝)과 오제五帝(소호少昊, 전욱顓頊, 고신高辛, 제요帝堯, 제순帝舜), 우임금, 탕임금, 문왕, 주공, 기자, 공자를 말한다.

238) 옛날에 포희씨가 천하의 왕도를 베풀 때 우러러 하늘의 상을 관찰하고, 굽어 땅의 법을 관찰하며, 새와 짐승의 문체와 천지의 마땅함을 관찰하며 가까이는 자신에게서 취하고 멀리는 물건에게서 취하여, 이에 비로소 팔괘를 만들어 신명의 덕을 통하고 만물의 뜻을 분류하였다.

周易과 소통 기본과정

각설各說

1) 고자포희씨지왕천하야古者包犧氏之王天下也

복희씨가 처음 팔괘八卦를 만들면서 자신이 깨달은 이치를 기록했다는 것이다.

역도易道를 도덕원리적 측면에서 깨달았다는 것이다.

2) 앙즉관상어천仰則觀象於天

하늘의 일월성신은 상을 드리운 것이므로 '상象을 관찰한다.'고 하였고, 땅의 산천동식山川動息은 천문天文을 본받아 질서 있게 형체를 나타낸 것이므로 '법法(본받을 법)을 관찰한다.'라고 하였다. 구부려서 땅에서 법을 깨달았다는 것이다. 즉 천지지도天地之道를 깨달았다는 것이다. 그러므로 관상觀象을 통해서 천도天道를, 관법觀法을 통해서 괘효원리를, 왕천하지도를 깨달았다.

3) 부즉관법어지俯則觀法於地

만물萬物의 생성生成원리를 말하고 있다. 관觀은 형이하의 현상사물을 보고 형이상의 원리를 볼 수 있다는 것으로 가장 근원적인 세계 즉 삼재지도三才之道의 세계를 관관觀觀한다는 것이다. '관觀'은 그냥 보는 것이 아니라 자각하는 것이며, 또한 통신명지덕通神明之德하여 덕德(인격성人格性)에 통했음을 밝히고 있는 것이다. 존재근거로서 역도易道를 자각하는 것이다.

4) 관조수지문觀鳥獸之文 여지지의與地之宜

양陽의 기운이 많은 날짐승(천天, 양陽)과 음陰의 기운이 많은 길짐승(지地, 음陰)의 모양과 땅의 마땅한 형세(지세地勢)를 살피는 것이다. 문文과 의宜 등은 인간의 세계에서 이루어지는 것이다. 여기서는 겉으로 하늘의 조수鳥獸와 땅의 현상들을 관찰함으로써 팔괘八卦를 세상 만물을 추상화시켜 말한 것이다.[239]

---

239) 『주역』에서 간지도수干支度數를 동식물로 표상하나 여기서는 하도낙서원리를 깨달았다는 것이다. 여지지의與地之宜의 '지地'는 땅위에 있는 구체적인 만물과 생명을 가진 실존

5) 근취저신近取諸身 원취저물遠取諸物

근취제신은 팔괘의 상을 가까이는 몸에서 취한다.[240] 원취저물은 멀리는 물건(이때 물物은 형이하, 형이상 모두를 의미)에 취한다.[241]

6) 시작팔괘始作八卦

앙즉관상어천즉관상어천仰則觀象於天부터 '원취저물遠取諸物'까지 하여 '건乾·곤坤·진震·손巽·감坎·이離·간艮·태兌의 팔괘八卦를 지었다는 뜻이며, 팔괘八卦에는 64괘가 포함된 말이다.

7) 이통신명지덕以通神明之德 이류만물지정以類萬物之情

군자의 삶은 신명하고 밝은 덕으로 주체적 자각을 통해 만물의 뜻을 나누어 실천을 하는 것이다.

通神明之德	類萬物之情
성인聖人에게 주어진 사명을 말한다. 그리고 주체적 자각과 神明의 德에 통한다는 의미로서 易作의 근거이다. 또한 형이상학적인 표현으로 乾은 건장하고, 坤은 유순하다 등의 뜻으로 八卦로써 만물의 德 즉 성질에 통달한다는 것이다.	震은 우뢰의 象이고 巽은 바람의 象이라고 하듯이 8卦로써 만물의 形象을 나눈다는 뜻이다.

作結繩而爲網罟하야 以佃以漁하니 蓋取諸離하고[242]
작 결 승 이 위 망 고   이 전 이 어   개 취 저 리

○ 作(지을 작) 結(맺을 결) 繩(줄 승) 網(그물 망) 罟(그물 고) 佃(밭갈 전) 漁(고기 잡을 어) 蓋(덮을 개, 대개 개) 離(떼놓을 리(이))

적인 존재를 말한다.
①조鳥 : 시간성, 천도天道, 대인大人을 상징한다.
②수獸 : 공간성, 지도地道, 군자君子를 상징한다.
240) 「說卦」篇, 第9章, "乾爲首, 坤爲腹, 震爲足, 巽爲股, 坎爲耳, 離爲目, 艮爲手, 兌爲口."
241) 「說卦」篇, 第8章, "乾爲馬, 坤爲牛, 震爲龍, 巽爲鷄, 坎爲豕, 離爲雉, 艮爲狗, 兌爲羊."
242) 노끈을 맺어 그물을 만들어서 사냥을 하고 고기를 잡으니, 이괘離卦에서 취하고

개요槪要

수렵 어로생활에 비유하여 이괘離卦를 설명하고 있다. 이괘離卦(☲)의 괘상卦象을 보면 하괘下卦(☲)는 산에 치는 그물(網)이고, 상괘上卦(☲)는 물 속에 치는 그물(罟)이다. 내호괘內互卦는 손목巽木(☴)이니 숲에 들어가 걸리는 것이다. 왜냐하면 내호괘內互卦 손巽은 노끈, 실, 줄(음목陰木이므로 껍질을 벗겨서 만든다)이 되므로, 노끈을 엮어서 그물을 만드는 것이다. 외호괘外互卦는 태택兌澤(☱)이니 물속의 투망投網이 된다는 것이다. 성인聖人이 물건을 갖추고 쓰는 것에 반드시 괘를 관찰할 필요는 없지만, 이離의 괘덕卦德과 괘상卦象이 그물을 만들어 수렵하는 것과 일치一致하므로 이괘離卦에서 취했다고 한 것이다. '괘卦'는 꼭 그렇다는 뜻이 아닌 것을 나타내는 말이다. 즉 「건문언乾文言」구오九五에서 나오는 '선천이천불위先天而天弗違 후천이봉천시後天而奉天時'하는 뜻을 포함하고 있다.

각설各說

1) 작결승이위망고作結繩而爲網罟

그물을 만들기 위해서 진리의 말씀으로 결승結繩을 한 것이다. ①망網은 산짐승을 ②고罟는 물고기를 잡는 그물이다. ③전佃은 군자가 사냥을 하는 것이요, ④어漁는 군자가 백성인 물고기를 잡는 것이다. 승繩이란 진리, 왕도정치원리, 하도·낙서, 「괘효사」등을 말한다. 즉 진리의 끈으로 결승하다는 의미이다. 망고網罟는 물속의 고기와 육지의 동물을 잡는 그물 → 사물의 세계, 시간과 공간의 세계를 말한다.

2) 이전이어以佃以漁

전佃은 전田으로 군자가 백성을 상대로 왕도정치를 행하는 것이다.

3) 개취저이蓋取諸離

이離는 중화이괘, 잡괘원리로는 성인聖人이다.

包犧氏沒커늘 神農氏作하야 斷木爲耜하고
포 희 씨 몰   신 농 씨 작   착 목 위 사

揉木爲耒하야 耒耨之利로 以敎天下하니
유 목 위 뢰   뇌 누 지 리   이 교 천 하

蓋取諸益하고[243]
개 취 저 익

○ 包(쌀 포) 犧(희생 희) 沒(가라앉을 몰) 神(귀신 신) 農(농사 농) 斷(깎을 착) 耜(보습 사)
揉(휠 유, 주무를 유) 耒(쟁기 뢰{뇌}) 耨(김맬 누, 호미 누) 敎(가르침 교) 益(더할 익)

개요概要 [244]

신농씨神農氏는 풍뇌익괘風雷益卦(䷩) 상상象을 응용하여 땅을 쟁기로 갈아
농사를 짓는 농경사회를 비유하여 말한다. 나무는 목도木道이다. 하괘下
卦(☳)는 강한 나무로(양목陽木·진동震動) 보습(耜)을 만들고, 상괘上卦(☴)는
부드러운 나무니(음목陰木·손입巽入) 구부려 쟁기(耒)를 만들었다. 보습(耜)
으로 내호괘內互卦인 땅(☷)을 파고, 파인 흙은 다시 밑으로 들어가니, 쟁
기로 갈아 농사를 짓는 상象이다.

각설各說

1) 착목위사斷木爲耜

나무를 깎는다는 것은 신도神道(목도木道)의 원리를 말한다. 풍택중부괘
風澤中孚卦「단사彖辭」에서 "승목위허乘木舟虛"라고 하고. 풍뇌익괘風雷益卦
에서 "목도내행木道乃行"이라 한 것은 모두 신도神道(목도木道)를 의미한다.

2) 뇌누지리耒耨之利 이교천하以敎天下

신농씨의 목도원리를 이용하여 천하를 교화했다는 것이다. 그 근거가

---

243) 포희씨가 몰커늘 신농씨가 작하야 나무를 깎아 쟁기를 만들고 나무를 휘어 쟁기자루를
만들어서 쟁기와 호미의 이로움으로 천하를 가르쳤으니 풍뇌익괘에서 취하였고

244) 농사시대를 말한다. 익괘益卦는 신도神道가 성인聖人에 의해서 밝혀짐을 의미한다. 즉
천지의 은택이 성인聖人을 매개로 해서 땅에 내려지는 것이 익益이다. 인간을 이롭게 하는 것
중에서도 가장 귀중한 것은 인격적인 세계로 이끌어 주는 것이다.

풍뇌익괘風雷益卦이다. 왜냐하면 익益은 하늘의 은총을 의미하고, 천도天道에 입각한 왕도정치王道政治를 행하는 것을 의미하기 때문이다.

> 日中爲市하야 致天下之民하며 聚天下之貨하야
> 일 중 위 시　　　치 천 하 지 민　　　취 천 하 지 화
> 交易而退하야 各得其所케하니 蓋取諸噬嗑하고[245]
> 교 역 이 퇴　　　각 득 기 소　　　개 취 저 서 합

○ 市(저자 시) 致(보낼 치) 聚(모일 취) 貨(재화 화) 退(물러날 퇴) 得(얻을 득) 所(바 소) 蓋(덮을 개, 다 개) 諸(모든 저) 噬(씹을 서) 嗑(말 많을 합)

개요概要 [246]

화뢰서합괘火雷噬嗑卦(䷔)는 물물교환을 위한 교역사회에 비유하여 각자가 필요한 바를 얻고 있음을 말한다. 이괘離卦(☲)는 태양이며, 진괘震卦(☳)는 동動이므로 태양 아래 사람들이 분주히 움직임을 상징한다. 그러므로 이괘離卦(☲)와 진괘(☳)의 상象을 응용하여 시장이 형성되었다는 것이다. 교역사회는 농경사회의 형성 결과 자신이 먹고 남은 물건을 다른 사람과 바꿔야 하는 교역이 필요하게 되었다. 백성들이 자신의 남는 물건을 필요한 물건으로 바꾸어 서로간의 이익을 본다는 것이다.

화뢰서합괘火雷噬嗑卦(䷔)는 진리眞理(도道)의 자각과 이를 통한 왕도정치의 실현 및 교화가 쉽지 않음을 설명하고 있다. 서합噬嗑(䷔)은 천지지도를 깨우침으로써 일중위시日中爲市의 때가 되면 극極을 이룬다는 것이다. 이를 바로잡기 위해서 아름다운 규제를 '이용옥利用獄'이라고 하는 것이다. 왜냐하면 형벌을 사용하는 원리를 중심으로 인격적인 생명을 키우는 것으로 형벌은 덕德을 생명生命으로 베풀어주는 수단手段이기 때문이다.

---

245) 한낮에 시장을 만들어 천하의 백성들을 오게 하고 천하의 재화를 모아서 교역을 하고 물러가 각각 제 살 곳을 얻게 하였으니 서합괘에서 취하고

246) 『주역본의周易本義』 "한낮에 시장市場을 만듦은 위는 밝고 아래는 동동함이요, 또 서噬를 가차하여 시市로 하고 합嗑을 합합한 것이다.(日中爲市, 上明而下動, 又借噬爲市, 嗑爲合也.)"라고 하였다

神農氏沒커늘 黃帝堯舜氏作하야 通其變하야
신 농 씨 몰　　　황 제 요 순 씨 작　　　통 기 변

使民不倦하며 神而化之하야 使民宜之하니
사 민 불 권　　신 이 화 지　　　사 민 의 지

易이 窮則變하고 變則通하고 通則久ㅣ라.
역　 궁 즉 변　　　변 즉 통　　　통 즉 구

是以自天佑之하야 吉无不利니 黃帝堯舜이
시 이 자 천 우 지　　　길 무 불 리　　황 제 요 순

垂衣裳而天下治하니 蓋取諸乾坤하고 [247]
수 의 상 이 천 하 치　　　개 취 저 건 곤

○ 農(농사 농) 黃(누를 황) 帝(임금 제) 堯(요임금 요) 作(일어날 작) 舜(순임금 순) 通(통할 통) 使(하여금 사) 倦(게으를 권) 宜(마땅할 의) 窮(다할 궁) 變(변할 변) 久(오랠 구) 吉(길할 길) 无(없을 무) 利(이로울 리(이)) 垂(드리울 수) 衣(옷 의) 裳(치마 상) 治(다스릴 치)

개요槪要 [248]

　　중천건괘重天乾卦(䷀)와 중지곤괘重地坤卦(䷁)원리를 의상사회衣裳社會에 비유한 설명이다. 상고시대 식량의 자급자족이후 의복생활에 접어들면서 건괘乾卦(☰)의 둥근상을 취해 윗도리를 해 입고, 곤괘坤卦(☷)의 갈라진 상象을 취해 아랫도리는 갈라지게 만들었다는 것이다.[249]

각설各說

1) 통기변通其變

　　실존적인 사회가 수렵사회 ⇨ 농경사회 ⇨ 교역사회로 변화해 왔다. 따라서 그 시대의 변천에 따라 변하여 통하는 것이다. 사시四時의 변화에

---

247) 신농神農씨가 몰몰하자 황제와 요순이 나오시어, 그 변變을 통하여 백성으로 하여금 게으르지 않게 하며 신묘하게 화化하여 백성들로 하여금 마땅하게 하니, 역易이 궁하면 변하고 변하면 통하며 통하면 오래하니라. 이로써 하늘로부터 도와서 길하며 이롭지 않음이 없으니, 황제씨 요임금 순임금이 의상을 드리우고 천하를 다스리니 대개 저 건곤괘에 취하고,

248) 건곤괘의 원리속에 화천대유괘의 원리가 들어 있다는 말이다. 수垂는 하늘이 내린 역수 원리이다. 의衣는 건괘이며, 상裳은 곤괘이다.

249) 곤괘坤卦「문언文言」상육上六 '천지현황天玄地黃' 상의上衣는 검은색으로 하의下衣는 누런색으로 하였다고 한다. 천지지도, 중정지도를 말한다.

따라 봄에 씨앗을 뿌리고, 여름에 김매고 가꾸며, 가을에 거두고, 겨울에
는 곡식을 수장하듯이, 그 시대가 변할 때마다 그에 따라 모든 일에 통
해 나가야 하는 것이다.[250]

2) 사민불권使民不倦

모든 변화에 통하여 정성으로 백성들을 가르치니, 백성들이 게으름을
모르고 열심히 사는 것이다.[251]

3) 신이화지神而化之 사민의지使民宜之

백성이 열심히 살게 되니 이것이 "고지무지鼓之舞之 이진신以盡神"[252] 하
는 것이다.(神而化之) 따라서 백성이 스스로 신명이 나서 그 마땅하고 옳
은 일에 안주하게 되는 것이다(使民宜之).

4) 통즉구通則久

역易의 이치란 한 곳에 머물지 않은 것으로, 궁하면 변하고 변하면 통
하는 것이다. 이렇게 변화하여 순환하는 것이 통이니, 통하면 오래가는
것이다.

刳木爲舟하고 剡木爲楫하야 舟楫之利로 以濟不通하야
고 목 위 주　　염 목 위 즙　　주 즙 지 리　　이 제 불 통

致遠以利天下하니 蓋取諸渙하고[253]
치 원 이 리 천 하　　개 취 저 환

○ 刳(가를 고) 舟(배 주) 剡(날카로울 염, 깎을 염)) 楫(노 즙) 致(보낼 치) 遠(멀 원) 蓋(덮을
개, 다 개) 諸(다 저) 渙(흩어질 환)

---

250) 복희씨가 괘로 그물을 뜨고, 신농씨가 농기구를 만들기 이전은 미개했을 때이고, 문자
는 물론 괘도 없었다.
251) 계절의 변화에 통하여, 봄의 때에는 씨를 뿌리게 하고 가을에는 거두게 하니 '사민불권
使民不倦'이다.
252)「周易」「繫辭上」篇 第12章
253) 나무를 따개어 배를 만들고, 나무를 깎아 노를 만들어, 배와 노의 이로움으로써 통하지
못함을 건너서, 먼데를 이름으로써 천하를 이롭게 하니, 대개 저 환괘에서 취하고,

개요概要

풍수환괘風水渙卦(☴☵)의 진리의 확산을 승선사회에 비유하여 말하고 있다.

농경사회와 의상사회를 이어서 먼 곳으로 교역통상을 하는 승선사회가 되었다. 배를 만들어 물을 건너는 것을 흩어진다는 풍수환괘(☴☵)에서 취하였다. 사람들이 가지 못하는 곳에 나무(木道)를 이용하여 상호 연결해 주는 진리의 확산, 지혜의 확산을 의미한다.

각설各說

1) 고목위주刳木爲舟 염목위즙剡木爲楫

목도木道로 배와 노를 만든다는 것이다.

2) 주즙지리舟楫之利 이제불통以濟不通 치원이리천하致遠以利天下

목도木道원리를 확산하여 통하지 않는 곳까지 진리를 전파하여 사람들을 교화시킴으로써 천하를 이롭게 한다는 것이다.

服牛乘馬하야 引重致遠하야 以利天下하니
복 우 승 미　　 인 중 치 원　　 이 리 천 하
蓋取諸隨하고254)
개 취 저 수

○ 服(옷 복) 乘(탈 승) 引(끌 인) 重(무거울 중) 致(보낼 치) 遠(멀 원) 諸(모든 제) 隨(따를 수)

개요概要

택뇌수괘澤雷隨卦(☱☳)의 상象을 취한 승마사회를 비유한 설명이다. 인력의 한계로 인해 무거운 짐은 소에 싣고, 먼 길은 말을 타고 가는 승마사회에 비유하여 진리에 순종하고 따라가는 수괘隨卦(☱☳)의 뜻을 밝히고

254) 소를 길들이고 말을 타서, 무거운 것을 이끌고 먼 곳을 이름으로써 천하를 이롭게 하니, 대개 저수괘에서 취하고,

있다.[255]

수괘隨卦(䷐)는 성인聖人이 밝힌 천지지도를 군자가 따른다는 것이다.

> # 重門擊柝하야 以待暴客하니 蓋取諸豫하고[256]
> 중 문 격 탁   이 대 폭 객   개 취 저 예

○ 重(무거울 중) 門(문 문) 擊(부딪칠 격) 柝(목탁 탁, 열 탁) 待(기다릴 대) 暴(사나울 포) 客(손 객) 諸(모든 저) 豫(미리 예)

개요槪要

뇌지예괘雷地豫卦(䷏)를 방범사회에 비유하여 우레로써 알림을 말하고 있다.[257] 내호괘 간艮(☶)은 문지기나 간수이다. 상괘上卦를 도전挑戰하면 간艮(☶)으로 문門이 되니, 문지기가 문을 안팎으로 돌면서 목탁木鐸으로 소리를 내면서 야경을 도는 것이다. 예괘豫卦(䷏)는 미리 준비한다, 알린다는 뜻이 있으니, 그 상象과 뜻을 취했다고 볼 수 있다.

육효중괘의 측면에서 볼 때 하괘下卦는 선천先天이며, 상괘上卦는 후천后天으로 선후천변화의 문(三爻→四爻)을 두드리라는 의미와 이보대천利涉大川의 의미도 있다.

---

255) 내호괘 간艮(☶·手) 손으로 외호괘外互卦 손巽(☴·승)끈을 이용해 소와 말을 길들인 후, 하괘下卦 뢰雷(☳)로 동動하여 소와 말이 움직인다. 상괘上卦 택澤(☱)로 사람과 짐이 올라타 출렁이며 기뻐하는 모습으로 우마를 타고 가는 형상이다. 즉 소와 말을 길들여서 사람의 뜻에 따르게 하는 것은 수괘隨卦(䷐)의 뜻이요, 수괘隨卦의 형상대로 소와 말을 길들여서 타는 것은 수괘隨卦의 상象을 취한 것이다.

256) 문을 거듭하여 목탁을 침으로써 사나운 손(도둑)을 기다리니 (막으니), 대개 저 豫卦에서 취하고,

257) 청동기부터 사유재산이 인정과 빈부격차에 따라 사회질서 확립과 절도 예방의 방법을 뇌지예괘雷地豫卦(䷏)에서 취하였다. 이것을 괘상卦象으로 보면 상괘上卦 진震(☳)은 소리로서 하괘下卦 지地(☷)를 지킨다는 것이다.

1) 중문격탁重門擊柝

험난한 세상, 탁柝은 열 탁으로 딱딱이를 말한다. 목도木道인 딱딱이로 소리를 내어 도둑(소인지도)을 예방하기 위해서다.

2) 이대포객以待暴客

도둑을 기다린다. 심판의 의미를 가지고 있다.

斷木爲杵하고 掘地爲臼하야
단 목 위 저   굴 지 위 구

臼杵之利로 萬民이 以濟하니 蓋取諸小過하고[258]
구 저 지 리   만 민   이 제   개 취 저 소 과

○ 斷(끊을 단) 爲(할 위) 杵(공이 저) 掘(팔 굴) 臼(절구 구) 杵(공이 저) 濟(건널 제) 過諸(모든 저) (지날 과)

개요概要 [259]

뇌산소과괘雷山小過卦(䷽)의 상상에서 절구와 공이를 만들어 쌀을 도정하는 정미사회를 설명하고 있다. 소과괘(䷽)는 전체 상상이 감坎(구덩이)으로 절구 구(臼)의 상象이 된다. 즉 위아래의 네 음효陰爻는 확이 되고, 가운데 두 양효陽爻는 절구 공이가 확을 찧는 상象이 되는 것이다.

소과小過(䷽)는 작은 일 또는 조금 지나치다는 뜻이니, 그 이전에는 곡식을 그냥 먹었던 것을 도정을 해서 먹게 되었다는 것이다. 이것 자신이나 소인지도를 도정搗精하는 것에 비유하여 설명한 것이다.

---

258) 도정사회搗精社會로 ☶(간상련)은 그치는 것이요, ☳(진하련)우뢰卦는 움직이는 것으로 절구질, 움직이는 방아요, 간상련은 땅을 파고 절구통을 묻어 방아를 찧는 디딜방아의 상象, 천천히 방아질을 해야되니 소과괘小過卦하고.

259) 도정사회搗精社會는 농사를 지어 얻은 곡식을 방아로 빻아 사람이 먹기좋게 도정을 하는 것을 소과괘(䷽)에서 취하였다. 소과괘(䷽)의 상괘인 진震(☳)은 양목陽木이며, 동動하는 성질이니 위에서 움직이는 저杵(공이, 도굿대)를 형상했고, 하괘인 간艮(☶)은 양토陽土이며, 그치는 성질(지止)이므로 절구(구臼)가 되는 것이다.

1) 단목위저斷木爲杵

'나무를 끊어 절구공이(杵 = 木+午)를 만든다'는 뜻은 동방목(震震)의 기운이 다시 번성하여, 곡식이 도정되듯이(만물의 도정搗精, 자신의 도정搗精) 정선된 종자만이 남게 된다는 뜻이 있다.[260]

2) 구저지리臼杵之利

목도木道, 신도神道로 역사의 변화원리를 상징적으로 표현이다. ①저杵(공이)는 움직여서 조화를 이루고, ②구臼(절구)는 머물면서 조화를 이룬다.

弦木爲弧하고 剡木爲矢하야
현 목 위 호   염 목 위 시

弧矢之利로 以威天下하니 蓋取諸睽하고[261]
호 시 지 리   이 위 천 하   개 취 저 규

○ 弦(시위 현) 弧(활 호) 剡(땅이름 섬, 날카로울 염, 깎을 염) 矢(화살 시) 弧(활 호) 矢(화살 시) 威(위엄 위) 諸(모든 저) 睽(사팔눈 규)

화택규괘火澤睽卦(䷥)의 흘겨보고, 어긋난다는 규괘睽卦의 뜻과 상象을 취한 것이다. 괘상卦象(䷥)으로는 태소녀兌少女(陰卦)와 이중녀離中女(陰卦)는 음陰으로 서로 어긋난다. 그러므로 남녀가 서로 다르니(異) 탐색이(同) 필요하다. 이異로 대립과 갈등이 유발된다. 그러나 대립과 갈등을 넘어서서 상생과 소통의 모색을 위한 계기이다. 즉 지금까지의 삶의 방식은 종終이고, 새로운 삶의 방식으로 전환하기 위한 모색과 결단이라고 할

---

260) '소강절'의 『황극경세서皇極經世書』로 살펴보면 대과大過는 오전午前의 끝이고, 소과小過는 오후午後의 끝이니 대과大過부터 소과小過때까지 만물이 도정되어 알맹이만 남는 것이다.

261) 규괘睽卦는 위가 이허중(☲)의 불괘이므로 나무를 휘어 만든 활과 나무를 깎아 화살이 나온다(剡木爲矢), 아래의 태상절(☱)은 화살촉, 활과 화살의 이로움으로 천하에 위엄을 보인다.

수 있다.

1) 현목위호弦木爲弧

목도木道, 신도神道로 활을 만들었다는 것이다.

上古앤 穴居而野處ㅣ러니 後世聖人이 易之以宮室하야
상고   혈거이야처   후세성인   역지이궁실

上棟下宇하야 以待風雨하니 蓋取諸大壯하고[262]
상동하우   이대풍우   개취저대장

○ 穴(구멍 혈) 處(살 처) 棟(용마루 동) 宇(집 우) 待(기다릴 대) 諸(모든 저) 壯(씩씩할 장)

농경생활과 더불어 정착을 위한 가옥생활家屋生活에 대한 것이다. 대장괘大壯卦(☳)의 상象에서 안락한 가옥家屋을 취상하였다. 위의 두 음효陰爻는 아래로 내린 서가래의 상象이니 '하우下宇'이고, 아래의 네 양효陽爻는 기둥을 뜻하는 것이니 '상동上棟'이다. 대장괘大壯卦(☳)는 아래의 네 양陽이 위로 자라 음陰을 몰아내는 뜻이 있으니, 대장괘大壯卦(☳)에서 풍우風雨를 몰아내는 막는다는 뜻과 상象을 취하였다. 성인聖人이 후천后天의 군자가 행하여할 문물제도를 미리 정함을 말한다.

古之葬者는 厚衣之以薪하야
고지장자   후이지이신

葬之中野하야 不封不樹하며 喪期ㅣ 无數ㅣ러니
장지중야   불봉불수   상기   무수

---

262) 상고上古시대에는 동굴에 살고 들판에 거처하였는데, 후세 성인聖人(후천적 사명을 가진 성인聖人)이 궁실宮室(하느님이 사는 집)로 바꾸어 위에는 들보를 얹고 아래에는 서까래를 얹어 풍우風雨에 대비(豊水換卦로)하였으니 대장괘大壯卦(文物制度 정비)에서 취하였고

後世聖人이 易之以棺槨하니 蓋取諸大過하고[263]
후 세 성 인　　　역 지 이 관 곽　　　　개 취 저 대 과

○ 葬(장사지낼 장) 厚(두터울 후) 衣(옷 의) 薪(섶나무 신) 樹(나무 수) 喪(죽을 상) 後(뒤 후)
棺(널 관) 槨(덧널 곽) 諸(모든 저) 過(지날 과)

개요概要

택풍대과괘澤風大過卦(䷛)를 매장사회埋葬社會에 비유하여 설명하고 있
다.

장례의 방식은 들판(野)에 송장(屍身)을 버리는 방법에서 구덩무덤 ⇨돌
널무덤 ⇨ 독무덤 ⇨ 목관木棺으로 땅에 묻으니, 크게 지나친 듯하게(훌
륭하게) 장사지낸다는 택풍대과괘澤風大過卦(䷛)에서 취상하여 매장사회가
형성되었다는 것이다.[264] 대과大過는 크게 지나침을 말한다. 큰 어려움과
고난을 극복하는 지혜를 말하고 있다.

각설各說

1) 장지중야葬之中野

들판에 시체를 갖다 버린다. 중도中道로써 소인지도小人之道를 버린다.

2) 관곽棺槨

무덤의 내부를 이중二重으로 하여 안에는 나무(목도木道)로, 밖에는 돌
로 만들었다. 대과괘大過卦(䷛) 괘상처럼 안에는 네 겹으로 밖에는 두겹의
흙으로 만들었다는 것이다.

上古에는 結繩而治러니 後世聖人이 易之以書契하야
상 고　　　결 승 이 치　　　후 세 성 인　　　역 지 이 서 계

---

263) 옛적에 장사는 섶나무로써 두텁게 입혀 들 가운데에 장사 지내서, 봉분하지도 않고 나무
를 심지도 않아서 초상을 치르는 기약이 수가 없더니, 후세에 성인이 관곽으로써 바꾸니, 대
개 저 대과괘에서 취하고,
264) 대과괘의 호괘互卦가 건괘이므로 건도乾道로써 어려움을 극복할 수 있음을 말한다.

> 百官이 以治하며 萬民이 以察하니 蓋取諸夬니라.[265]
> 백관　이 치　　만민　이 찰　　개 취 저 쾌

○ 結(맺을 결) 繩(줄 승) 契(맺을 계,=刻) 察(살필 찰) 諸(모든 제) 夬(터놓을 쾌, 깍지 결)

개요槪要

택천쾌澤天夬(䷪)를 문서사회文書社會에 비유하여 결단의 의미를 말하고 있다. 「계사하」편 제2장이 13개의 괘로 구성됨은 1년의 12개월과 윤달을 합한 수數를 의미하기도 한다.[266] 「계사하」편 제2장을 쾌괘夬卦(䷪)로 끝맺은 것은 선후천변화는 결단을 해야 선천이 끝나고 후천이 시작됨을 의미한다.

각설各說 [267]

1) 결승이치結繩而治

문자가 발생 이전에는 노끈을 이용하여 수량과 대소사를 기록했다. 진리의 줄로 그물을 만들어 백성을 다스리는 왕도정치를 의미한다.

2) 역지이서계易之以書契

계契는 새길 각刻과 동일한 의미이다. 그러므로 서계書契는 죽간竹簡에 칼로 새긴다는 것이다.[268]

3) 백관이치百官以治

하도·낙서의 합合인 100을 말한다.[269] 그러므로 천지지도天地之道, 건곤지도乾坤之道, 중정지도中正之道로 백성을 다스린다는 것이다.

---

265) 상고上古에는 노끈을 맺어 다스렸는데 후세後世의 성인聖人이 글과 문서文書로 바꾸어서 백관이 다스려지고 만민萬民을 살폈으니 쾌괘夬卦에서 취한 것이다.

266) 13괘에 대해서 일설에 의하면 팔괘八卦+오행五行= 13으로 말하기도 하고, 도덕경道德經50장에 있는 '생사지도심유삼生死之徒十有三'하고도 결부시키는 경우도 있다.

267) 쾌괘夬卦는 소인지도를 군자지도가 결단하는 것을 밝히는 것이다.

268) 서書는 낙서원리이며, 계契는 하도원리, 합덕원리를 의미한다고 할 수 있다.

269) 일원수一元數, 100 × 100 = 만민, 만물을 말한다.

○第三章

요지要旨

제3장은 2장에 이어서 성인지도聖人之道가 괘효원리를 통해서 드러남을 설명하고 있다. 그리고 「괘·단사」와 「효사」를 보면 길흉회린을 알 수 있음을 말한다.

> 是故로 易者는 象也ㅣ니 象也者는 像也ㅣ오, [270]
> 시 고   역 자   상 야   상 야 지   상 야

○ 像(우상 상, 모양 상, 쫓을 상) 彖(돼지어금니 단) 材(재목 재)

개요概要

『주역』을 통해서 밝혀진 역도易道는 괘상卦象원리이다. 상象은 작역作易 성인聖人이 천도天道를 자각하여 상징적으로 표현한 것이다. 괘상卦象은 하늘의 뜻을 공간으로 표상하기 위해서이다.

각설各說

1) 시고是故

제2장에서 성인이 하늘의 뜻을 자각하여 공간의 드러남을 문물제도를 정착시키는 것에 비유하여 설명한 내용을 이어서 이런 까닭에라고 하여 설명하고 있다.

2) 역자易者 상야象也[271]

상야象也은 음양陰陽의 원리, 천도天道의 상징성을 말한다. 그리고 상야像也는 성인聖人의 상징적 논리로써 천지지심을 표상한 괘상卦象을 말한다.

---

270) 그러므로 역은 상象(卦爻)이니, 상象은 형상이요,
271)『正易』에서는 "역자易者, 역야曆也"라 칭힘

3) 단자彖者 재야材也

『주역』에서 괘사卦辭를 풀이한 「단사彖辭」가 생기기 이전以前에 「괘사卦辭」를 「단사彖辭」라고 칭했다. 그러므로 「단사彖辭」는 괘상을 풀어서 설명한 「괘사」를 말한다. 재야材也란 「괘사」의 재료材料, 재질材質을 말한다. 즉 공간에서의 육효六爻를 말한다.

> 彖者는 材也ㅣ오 爻也者는 效天下之動者也ㅣ니
> 단 자   재 야   효 야 자   효 천 하 지 동 자 야
> 是故로 吉凶이 生而悔吝이 著也ㅣ니라.[272]
> 시 고   길 흉   생 이 회 린   저 야

○ 效(본받을 효) 悔(뉘우칠 회) 吝(아낄 린(인)) 著(분명할 저)

개요槪要

「계사상」편 12장에 '말을 묶어 길흉을 결단함을 효爻라고 한다.'의 구절과 결부시킬 수 있다. 시의성에 따라 「효사爻辭」를 통해 길흉吉凶이 드러난다는 말이다.

각설各說

1) 효야자爻也者 효천하지동자야效天下之動者也

효爻는 천하 만물의 움직임을 본받은 것이니, 시의성을 말한 「효사」를 의미한다. 천하의 움직임은 시간과 공간에 따라 그 위位가 다르다. 그러므로 피흉취길避凶取吉도 다르다. 따라서 천하의 움직임에(군자지도의 실천원리) 따라 각기 다르게 본받아야 하므로 '효천하지동자效天下之動者'라고 말한 것이다.

---

272) 단彖은 재질材質이요. 효爻는 천하의 움직임을 본받은 것이니 그러므로 길흉이 생기고 회린이 드러나는 것이니라.

2) 길흉생이회린저야吉凶生而悔吝著也

길흉吉凶은 득실得失로써 이미 결과가 드러난 것이므로 '생生'이라 하였고, 회悔은 아직 일로써 드러나지 않고 (길흉까지 되지 않고) 마음속에 있는 것이므로 '나타난다(저著)'라고 하였다. 효爻 속에 길흉회린吉凶悔吝이 판단判斷되어 나타나는 것이다.[273] 즉 반성의 결과로 길흉吉凶으로 드러난다.

---

273) 이 장은 역의 괘상卦象 속에 천하 만물의 재와 동이 모두 포함되어 있으니, 먼저 괘상卦象을 보고 나중에 그에 매인 「상사象辭」와 「효사爻辭」를 보면 길흉회린을 알 수 있다는 것을 밝혔다.

○第四章

요지要旨

하도·낙서를 근거로 하여 괘효원리를 설명하고 있다.

陽卦는 多陰하고 陰卦는 多陽하니 其故는 何也오
양괘   다음   음괘   다양   기고   하야

陽卦는 奇오 陰卦는 耦이니라 其德行은 何也오
양괘   기 음괘   우   기덕행   하야

陽은 一君而二民이니 君子之道也ㅣ오
양   일군이이민   군자지도야

陰은 二君而一民이니 小人之道也ㅣ라.[274]
음   이군이일민   소인지도야

○ 何(어찌 하) 耦(짝 우) 奇(기이할 기, 사나울 기, 갑자기 기, 홀수 기)

개요概要

3장에서 길흉吉凶을, 4장은 팔괘八卦의 음양陰陽을 논함으로써(팔괘八卦의 음양획수를 가지고) 군자지도(길吉)와 소인지도(흉)을 구분하여 밝히고 있다.

각설各說

1) 양괘다음陽卦多陰 음괘다양陰卦多陽

육효중괘를 전제하고 팔괘를 설명하고 있다.[275] 양괘陽卦인 진震·감坎·

---

274) 양괘陽卦는 다음多陰하고 음괘陰卦는 다양多陽하니 그 연고緣故는 어째서인가? 양괘陽卦는 기奇이고 음괘陰卦는 우耦이기 때문이다. 덕행德行은 어떠한가? 양陽은 한 군주君主에 두 백성百姓이고, 음陰은 두 군주君主에 한 백성이니 소인小人의 도道이다.

275) 양괘陽卦는 진震·감坎·간艮이며, 건괘乾卦의 초효를 나타내는 것이 진괘震卦이며, 이효二爻를 나타내는 것이 감괘坎卦이며, 삼효三爻는 간괘艮卦로 나타난 것이다. 음괘陰卦는 손巽·이離·태兌로 곤괘坤卦의 초효는 손괘巽卦, 이효二爻는 이괘離卦, 삼효三爻는 태괘兌卦로 나타나는 것이다.

간괘艮卦는 일양이음지괘一陽二陰之卦이고, 음괘陰卦인 손괘巽·이離·태괘兌卦는 일음이양지괘一陰二陽之卦이다. 양괘陽卦는 양효陽爻가 하나이고, 음효陰爻가 둘이니 음陰이 많은 것이고, 음괘陰卦는 양효陽爻가 둘이고, 음효陰爻가 하나이니 양陽이 많은 것이다.[276) 양괘陽卦는 기수奇數를 나타내고, 음괘陰卦는 우수耦數를 나타낸다. 즉 기우지수奇耦之數에 의해 음陰·양효陽爻가 생성되었음을 밝히고 있다.

2) 기고하야其故何也 양괘기陽卦奇 음괘우陰卦耦

그 연고는 양괘陽卦는 기수奇數원리를 나타내고, 음괘陰卦는 우수耦數원리를 나타낸다. 즉 기우지수奇偶(耦)之數원리에 의해서 음陰·양효陽爻가 생성되었음을 밝히고 있다. 기우지수奇偶之數는 천지지수임이 「계사상」편 제9장에서 밝혀졌듯이 기우지수奇偶之數를 통해서 도서원리를 표상하며, 도서원리는 역수曆數를 표상하기 때문에 역수원리에 의해 괘효원리가 드러난 것임을 알 수 있다.[277) ①양효陽爻는 체십용구體十用九에서 용구用九

276) 陰陽奇偶數 圖表

卦名	一乾天	二兌澤	三離火	四震雷	五巽風	六坎水	七艮山	八坤地
卦象	☰	☱	☲	☳	☴	☵	☶	☷
爻數	3	4	4	5	4	5	5	6
	奇數	偶數	偶數	奇數	偶數	奇數	奇數	偶數
	陽卦	陰卦	陰卦	陽卦	陰卦	陽卦	陽卦	陰卦
	純陽	多陽	多陽	多陰	多陽	多陰	多陰	純陰
	음체양용陰體陽用 / 양체음용陽體陰用							
3	一乾天	☰	陽卦	父	母	陰卦	☷	八坤地	6
5	四震雷	☳	陽卦	長男	長女	陰卦	☴	五巽風	4
5	六坎水	☵	陽卦	中男	中女	陰卦	☲	三離火	4
5	七艮山	☶	陽卦	少男	少女	陰卦	☱	二兌澤	4

277) 卦爻원리가 圖書원리를 바탕으로 하고 있다.

기奇	1·3·5·7·❾ ⇨ 용구用九원리
우耦	2·4·❻·8 ⇨ 용육用六원리

를 사용하고 ②음효陰爻는 체오용육體五用六에서 용육用六을 사용함에도 드러난다.

3) 기덕행하야其德行何也.

양일군이이민군자지도야陽一君而二民君子之道也.

음이군이일민소인지도야陰二君而一民小人之道也.

패를 통해서 군자지도와 소인지도를 나누어서 군자지도를 드러내어 밝히고 있음을 알 수 있다. 괘효卦爻를 통해서 성명지리性命之理를 밝혀 군자지도와 소인지도를 분별하여 군자지도를 따르라고 한 것이다.[278]

278)「설괘」제2장에서 성인聖人이 역易을 지은 목적이 장이순성명지리將以順性命之理임을 밝히고 있다. 즉 군자로 하여금 괘상을 통해서 표현된 성명지리에 순응하며 살게 만들기 위해서 괘효를 그은 것이다.

○第五章

요지要旨

제5장은 도道의 실천과정에서 먼저, 남녀간의 사랑에 비유하여 음양조화, 진리와 내가 하나되는 과정이 필요함을 말하고, 다음으로 군자지도와 소인지도에 관하여 설명하고 있다.

> 易曰, 憧憧往來면 朋從爾思ㅣ라하니
> 역왈   동동왕래   붕종이사
>
> 子曰, 天下ㅣ 何思何慮ㅣ리오 天下ㅣ 同歸而殊塗하며
> 자왈   천하 하사하려   천하   동귀이수도
>
> 一致而百慮ㅣ니 天下ㅣ 何思何慮ㅣ리오[279]
> 일치이백려   천하   하사하려

○ 憧(그리워할 동) 朋(벗 붕) 從(좇을 종) 爾(너 이) 思(생각할 사) 何(어찌 하) 慮(생각할 려{여}) 歸(돌아갈 귀) 殊(죽일 수, 다를 수) 塗(진흙 도, 길 도) 致(보낼 치) 慮(생각할 려{여})

개요概要

택산함괘澤山咸卦(䷞) 구사효九四爻에 대한 말이다. 남녀간의 사랑에 비유하여 진리와 내가 하나됨을 설명하고 있다. 택산함괘澤山咸卦(䷞)는 남하녀男下女하는 원리로 성인聖人이 군자를 기르는 것이다. 진리와의 합덕(동귀同歸·일치一致)을 통하여 각자 자신의 명命을 수행해가는(수도殊塗·백려百慮) 것이다.[280] 그러므로 천하가 무엇을 생각하고 무엇을 근심하겠는

---

279) 역에서 이르기를, 그리워하고 그리워하면서 왕래하면 벗이 네 생각을 따를 것이라, 하니 공자왈 천하가 무엇을 생각하며 무엇을 근심하겠는가? 천하가 돌아감은 같으나 길은 다르며, 理致는 하나이나 생각은 백가지이니, 천하가 무엇을 생각하고 무엇을 근심하겠는가?

280) 함괘咸卦는 크게 보면 감괘坎卦이며, 또 구사九四가 동動하면 상괘上卦와 내호괘內互卦가 중수감重水坎이 된다. 감坎은 물이니 결국 상괘인 태택兌澤으로 흘러들어 가는 것이다. 그러나 하괘下卦인 간민(경로)의 작은 길과 이를 도전挑戰한 진震(대도大道)의 큰 길 사이에서 감坎의 극심과 심통心統으로 '수도殊塗'하며 '백려百慮'하는 것이다. 또한 '同歸동귀'나 '일치一致'하는 것이 자연의 이치이나, 사람의 사욕이 앞서므로 '수도殊塗'하고 '백려百慮'하는

가라고 말한 것이다.

1) 동동왕래憧憧往來 붕종이사朋從爾思

삿된 생각으로 좇다 보면 이루어지는 것이 없으니, 지공무사하고 무사무위无思无爲한 가운데 통해야 함을 말하였고, 또 "언치일야言治一也(하나를 이룬다)"[281]가 된다고 하였다. 이 아래로 '덕지성야德之成也'까지는 모두 동동왕래憧憧往來를 말하여 천하의 이치가 하나로 돌아감을 말한 것이다. 동동왕래憧憧往來의 상대는 붕朋(상대적)이다.[282]

먼저, 동동왕래憧憧往來란? 사람의 마음이 일어나는 작용, 길흉吉凶과 선善과 비선非善의 변화원리이다. ①인사적人事的으로는 남녀의 결합을 말한다. 굴신왕래屈伸往來의 자연변화를 말한다. ②도학적道學的으로는 성인·군자지도의 합덕을 말한다.

다음으로 붕종이사朋從爾思란 성인·군자의 합덕이나 음양교합陰陽交合이면 마음의 일치점을 찾는다.

2) 천하하사하려天下何思何慮

'하사何思'는 보통 생각(사思는 려慮의 체體)이고 '하려何慮'는 염려, 우려, 생각하는 모습(려慮는 사思의 용用)이다.

3) 천하동귀이수도天下同歸而殊塗 일치이백려一致而百慮

동귀이수도同歸而殊塗는 돌아가는 귀일점歸一點은 같지만 각각의 길(道)은 다르다. 그러나 천하의 모든 것이 무아지경(성인聖人·君子之道)으로 돌아간다. 음양으로는 남녀간의 체體는 다르지만 최고의 경지를 느끼는 생

것이니, 그러므로 공자께서 '하사하려何思何慮'를 거듭 말하여 한탄하신 것이다.

281) 『周易』「繫辭下」第4章, "삼인행三人行, 즉손일인則損一人, 일인행一人行, 즉득기우則得其友, 언치일야言致一也."

282) 상붕喪朋, 득붕得朋 ⇨ 호시弧矢, 구저臼杵, 주즙舟楫등의 상대적 성격이다.

리적인 때는 함께 돌아간다. 이때 무슨 사려思慮가 있겠는가. 백려百慮가 하나로 이루어지는 무아지경의 경지—클라이막스 경지, 도통의 경지—를 말한다.

日往則月來하고 月往則日來하야
일 왕 즉 월 래　　　월 왕 즉 일 래
日月이 相推而明生焉하며 (天)
일 월　상 추 이 명 생 언
寒往則暑來하고 暑往則寒來하야
한 왕 즉 서 래　　　서 왕 즉 한 래
寒暑ㅣ 相推而歲成焉하니 (地)
한 서　상 추 이 세 성 언
往者는 屈也ㅣ오 來者는 信也ㅣ니
왕 자　굴 야　　　래 자　신 야
屈信이 相感而利生焉하나라 (人)[283]
굴 신　상 감 이 이 생 언

○ 相(서로 상) 推(밀 추, 옮을 추) 寒(찰 한) 往(갈 왕) 暑(더울 서) 來(올 래{내}) 歲(해 세) 屈(굽을 굴) 信(믿을 신, 펼 신伸)

개요概要

굴신왕래屈伸往來(동동왕래憧憧往來)의 이치를 천지인天地人 삼재지도三才之道와 결부시켜 설명하고 있다. 모든 진리를 깨우치는 지름길이 왕래往來의 이치이며, 왕래굴신往來屈伸을 거치면서 진리를 이룬다. 음양이 합덕하여 음양작용이 이루어지고, 만물萬物에서는 생성작용이 이루어지는 것이다. 그러므로 일월日月이 운행하여 한서寒暑가 생기고, 한서寒暑의 질운迭運작용에 의해서 세歲(시간)이 생성된다는 것이다.[284]

---

283) 해가 가면 달이 오고 달이 가면 해가 와서 해와 달이 미룸에 밝음이 생기고 추위가 가면 더위가 오고 더위가 가면 추위가 와서 추위와 더움이 서로 미룸에 해가 이루어지니, 가는 것은 굽힙이요, 오는 것은 펴짐이니 屈伸이 서로 感動함에 이로움이 생긴다.
284) 왕래는 시간개념, 굴신屈伸은 공간개념으로 왕래往來와 굴신屈伸은 음양陰陽의 합덕合

1) 일월日月 상추이명생언相推而明生焉(천天)

해(日)가 가면 달(月)이 오고 달이 가면 해가 오는 것은 천지자연의 정당한 '동동왕래憧憧往來'이니, 밤에는 달이 비추고 낮에는 해가 비춰 밤낮이 서로 밀쳐 가면서 밝음이라는 '동귀同歸·일치一致'를 해내는 것이다.[285]

2) 한서寒暑 상추이세성언相推而歲成焉(地)

가을 겨울의 추위(寒)가 가면 봄여름의 더위(暑)가 오고, 더위가 가면 다시 추위가 오니 역시 천지자연의 정당한 '동동왕래憧憧往來'이다.[286]

3) 굴신屈信 상감이리생언相感而利生焉(人)

'왕往'은 사라지는 것이니 귀鬼(음陰)이며, '래來'는 생겨나는 것이니 신信(양陽)이다. 가는 것은(왕往) 씨앗이 땅속에 있는 것이며, 오는 것은(래來) 싹터 나오는 것을 뜻하니, 씨앗이 떨어지는 것은 굴屈이고, 싹터 나오는 것은 신信(=伸)이다. 그러므로 굴屈한 것은 신信(=伸)하는 것을 느끼고, 신信(=伸)한 것은 굴屈하는 것을 느껴 서로 느끼는 속에서 이로운 것이 나온다는 것이다. 즉 겨울에 땅속에서 굴屈했던 것이 봄에 펴서 나옴에 가을의 이利가 있다. 해와 달이 굴신屈伸하는 가운데 '명明'이라는 이利가 생기고, 추위와 더위가 굴신屈伸하는 가운데 '세歲'라는 이利가 생기듯이 천하만물이 왕래굴신往來屈伸하는 속에서 결실의 이로움이 나오는 것이다. 인간사의 동동왕래憧憧往來의 이로움에는 반드시 의義가 있어야 한다는 것이다.[287]

德과 작용을 말한다. 일왕즉월래日往則月來는 일월日月의 운행원리를 말한다.

285) 구사九四가 동動하면 상괘는 감坎(월月)이고, 외호괘外互卦는 이離(日)이니, 해와 달이 서로 밀쳐내며 밝음으로 돌아가는 象이다.

286) 외호괘인 ①건乾은 서북방으로 추위를 맡아 행하고, 내호괘인 ②손巽은 동남방으로 더위를 맡아 행하니 추위와 더위가 서로 밀쳐내며 한해(歲)를 이루는 상象이다.

287) 『논어』「헌문」편 "이견사의利見思義"

尺蠖之屈은 以求伸也ㅣ오 龍蛇之蟄은 以存身也ㅣ오
척 확 지 굴   이구신야   용 사 지 첩   이존신야

精義入神은 以致用也ㅣ오 利用安身은 以崇德也ㅣ니
정 의 입 신   이치용야   이 용 안 신   이숭덕야

過此以往은 未之或知也ㅣ니
과 차 이 왕   미지혹지야

窮神知化ㅣ 德之盛也ㅣ라[288]
궁 신 지 화   덕지성야

○ 尺(자 척) 蠖(자벌레 확) 屈(굽을 굴) 求(구할 구) 伸(펼 신) 龍(용 용) 蛇(뱀 사) 蟄(숨을
칩) 身(몸 신) 精(정미할 정) 過(지날 과) 此(이 차) 往(갈 왕) 未(아닐 미) 或(혹 혹) 窮(다할
궁) 神(귀신 신) 知(알 지) 德(덕 덕) 盛(담을 성)

개요概要

굴신왕래屈伸往來(동동왕래憧憧往來)의 이치를 사물에 비유해서 설명하고
있다.

각설各說 [289]

1) 척확지굴尺蠖之屈 이구신야以求信也

자벌레가 굽히는 것은 장차 펴려고 하는 것이다. 이는 몸을 굽히는 것
은 폄에 쓰려고 함이라 누구든지 무엇을 시작하는 것은 모두 결과를 이
루려고 하는 것이다.(통신명지덕通神明之德)

2) 룡사지칩龍蛇之蟄

용과 뱀이 겨울잠을 자는 것은 봄을 맞아 펴기 위한 것이다. 즉 내년

---

288) (자로 재는 듯이 나아가는) 자벌레가 몸을 굽힘은 폄을 구하기 위해서요, 용과 뱀이 칩거하
는 것은 몸을 보존하기 위함이오, 뜻(義)를 정밀하게 (연구)하여 신묘한 경지에 들어감은 쓰임
을 이루게(지극히) 하기 위함이오, 쓰임을 이롭게 하여 몸을 편안히 함은 덕德을 높이기 위함
이니, 이를(정의와 입신) 지난 이후에(이로써 지나간 것) 대해서는 혹 알지 못함이니, 신비로움을
궁구하여 변화(조화)를 아는 것은 덕德의 성盛함이라.
289) 일월日月원리와 한서寒屠원리가 모두 음양陰陽원리에 근원하여 이루어지며, 만물의 생
성작용이 모두 음양작용임을 밝히고 있다.

167

봄에 다시 나오기 위한 동면冬眠이다.

3) 정의입신精義入神 이치용야以致用也

사물의 이치를 정미(상세)하게 궁구하여 신묘함에 통하는 까닭은 세상에 나가서 쓰려고 하는 것이다. 뜻을 정미(상세하게)하게 연구하여 신묘한 경지에 나아간다는 것은 천지天地의 큰 뜻을 내재화하는 공부를 통해서 입신入神의 경지, 도통의 경지와 하나 됨을 말한다.[290] 치용致用이란 쓰임을 다한다는 것이다.

4) 이용안신利用安身 이숭덕야以崇德也

몸을 망령되게 움직이지 않고 이롭게 사용한다는 것은 자기성찰과 수양으로 그 쓰임을 다하고자 함이니, 이로써 덕德을 숭상하기 때문이다.

5) 과차이왕過此以往 미지혹지야未之或知也

치용致用과 숭덕崇德의 경지를 지나가는 것(형이상의 것)은 혹 알지 못하나 신묘함을 궁구해서 그 변화를 아는 것은 덕德의 성대함이다. 미지혹지야未之或知也는 대과괘大過卦를 지나서 후천이 오는 것을 알지 못한다는 것이다. 그러나 성인지도聖人之道의 겸양으로 노력하고 연마하면 혹 알 수 있지 않는가?[291]

6) 궁신지화窮神知化 덕지성야德之盛也

궁신지화窮神知化는 성인聖人은 신비로운 것을 궁구하여 변화하는 모든 미래를 아는 것이다. 이것은 덕德이 체體가 되어야 궁신지화窮神知化를 할 수 있다는 것이다.[292] 성인聖人은 천명으로 이러한 경지에 도달해 있는

---

290) 명명덕明明德 ➡ 통신명지덕通神命之德, 유만물지정類萬物之情이다.
291) '과차이왕過此以往, 미지혹지야未之或知也'는 지금까지 말한 자연의 이치 외의 것은 모른다는 뜻이다. 지금까지 자연의 동동왕래를 말하여 '동귀同歸'하고 '일치一致'하는 것을 말했으니, 이것이 자연의 이치의 모든 것이라고 역설적逆說的으로 표현하여 단정한 것이다. 즉 신神을 궁구히 연구해서 만물이 화생化生되어 나오는 것이 덕德의 가장 성성盛한 것이다.
292) 「계사상」편 제9장의 '지왈자曰, 지변화지도자知變化之道者, 기지신지소위호其知神之所爲乎'와 반대적 입장이다.

사람이다. 덕지성야德之盛也란 덕德을 통하여 신神을 알 수 있다는 것이다. 이에 지혜를 얻는다는 것은 지식을 얻는 것이 아니라 덕德을 쌓아 가는 것이다.[293]

易曰, 困于石하며 據于蒺藜ㅣ라
역 왈 곤 우 석   거 우 질 려

入于其宮이라도 不見其妻ㅣ니 凶이라하니
입 우 기 궁   불 견 기 처   흉

子曰, 非所困而困焉하니 名必辱하고
자 왈 비 소 곤 이 곤 언   명 필 욕

非所據而據焉하니 身必危하리니
비 소 거 이 거 언   신 필 위

旣辱且危하야 死期將至어니 妻其可得見邪아[294]
기 욕 차 위   사 기 장 지   처 기 가 득 견 야

○ 困(괴로울 곤) 據(걸릴 거 의거할 거) 蒺(가시 질 蒺) 藜(가시 려) 非(아닐 비) 所(바 소) 必(반드시 필) 辱(욕되게 할 욕) 危(위태할 위) 旣(이미 기) 將(장차 장) 邪(간사할 사, 어조사 야)

개요概要

택수곤괘澤水困卦 육삼효六三爻에 대한 소인지도에 대한 설명이다. 곤괘困卦 육삼효六三爻가 동동動動하면 택풍대과澤風大過이다. 대과괘大過卦는 대들보가 흔들려 크게 지나침을 나타내는 괘이다. '동동왕래憧憧往來'로 인한 체력소진으로 곤困하게 되고, 곤란을 당해 진퇴양난의 형태를 나타낸 것이다. 또한 동동왕래憧憧往來를 통한 도통의 경지는 고난과 시련의 과정을 거치지 않고서는 이루기가 어렵다는 것을 말한다.

---

293) 성인聖人과 같은 사람은 천명天命을 받아 나온 사람이라 자기 스스로 이러한 경지를 포괄하여 덕위德盛의 위位에 있는 사람이라고 할 수 있다.

294) 역왈易曰, 돌에 곤困하여 가시덤풀에 앉아 있음이라, 집에 들어가도 아내를 만나지 못하니 흉하다 하니 공자가 말하기를 곤困할 봐가 아닌데 곤困하니 이름이 반드시 욕될 것이요, 앉을 곳이 아닌데 앉으니 몸이 반드시 위태로울 것이다. 이미 욕되고 또 위태로워 죽을 시기가 장차 이르니 아내를 볼 수 있겠는가?

1) 곤우석困于石

곤괘困卦 육삼효六三爻는 괘상으로 보아 두 양陽 사이에 빠져있고 상구효上九爻와 상비관계라 곤우석困于石이 된다. '곤困'은 목도木道인 동방東方 '목木'(생명)이 울타리 안에 갇혀 있는 것이다. 부정위부중不正位不中한 자리이다. 따라서 소인지도를 드러내고 있다. 소인小人(돌과 가시덤불)들이 군자지도를 보지 못하는 것으로 곤궁하고 유종有終이 없다.

2) 비소곤이곤언非所困而困焉

곤난을 겪을 때가 아닌데 겪는다. 소인지도로 혼란된 사회이다.

3) 명필욕名必辱

소인지도 혼란된 사회에서 명성을 높이 가지려다 욕됨이 오고, 몸도 위난에 빠진다.

4) 기욕차위旣辱且危

이미 욕되게 되고 또한 위태로움에 빠진다

5) 사기장지 死期將至

욕됨과 위태로움으로 죽음의 때가 이른다.

6) 처기가득견야妻其可得見邪

소인지도에 빠져 자신의 몸도 지탱하기 어려워 아내(君子)를 돌볼 수 없다.

易曰, 公用射隼于高墉之上하야 獲之니 无不利라하니
역왈 공용석준우고용지상 획지 무불리

子曰, 隼者는 禽也ㅣ오 弓矢者는 器也ㅣ오
자왈 준자 금야 궁시자 기야

射之者는 人也ㅣ니 君子ㅣ 藏器於身하야 待時而動이면
석지자 인야 군자 장기어신 대시이동

> 何不利之有ㅣ리오 動之不括이라 是以出而有獲하나니
> 하 불 리 지 유　　동 지 불 괄　　시 이 출 이 유 획
>
> 語成器而動者也ㅣ라[295)]
> 어 성 기 이 동 자 야

○ 射(쏠 석, 쏠 사, 궁술 사) 隼(새매 준) 墉(담 용) 獲(얻을 획) 禽(날짐승 금) 藏(감출 장) 器(그릇 기) 括(묶을 괄)

개요槪要

뇌수해괘雷水解卦(䷧) 상육효上六爻로 군자지도를 밝히고 있다. 이것은 즉, 시의성時宜性에 따라 움직이면 막힘이 없이 자유롭게 행할 수 있음을 말하고 있다.

각설各說

1) 준금隼禽

역도易道, 성인지도聖人之道

2) 궁시자弓矢者

자신이 정심수양正心修養한 뒤라야 과녁을 맞힐 수 있다. 군자가 덕德을 쌓았다는 것은 천지지도를 자각했다는 것으로 시의성에 맞게 움직이면 중정지도를 행할 수 있다는 것이다.

3) 장기어신藏器於身

몸에 그릇을 보관한다는 것은 성인지도를 주체적으로 자각하여 내재화하는 군자의 사명을 상징한 것이다. 군자 스스로 자기 몸에 훌용한 기器를 간직한다는 것이다.[296)]

---

295) 역왈, 공이 높은 담 위에서 새를 쏘아 잡았으니 이롭지 않음이 없다. 하니 공자가 말하기를 "준은 새이고 궁시는 기물이며, 쏘는 것은 사람이니 군자가 기물을 몸에 간직하여 때를 기다려 움직이면 어찌 이롭지 않음이 있어리요. 움직이면 막히지 않음이라. 이 때문에 나가면 얻음이 있는 것이니, 기물을 이루고 움직이는 것을 말하는 것이다.

296) 형이상자形而上者 위지도謂之道, 형이하자形而下者 위지기謂之器.

4) 대시이동待時而動

군자지도로써 시의성에 적합토록 기다려 움직이면 중정지도를 행할 수 있다는 것이다.

5) 동지불괄動之不括

괄括은 묶는 것이다. 궁시弓矢를 사용할 때 시위가 얽히면 사용이 불가능하다는 것이다. 불괄不括은 구애받거나 막히지 않고 자유로이 움직일 수 있음을 말한다.[297]

6) 출이유획出而有獲

나가서 매(천사)를 잡을 수가 있다.

7) 어성기이동자야語成器而動者也

그릇이 이루어진 다음에 움직이라는 것이다. 즉 성명지리性命之理의 완성을 말한다. 앞에서 말하는 '정의입신精義入神 이치용야以致用也'라는 말이다.

子曰, 小人은 不恥不仁하며 不畏不義라
자왈 소인 불치불인 불외불의

不見利면 不勸하며 不威면 不懲하나니
불견리 불권 불위 불징

小懲而大誡ㅣ 此ㅣ 小人之福也ㅣ라
소징이대계 차 소인지복야

易曰, 屨校하야 滅趾니 无咎ㅣ라하니 此之謂也ㅣ라.[298]
역왈 구교 멸지 무구 차지위야

○ 恥(부끄러워할 치) 畏(두려워할 외) 勸(권할 권) 威(위엄 위) 懲(혼날 징) 誡(경계할 계) 福(복 복) 屨(신 구) 校(학교 교, 형틀 교) 滅(멸망할 멸) 趾(발 지)

---

297) 한강백은 "괄括은 결結이다."라고 하였다.
298) 공자왈 "소인이 불의를 부끄러워하지 않고 불의를 두려워하지 않는다. 이익을 보지 않으면 권면되지 않고 위엄으로 두렵게 하지 않으면 징계懲戒가 되지 않으니 조금 경계하여 크게 징계시킴은 소인의 복이다. 역에 이르기를 "구교屨校는 발을 멸滅함이니 허물이 없다." 하였으니 이것을 말함이다.

화뢰서합火雷噬嗑(☲☳) 초구효初九爻로 소인지도에 대한 말이다. 서합괘 噬嗑卦은 소인지도를 벌하는 괘卦로서 초구初九는 경범죄인으로 가벼운 형벌인 족쇄足鎖를 사용하고[299] 상구上九인 중죄인에게는 항쇄項鎖를 사 용한다.

각설 各說

1) 불치불인不恥不仁

소인은 어질지 못함(不仁)을 부끄럽게 생각하지 않는다. 불취는不恥는 본성을 망각하는 것이다.

2) 불외불의不畏不義 불견리不見利

소인은 성인聖人之道를 보지 않으면 의義롭지 못한 것(不義)을 두려워 하 지 않는다. 또한 소인은 이익이 있어야 인仁을 권하고, 형벌을 당해야 그 의義롭지 못한 것을 깨닫는다.

3) 소징이대계小懲而大誠 소인지복야小人之福也

소인을 조금 징계하여 큰 잘못을 못하게 하는 것은 일벌백계로써 소인 에게 오히려 복이 된다는 것이다.

善不積이면 不足以成名이오
선 부 적　　　 부 족 이 성 명

惡不積이면 不足以滅身이니
악 부 적　　　 부 족 이 멸 신

小人이 以小善으로 爲无益而弗爲也하며
소 인　이 소 선　　　위 무 익 이 불 위 야

以小惡으로 爲无傷而弗去也ㅣ라
이 소 악　　　위 무 상 이 불 거 야

---

299) 이 귀절은 인의仁義에 대한 잘못을 말했는데, 소인小人이 의義에 어긋남은 다음 구절에 나오는 구체적인 죄罪인 악惡을 쌓는데까지 도달한 것은 아니므로 가벼운 잘못에 해당한다.

故로 惡積而不可掩이며 罪大而不可解니
고　악적이불가엄　　죄대이불가해

易曰, 何校하야 滅耳니 凶이라하니라.[300]
역왈 하교　　멸이　　흉

○ 掩(가릴 엄) 校(형틀 교) 耳(귀 이)

개요槪要

　서합괘噬嗑卦(☲☳) 상구효上九爻는 중죄인에 대한 형벌에 관한 얘기이다. 이름(名)을 이루는 것은 선善으로 이루어지고, 몸을 망친다는 것(멸신滅身)은 악행惡行을 저지른 후에 받게 되는 형벌이다. 그러나 소인은 조금 선하게 하고도 '유익함이 없다' 하고, '조금 악행을 해도 벌 받지 않으니 계속 행하여 결국은 큰 죄를 짓게 되어 구제받지 못하게 되니 흉하다는 것이다.

각설各說

1) 하교멸이何校滅耳

　중죄인은 격리隔離시켜 외부의 소식을 못 듣도록 하였다. 이를 항쇄(何校)을 씌워 귀를 멸滅한다고 하였다. 항쇄를 씌워 귀를 가렸다는 것은 하늘의 소리, 진리의 소리를 듣지 못하는 것을 말한다.

2) 선부적善不積 부족이성명不足以成名

　①명名은 존재원리 자체, 성인聖人이기예 존재원리를 드러내기 위함이다. ②명命은 군자의 실천원리를 드러냄을 말한다.

3) 악부적惡不積 부족이멸신不足以滅身

　내 스스로 가진 덕성에 역도易道를 깨달음을 말한다. 익益은 익괘益卦(☴☳)를 의미한다.

---

300) 선善이 쌓이지 않으면 이름을 이룰 수 없고, 악惡이 쌓이지 않으면 몸을 멸할 수 없으니, 소인小人은 작은 선善을 무익하다 하여 行하지 않고 작은 악惡은 무방하다 하여 버리지 않는다. 그러므로 악惡이 쌓여서 가리울 수 없고, 죄罪가 커져서 풀 수 없으니, 역易에 이르기를 "차고로 매서 귀를 멸하니 흉凶하다"라고 하였다.

4) 악적이불가엄惡積而不可掩

악惡이 쌓이면 구제하기 어렵다는 것이다.

5) 죄대이불가해罪大而不可解

악惡이 쌓이고 쌓여 나중에 가서는 해결할 수 없는 것을 말한다.

> 子曰, 危者는 安其位者也ㅣ오
> 자 왈 위 자 안 기 위 자 야
>
> 亡者는 保其存者也ㅣ오 亂者는 有其治者也ㅣ니
> 망 자 보 기 존 자 야 난 자 유 기 치 자 야
>
> 是故로 君子ㅣ 安而不忘危하며
> 시 고 군 자 안 이 불 망 위
>
> 存而不忘亡하며 治而不忘亂이라
> 존 이 불 망 망 치 이 불 망 난
>
> 是以身安而國家를 可保也ㅣ니
> 시 이 신 안 이 국 가 가 보 야
>
> 易曰, 其亡其亡이라야 繫于苞桑이라하나라.[301]
> 역 왈 기 망 기 망 계 우 포 상

○ 危(위태할 위) 安(편안할 안) 保(지킬 보) 存(있을 존) 亂(어지러울 란(난)) 治(다스릴 치) 忘(잊을 망) 苞(그령 포, 바가지 포, 더부룩할 포) 桑(뽕나무 상)

개요槪要

천지비괘天地否卦(☷☰) 구오효九五爻에 대한 설명이다. 비괘否卦 구오九五는 비색한 때를 당해 망할 것을 염려한 대인大人이 천하를 도道에 묶어 영구히 반석위에 올려 놓는 것을 말하고 있다. 뽕나무는 뿌리가 질기고 단단하다. 그러므로 뽕나무 같이 튼튼한 곳에 붙들어 매면 영원히 망하

---

301) 자왈, "위태로울까 염려함은 그 지위를 편안하게 하는 것이요, 망할까 염려함은 생존을 보존하는 것이다. 어지로울까 염려함은 그 다스림을 가질 수(두게 하는 것) 있는 것이니. 이 때문에 군자는 편안해도 위태로움을 잊지 않고, 보존되어도 망함을 잊지 않고, 다스려져도 어지로움을 잊지 않는다." 하였다. 이 때문에 몸이 편안해지고 나라를 보존할 수 있는 것이니, 역에 이르기를 "망할까 망할까하고 두려워하여야 덩굴째 더부룩한 뽕나무에 매어놓듯 튼튼하다" 하였다.

지 않는다는 것이다.

즉, 비색할 때 벗어나는 지혜를 설명하고 있다.

각설各說

1) 위자危者, 망자亡者, 난자亂者

모든 것이 두렵고 염려스럽게 생각하고, 자신이 망할 우려가 있다고
생각하며, 나라가 어지로울까 염려하는 사람을 말한다.

2) 기망其亡

기其는 의심을 말한다

3) 계우포상繫于苞桑

군자지도에 매여 있어서 그때가 되면 소인을 꼼짝 못하게 되는 쾌괘決
卦의 때를 말한다. ①포苞는 땅위에 나타나 얽매여 있는 것으로 형이하
학적 의미하고, ②상桑은 땅위에 나타나지 않고 얽매여 있는 형이상학적
의미이다.

> 子曰, 德薄而位尊하며 知小而謀大하며
> 자 왈 덕 박 이 위 존   지 소 이 모 대
>
> 力小而任重하면 鮮不及矣나니
> 역 소 이 임 중   선 불 급 의
>
> 易曰, 鼎이 折足하야 覆公餗하니 其形이 渥이라
> 역 왈 정 절 족   복 공 속   기 형 악
>
> 凶이라하니 言不勝其任也ㅣ라.[302]
> 흉   언 불 승 기 임 야

○ 德(덕 덕) 薄(엷을 박) 尊(높을 존) 謀(꾀할 모) 鮮(고울 선) 及(미칠 급) 鼎(솥 정) 折(꺾을
절) 足(발 족) 覆(뒤집힐 복) 餗(죽 속) 形(모양 형) 渥(두터울 악, 악착할 악) 勝(이길 승)

---

302) 자왈, 덕이 적으면서 지위가 높고, 지혜가 작으면서 꾀함이 크고, 힘이 작으면서 짐이 무
거우면 화가 미치지 않는 자가 드물다. 역에 이르기를 솥이 부러져 공상에게 바칠 음식을 엎
었으니, 형벌이 무거워 흉하다 하였으니 그 임무를 감당하지 못함을 말한 것이다.

개요概要

화풍정괘火風鼎卦(䷱) 구사효九四爻에 대한 말이다. 성인聖人이 하늘에 제사를 지내고, 음식을 통해 군자를 기르는 것이다. 이때 음식은 성인지도 말하고, 그릇은 역易을 의미한다. 또한 덕德이 부족한 사람이 높은 지위와 큰일을 도모하면 화가 미침을 말하고 있다.

각설各說

1) 선불급의鮮不及矣

  소인지도에 미치지 않은 이가 드물다.

2) 정위응명正位凝命

  응명凝命은 천명을 실천하는 것이다.

3) 지소이모대知小而謀大

  소小는 작은 일(小事), 내면적인 일이고, 대大는 큰 일(大事), 외면적인 일이다.

4) 절족折足

  솥의 다리를 꺾는다.

5) 언불승기임야言不勝其任也

  그 소임이 무거워 이기지 못함을 말한다.

子曰, 知幾ㅣ 其神乎ㅣ뎌
자 왈   지 기   기 신 호

君子ㅣ 上交不諂하며 下交不瀆하나니 其知幾乎ㅣ뎌
군 자   상 교 불 첨   하 교 불 독   기 지 기 호

幾者는 動之微니 吉之先見者也ㅣ니
기 자   동 지 미   길 지 선 현 자 야

君子ㅣ 見幾而作하야 不俟終日이니
군 자   견 기 이 작   불 사 종 일

易曰, 介于石이라 不終日이니 貞코 吉타하니
역왈 개우석　부종일　정　길

介如石焉커니 寧用終日이리오 斷可識矣로다
개여석언　영용종일　단가식의

君子ㅣ 知微知彰知柔知剛하나니 萬夫之望이라.[303]
군자　지미지창지유지강　만부지망

○ 諂(아첨할 첨) 瀆(도랑 독) 幾(기미 기, 조짐 기) 微(은미할 미, 작을 미) 俟(기다릴 사) 介(절개 개, 끼일 개) 寧(편안할 녕{영}, 어찌 영, 차라리 영) 斷(결단할 단) 識(알 식) 望(바랄 망)

개요槪要

　뇌지예괘雷地豫卦(䷏) 육이효六二爻이다. 예괘豫卦의 의미는 ①미리 준비하는 것(예비豫備) ②기뻐하고 즐거워하는 즐거움(열예悅豫) ③놀고 즐기고 게으른 것(일예佚豫) 등이 있다. 여기서는 기미에 대한 내용과 많은 사람들이 기뻐하고 즐거움에 빠져 있지만 오직 육이六二군자는 분수를 지키며, 중정中正의 길을 돌과 같이 굳게 지키고 있음을 말하고 있다.

각설各說

1) 지기기신호知幾其神乎

　신이지래神以知來(「계사상」편 제11장)[304]이다. 군자가 기미를 보고 전체를 안다는 것이다.

2) 상교불첨上交不諂 하교불독下交不瀆 기지기호其知幾乎

　군자는 기미를 보고 전체를 알기 때문에 위를 사귀되 아첨하지 않고,

---

303) 자왈, 기미를 앎이 그 신묘할 것이다. 군자는 위로 사귀되 아첨하지 않고 아래로 사귀되 모독하지 않으니, 기미幾微를 아는 것이다. 기幾는 동動함의 은미함으로 吉함이 먼저 나타난 것이니, 군자는 기미幾微를 보고 일어나서 하루가 마치기를 기다리지 않으니, 역에서 말하기를 절개가 돌과 같으니, 하루를 마치지 않으니, 정貞하고 길吉하다 하였으니, 절개가 돌과 같으니, 어찌 하루를 마치겠는가. 가히 결단함을 알 수 있다. 군자는 은미함을 알고 드러남을 알며, 유柔를 알고 강剛을 아니, 많은 필부들이 우러러 바라본다.
304) 『한서漢書』에는 '길지선견자야吉之先見者也'가 '길흉지선견자야吉凶之先見者也'로 '흉凶'자가 더 쓰였다.

아래를 사귀되 모독하지 않는다는 것이다.

3) 기자幾者 동지미動之微 길지선견자야吉之先見者也

　기미는 그 움직임이 은미하다. 이러한 은미하고 미묘한 변화를 통해 길함을 알 수 있다는 것이다.

4) 군자견기이작君子見幾而作 불사종일不俟終日

　군자는 기미를 보면 일어나 행동하며 종일을 기다리지 않는다는 것이다.

5) 개여석介如石

　절개가 돌과 같다는 것은 예괘豫卦의 의미 중의 하나인 희열에 빠져 자신의 본분을 망각하지 않는다는 것이다.

6) 단가식의斷可識矣

　단斷은 결단과 자각의 의미이다. 이를 통해서 전체를 안다는 것이다.

7) 군자君子 지미지창지유지강知微知彰知柔知剛

　'미微'는 은미한 것이고(형이상세계, 미래세계), '창彰'은 드러난 것이다.(형이하세계, 현재세계) 그리고 유강柔剛을 안다는 것은 음양陰陽의 세계를 안다는 것이다.

子曰, 顔氏之子ㅣ 其殆庶幾乎ㄴ뎌
자왈 안씨지자 기 태 서 기 호

有不善이면 未嘗不知하며 知之ㅣ면 未嘗復行也하나니
유 불 선 미 상 부 지 지 지 미 상 복 행 야

易曰, 不遠復이라 无祗悔니 元吉이라하나니라.[305]
역 왈 불 원 복 무 지 회 원 길

○ 顔(얼굴 안, 성씨 안) 殆(자못 태, 위태할 태, 가까울 태) 庶(여러 서) 幾(기미 기) 嘗(일찍이 상, 맛볼 상) 復(돌아올 복) 祗(이를 지, 공경할 지) 悔(뉘우칠 회)

---

[305] 공자孔子가 이르기를, "안씨顔氏의 아들은 거의 도道에 가까울 것인져, 불선不善이 있으면 일찍이 모른 적이 없었고, 알면 일찍이 행行하지 않았다. 역왈易曰 '멀리가지 않고 회복回復하여(돌아와) 뉘우침에 이르지 않으니, 크게 길吉하니라'라고 하였다.

지뢰복괘地雷復卦(☵☷) 초구효初九爻 불원복不遠復이다. 『주역』에 등장한 공자孔子의 유일한 제자인 안연顏淵이다. 호학好學하며 석 달을 불인不仁하지 않았던 도道를 자각한 사람이다.[306] 군자가 극기복례克己復禮를 하여 '지미지창지유지강知微知彰知柔知剛' 하니, 조짐만 보고도 선악善惡을 분별하여 그 옳은 것만을 행할 수 있는 것이다.

1) 기태서기호其殆庶幾乎

태殆(가까울 태)이며. 서기庶幾는 '거의 가깝다'는 말이다

2) 무지회无祗悔

지祗(공경할 지)는 지至이다. 후회함에 이르지 않는다는 것이다.

> 天地ㅣ 絪縕애 萬物이 化醇하고
> 천지   인온   만물   화순
>
> 男女ㅣ 構精애 萬物이 化生하나니
> 남녀   구정   만물   화생
>
> 易曰 三人行앤 則損一人코 一人行앤 則得其友ㅣ라하니
> 역왈 삼인행   즉손일인   일인행   즉득기우
>
> 言致一也ㅣ라.[307]
> 언치일야

---

306) 안회顏回(BC 521-490) 공문십철孔門十哲의 으뜸으로 꼽히는 사람, 자는 자연, 노나라 사람. 안불낙도安不樂道하는 덕행德行이 뛰어나서 아성亞聖이라고 불린다. 32세에 공자孔子보다 앞서 죽었다. '복성공復聖公'이라고도 불린다. 공자孔子는 안회顏回를 아껴 그가 죽자, "하늘이 나를 망亡하게 하였구나! 하늘이 나를 망亡하게 하였구나!(噫! 天喪予! 天喪予!)"하고 애통해 하셨다. 또『논어論語』「선진先進」편篇에서 그 애통해함을 너무하다고 생각한 제자弟子가 묻자 "저 사람을 위해 애통해 하지 않고 누구를 위해 애통해 하겠는가"라고 하였다.
307) 天地의 氣運이 얽히고 설킴이(化合) 만물이 변화하여 엉기고, (이를 본받아) 남녀男女가 정精를 맺음에 만물이 변화하여 생겨나니, 역易에 이르기를 '세 사람이 가는데는 한 사람을 덜고, 한사람이 가는데는 그 벗을 얻는다.'라 하니, 하나를 이루는 것임을 말함이라.

○ 絪(하늘기운 인 = 氣) 縕(땅기운 온, 헌솜 온, 쌓을 온) 萬(일만 만) 物(만물 물) 化(될 화) 醇(두터울 순, 발효할 순, 진한 술 순, 순수할 순) 構(얽을 구) 精(정밀할 정)

개요概要

산택손괘山澤損卦(☶) 육삼효六三爻에 대한 글이다. 즉 동동왕래憧憧往來 붕종이사朋從爾思를 인사人事적으로 설명하고 있다.

각설各說

1) 천지인온天地絪縕 만물화순萬物化醇

'인絪'은 하늘 기운이 쌓인 것을 의미하며, '온縕'은 땅 기운이 쌓인 것이다. 즉 천지가 사귀기를 서로 엉켜있는 모양을 말한다. 이것은 하늘과 땅의 기운이 서로 교합交合하여 가득찬 것을 말한다. 바꾸어 말하면 천지天地는 기질로써 만물을 낳는 것이다.[308] 형이상학적인 것을 말한다.

2) 남녀구정男女構精 만물화생萬物化生

천지天地를 남녀로 비유해서 설명하고 있다. 즉 천지지도 = 인도人道이다. 형이하적인 것을 말한다.[309] 남녀구정構精은 천지가 기질氣質로써 만물을 낳는 것과는 달리 남자와 여자는 정수精髓를 서로 얽어 후손을 잇는 것이다. 남녀로서 만물萬物을 대표하여 썼다.[310]

3) 삼인행三人行 즉손일인則損一人

함괘咸卦 구사효九四爻에서 '동동왕래憧憧往來'하여 느끼는 것이나, 손괘 損卦(☶) 육삼효六三爻에서 '즉손일인則損一人, 일인행一人行, 즉득기우則得其 友.' 하는 것이 모두가 동동왕래를 통해서 하나를 이루고자 하는 뜻이다.

308) 형이상학적이며 기화적氣化的인 것을 말한다. 천지의 상통은 볼 수도 느낄 수도 없다. 단지 결과로서 나타나서 만물이 육성되어 가는 것을 볼 수 만 있을 뿐이다.
309) 괘상卦象으로 볼 때 곤坤의 상효上爻에 건乾의 기운氣運이 와서 사귄 것이 艮이고, 건乾의 상효上爻에 곤坤의 기운氣運이 와서 사귄 것이 태兌이니, '천지인온天地絪縕' '남녀구정男女構精'의 상象이다.
310) 화순化醇 : 변화하여 엉긴다. · 화생化生 : 변화하여 생긴다.

이억을 인사적으로 말하면 삼인행三人行은 산모의 뱃속에 아이를 가짐이다. 즉 부父·모母·자子의 삼인행三人行이다. 그리고 여자가 해산할 손損이므로 아이를 낳는 것이 즉손일인則損一人이다.

4) 일인행一人行 즉득기우則得其友

한 사람을 던 사람이 행하니 벗을 얻어서 이인二人이 된다.[311]

5) 언치일야言致一也[312]

하나를 이룬다는 의미이며, 종결에는 각각 하나로 돌아간다는 것이다.(同歸而殊塗) 부부귀일夫婦歸一의 도통경지를 말한다.[313]

子曰, 君子ㅣ 安其身而後에아 動하며
자왈 군자 안기신이후 동

易其心而後에아 語하며 定其交而後에아 求하나니
역기심이후 어 정기교이후 구

君子ㅣ 脩此三者故로 全也하나니
군자 수차삼자고 전야

危以動하면 則民不與也코 懼以語하면 則民不應也코
위이동 즉민불여야 구이어 즉민불응야

无交而求하면 則民不與也하나니
무교이구 즉민블여야

莫之與하면 則傷之者ㅣ 至矣나니
막지여 즉상지자 지의

易曰, 莫益之라 或擊之리니
역왈 막익지 혹격지

---

311) 남녀男女 구정構精원리로 말하면 양陽은 음陰을 얻고, 음陰은 양陽을 얻는다. 두 남녀男女가 결합하여 아들과 딸을 낳고, 아들과 딸이 혼인하여 부부를 이루는 계계승승繼繼承承, 영원불멸永遠不滅의 이치로서 생생지리生生之理라고 할 수 있다.

312) 문장 머리에 '자왈子曰' 두 글자가 빠졌다. 이것은 이 장(「계사하」 5장)의 첫 문장 (咸卦 九四爻)의 뜻(言致一也)을 이어서 쓴 까닭이다.

313) 부부귀일夫婦歸一의 도통경지道通境地를 말한다. 이것은 상대적이며, 상대성相對性 위에 태극太極의 원리가 내재內在되어 있다. 음양이 합치合致되어 하나를 이룬다는 것이다. 결국 2(음양陰陽)는 1에 내포內包되어 있고, 2는 1에서 시작始作됨을 말한 것이다.(「아산주역 강의」 217쪽 참조)

立心勿恒이니 凶이라 하니라.[314]
입 심 물 항   흉

○ 脩(닦을 수, 포 수) 與(줄 여) 懼(두려워할 구) 應(응할 응) 莫(없을 막, 저물 모, 고요할 맥)
傷(상처 상) 至(이를 지) 擊(부딪칠 격, 칠 격) 勿(말 물) 恒(항상 항)

개요概要

풍뇌익괘風雷益卦(䷩) 상구上九 「효사」에 대한 설명이다. 위의 내용을 군
자와 소인小人으로 구별하면 다음과 같다.

군 자	소 인
안기신이후安其身而後 동動	위이동危以動 즉민불여야則民不與也
역기심이후易其心而後 어語	구이어懼以語 즉민불응야則民不應也
정기교이후定其交而後 구求	무교이구无交而求 즉민불여야則民不與也

각설各說

1) 군자수차삼자고君子脩此三者故 전야全也

　　①安其身而後(動)　　②易其心而後(語)　　③定其交而後(求)

　　└── 이 세 가지를 완전히 하는 자가 군자이다. ──┘

2) 막지여칙상지자莫之與則傷之者 지의至矣

　①危以動 → 則民不與也

　②懼以語 → 則民不應也 → 莫之與 → 則傷之者 至矣

　③无交而求 → 則民不與也

---

314) 자왈, "군자는 그 몸을 편안히 한 뒤에 움지이며, 마음을 화평히 한 뒤에 말하며, 사귐을
전한 뒤 구하니, 군자는 이 세 가지를 닦으므로 온전하니. (신상에) 위태로움으로서 움직이
면 백성들이 더불어 하지 않고, 두려워하면서 말하면 백성들이 응하지 않고, 사귐이 없으면
서 구한 즉 백성들이 더불어(주지 = 줄 여) 하지 아니하나니, 더불어(함께) 하지 않으면 해롭게
하는 자가 이르게 되는 것이니, 역에 이르기를 "유익만을 (구하려만) 하지마라, 혹 공격할지도
모르니, 마음을 세움에 항상함이 없으면 흉하니라"라고 하였다.

3) 입심물항立心勿恒 흉凶

(上)安其身而後(動)　(中)易其心而後(語)　(下)定其交而後(求)
└─────────────── 소인지도이다. ───────────────┘

4) 막익지莫益之

자신에게 이익됨만을 찾지(구하지) 말라는 것이다.

5) 혹격지或擊之

하늘로부터 타격을 받는 것이다. 이 때 혹或은 천天 혹은 신神을 지칭하는 의미이다. 하늘의 응징은 백성의 뜻으로 나타남.[315]

○第六章

요지要旨

　제6장은 역도易道가 건곤지도이며, 건곤지도의 주체적 자각을 통해 류만물지정類萬物之情함으로써 삼재지도三才之道를 밝히고 있다. 『주역』이 밝히고 있는 삼재지도三才之道는 군자지도로 귀결되고 있다. 그러므로 군자지도를 내용으로 하는 역易의 구성과 내용에 대하여 설명하고 있다.

> 子曰, 乾坤은 其易之門邪ㄴ뎌
> 자 왈 건 곤 　 기 역 지 문 야
>
> 乾은 陽物也ㅣ오 坤은 陰物也ㅣ니
> 건 　 양 물 야 　 곤 　 음 물 야
>
> 陰陽이 合德하야 而剛柔ㅣ 有體라
> 음 양 　 합 덕 　 이 강 유 　 유 체
>
> 以體天地之撰하며 以通神明之德하니[316)]
> 이 체 천 지 지 선 　 이 통 신 명 지 덕

○ 邪(어조사 야, 그러한가 야, 간사할 사) 物(만물 물) 陰(응달 음) 剛(굳셀 강) 體(신체 모양 체, 몸 체) 撰(지을(爲) 선, 법 찬(선), 글 지을 찬) 通(통할 통) 神(귀신 신) 德(덕 덕)

개요概要 [317)]

　건곤乾坤이 진리 속에 존재함을 말하고 있다.

---

316) 자왈, ‘건곤’은 그 역의 문인가? ‘건’은 양물이오, ‘곤’은 음물이니, ‘음양’이 덕을 합하여 강유剛柔의 체가 있게 되었다. 이로써 (역으로)천지의 일을 체행(체험한다)하며 이로서 신명의 덕을 통하니

317) (觀中) 건곤이 도道의 문으로 역도易道를 통해서 건곤지도가 밝혀진다. 음양합덕은 건곤합덕으로 음양이 체體가 되고, 강유柔剛이 용用이 된다. 용구용육用九用六원리에 의해서 『주역』이 밝혀짐을 분명하게 알 수 있다.(존재론적 언급) ①‘撰’(지을 찬)(근본, 엑기스)은 도道이다. ②‘물物’은 도덕적인 순화昇華를 거친 것으로 존재이다. 천지지도는 천지의 성정을 나타낸 것이며, 천지지선天地之撰도 천지의 성정을 드러낸 것이다. 인도人道적 입장으로 통신명지덕通神明之德의 덕德은 인격적人格的 문제로서 건곤乾坤도 천지天地의 본성本性을 인격적으로 표상한 것이다. 그로므로 인간의 심성내면적 존재임을 알 수 있다. 따라서 천인합일天人合一이 이루어지는 곳이 인간 심성내면임을 드러나게 된다.

1) 건곤乾坤 기역지문야其易之門邪

괘효 역학의 입장에서는 천지의 변화로부터 만물이 생겨남에 하늘과 땅이 만물의 문門이 되듯이, 62괘가 건곤乾坤 두 괘의 변화로부터 생겨나니 건乾과 곤坤을 역易의 문이라고 하는 것이다.[318]

2) 건양물야乾陽物也 곤음물야坤陰物也

건乾이 순양괘純陽卦이고, 곤坤이 순음괘純陰卦라는 뜻도 되지만, '건乾'은 구九로 대표되는 양효陽爻이고, '곤坤'은 육六으로 대표되는 음효陰爻라는 뜻이다.

3) 음양합덕이강유유체陰陽合德而剛柔有體

강유剛柔는 용用이요, 유체有體는 천지지도를 말한다.

4) 이체천지지선以體天地之撰

천지天地의 일은 구체적이고 형체가 있는 것이므로 '체體'를 쓴다. 음양을 체體로한 도道, 존재원리의 본질을 말한다. 선撰은 천지의 대표적인 물건이나 법칙을 말한다. 『주역』의 이치를 체득하면 모든 이치를 알 수 있다는 것이다. 천지의 조화를 체험한다는 것이다.

'선撰'은 지을 선으로 일(事), 짓는다, 갖추다(具)의 뜻이고, '체體'란 형용해서 본받는다는 뜻이다. 그러므로 『주역』 64괘로써 천하의 모든 일을 형용해서 갖춘다는 뜻이다.

5) 이통신명지덕以通神明之德

역易을 통해서 은미한 곳에 존재하는 이치는 물론이고, 모든 사물의 이치를 귀신처럼 알 수 있어 밝은 덕에까지 통달할 수 있다는 것이다.

---

318) 양陽은 건의 덕이고, 음陰은 곤의 덕이며, 이 음양의 덕이 합하여 강유剛柔의 형체를 생生하니, 모든 괘卦에는 강剛한 體(양효陽爻 또는 양괘陽卦)와 유柔한 체體(음효陰爻 또는 음괘陰卦)가 있게 되는 것이다. 이 강체剛體와 유체柔體를 즉 64괘로써 천지의 모든 일을 형용해 갖추며, 신명神明의 그윽한 이치 역시 통通하니, 천지天地는 만물의 문門이고, 부모父母는 자식의 문門이며, 건곤乾坤은 62괘의 문門이다.

'신명지덕神明之德'이란 건乾의 강건한 덕과 곤坤의 유순한 정덕靜德을 뜻하며, 이러한 덕德은 형태가 없으므로 그 이치를 궁구히 해서 '통通'한 다고 한 것이다. 즉 64괘의 건순동정乾純動靜에 통하면 신명神明의 조화를 모두 알 수 있다는 뜻이다.

其稱名也ㅣ 雜而不越하나
기 칭 명 야　잡 이 불 월
於稽其類앤 其衰世之意耶ㄴ뎌.[319]
어 계 기 류　기 쇠 세 지 의 야

○ 其(그 기) 稱(일컬을 칭) 名(이름 명) 雜(섞일 잡) 越(넘을 월) 於(감탄사 어, 어조사 어) 稽(상고할 계, 머무를 계) 類(무리 류(유)) 衰(쇠할 쇠) 世(대 세) 意(뜻 의) 耶(어조사 야)

개요概要

『주역』의 괘卦 순서가 복희伏羲씨 때의 자연적인 순서로 놓인 것과는 달리 섞어 놓았으나 64괘 밖을 넘어가지 않았고, 그 음양陰陽의 섞인 뜻을 상고해 볼 때 은殷나라 말엽의 주왕紂王과 문왕文王의 일을 엮어 놓은 것이다.

각설各說

1) 기칭명야其稱名也 잡이불월雜而不越

복희伏羲씨 때의 역易은 '일건천一乾天, 이태택二兌澤, 삼리화三離火…… 팔곤지八坤地'의 자연적인 순서로 이루어졌고, 또 이를 거듭한 복희伏羲 64괘 역시 자연적인 순서로 되어 있으나, 『주역』은 건乾·곤坤·둔屯·몽蒙. 의 순서로 섞어 놓았다. 그러나 64괘라는 틀 밖으로는 넘어가지 않았음을 말한다. 또 괘명卦名에 있어 정鼎·정井 등과 같이 사물의 이름으로 표

---

319) (주역의 내용을 살펴 볼 때) 그 이름을 칭稱함이 잡란하면서도 어그러지지(넘지) 아니하나, 그 종류를 상고함에는 쇠퇴한 세상의 뜻이 아니겠는가?

현한 것도 있고, 둔屯·몽蒙등과 같이 일의 변화로써 이름한 것도 있지만, 음양의 덕德이나 강유剛柔에서 벗어나지 않음을 뜻한다.

2) 기쇠세지의야其衰世之意耶

중국의 역사로 보면 은殷나라가 망할 때의 뜻을 담은 것이다. 즉 문왕이 주紂가 폭정할 때에 유리 옥에 갇혀 있으면서 『역』을 엮었던 사실에 비추어 '쇠퇴한 세상'이란 은말주초殷末周初를 말한다.[320]

夫易은 彰往而察來하며 而微顯闡幽하며 開而當名하며
부 역　창 왕 이 찰 래　　이 미 현 천 유　　개 이 당 명
辨物하며 正言하며 斷辭하니 則備矣라.[321]
변 물　　정 언　　단 사　　즉 비 의

○ 彰(밝을 창) 往(갈 왕) 而(말 이을 이) 察(살필 찰) 來(올 래(내)) 微(작을 미) 顯(나타날 현) 闡(열 천) 幽(그윽할 유) 開(열 개) 當(당할 당) 名(이름 명) 辨(분별할 변) 物(만물 물) 正(바를 정) 言(말씀 언) 斷(끊을 단) 辭(말 사) 則(곧 즉) 備(갖출 비)

개요概要

역易의 내용은 ①음양소장하는 천지의 이치를 밝혀서 미래의 길흉회린을 살피며, 인사人事의 드러나 있는 일이 천도天道의 미미한 조짐에 근본

---

320) 문왕과 유리옥羑里獄. 문왕文王의 성姓은 희姬, 명名은 창昌인데 서방제후의 수장이란 뜻으로 서백西伯이라 불렀다. 숭崇나라 제후였던 호虎는 시기심이 많은 사람으로, 고죽국孤竹國의 이름난 백이伯夷와 숙제叔齊까지 서백西伯의 치정治定에 감복하여 따르려 하자 은殷나라의 주紂임금에게 모함하기를 "모든 제후들이 서백西伯의 덕화德化에 기울어지니 장차임금께 불리할 것입니다."라고 말하자 마침내 주紂는 서백을 유리옥羑里獄에 가두었다. 유리羑里는 험준한 지세로 둘러싸인 지명地名으로, 서백의 땅으로부터 동쪽으로 약 800여Km 떨어져 있는데 오늘의 하남성河南省 탕음시湯陰市 북쪽 3Km의 지점이다. 남북南北의 거리가 100여 미터, 동서東西의 거리가 100여 미터가 되는 넓이의 유리성이 있었고 성城안에 옥獄이 있었다. 문왕文王은 여기에 갇혀있는 동안 후천後天팔괘八卦를 그리고, 연역演易에 힘쓰며 팔괘八卦를 더하여 64괘를 만들고 「괘사卦辭」를 지었으니 오늘날의 주역周易이란 글이 이로부터 말미암은 것이다.

321) 무릇 역易은 지나간 것을 밝혀서 오는 것을(미래를) 살피며, 드러남을 은미하게 하고 그 으슥함을 밝히며, (괘와 효를) 열어서 명칭에 마땅하게 하고, 사물을 분별하며, 말을 바르게 하고 말을 결단(판단)하니 곧(위의 6종류를) 구비한 것이다.

하여 발생한 것이다. 또한 ②천도天道의 그윽한 조짐에서 앞으로 드러날 일을 밝힐 수 있게 하며, ③각 효爻위에 해당하는 명칭을 하고, ④괘상卦象에 해당하는 사물을 분별分別하며, ⑤당명當名은 변물變物에 따른 상황 및 상象을 바로 표현하며, ⑥그 길흉을 판단하는 말을 했으니 (「단사」)에 역易에 모든 것이 다 갖추어진 것이다.

각설各說 [322)

1) 창왕이찰래彰往而察來

자신의 타고난 과거적 본성을 깨달아 미래의 세계를 자각하는 것이다. 창왕이찰래彰往而察來를 「계사상」 제11장과 비교하면 다음과 같다.[323)

❶창왕彰往 ⇨ 지이장왕知以藏往 명어천지도明於天之道 ⇨ 신명기덕神明其德
❷찰래察來 ⇨ 신이지래神以知來 찰어민지고察於民之故 ⇨ 신명기덕神明其德

2) 미현천유微顯闡幽

미微은 나타나 있는 것의 미세한데까지 아는 것이고, 현顯는 보이지 않는 곳의 이치를 드러내어 밝히는 것이다. 역易은 만물의 소이연所以然을 밝히고, 그 변화지도를 알기 위하여 미세微細한 부분과 드러나지 않은 내면에까지 살펴보아야 한다는 것이다.

3) 개이당명開而當名

역易의 내용을 열어서 그 의미를 분명하게(開) 제시하여 괘효卦爻의 명칭, 단왈彖曰, 상왈象曰의 마땅한 이름으로 설명한다는 것이다[324).

---

322) 체용體用원리로 미세한 것을 드러낸다. ➡ 드러난 것을 체體로 돌리고, ➡ 그윽한 것(幽體)는 천명하고, '변물辨物' = 이재理財, '정언正言' = 정사正辭요. 비備는 삼재지도가 갖추어짐, 길흉이 갖추어짐으로써 군자지도를 드러낸다는 것이다.
323) 먼저, 창왕이찰래彰往而察來의 ①창彰 ➡ 순역順逆원리, 미래未來 ②왕往 ➡ 과거過去, 인의예지仁義禮智의 도덕성道德性이다. 다음으로 미현천유微顯闡幽는 체용體用원리 ①유幽 ➡ 체體 ②현顯 ➡ 용用이다.
324) 경문經文에는 '이미현천유而微顯闡幽, 개이당명開而當名'으로 되어 있다. 주자朱子는

4) 변물辨物

물건을 모두 분별하여 상상象으로 놓은 것이다.(乾謂馬, 坤謂牛) 사물을 분별하여 자연의 이치에 맞도록 팔괘八卦를 대별大別한 것이다.

5) 정언正言

「괘·효사」마다 상황과 상상象에 맞게 표현한 것이다.[325]

6) 단사斷辭

길吉과 흉凶을 판단을 한다.

其稱名也ㅣ 小하나 其取類也ㅣ 大하며
기 칭 명 야 소 기 취 류 야 대

其旨ㅣ 遠하며 其辭ㅣ 文하며 其言이 曲而中하며
기 지 원 기 사 문 기 언 곡 이 중

其事ㅣ 肆而隱하니 因貳하야
기 사 사 이 은 인 이

以濟民行하야 以明失得之報ㅣ니라.[326]
이 제 민 행 이 명 실 득 지 보

○ 稱(일컬을 칭) 取(취할 취) 類(무리 류) 大(큰 대) 旨(맛 지, 뜻 지, 아름다울 지) 遠(멀 원) 辭(말 사) 曲(굽을 곡) 肆(진열할 사, 가게 사, 궁구할 사, 베풀 사, 방자할 사) 隱(숨길 은) 因(인할 인) 貳(의심할 이, 두 이) 濟(건질 제, 건널 제) 民(백성 민) 明(밝을 명) 失(잃을 실) 得(얻을 득) 報(갚을 보, 보고할 보, 알려줄 보)

개요槪要

역易 속에 모든 이치가 들어 있다는 것이다.

이에 대해 『주역본의周易本義』에서 '이미현천유而微顯闡幽'를 '미현이천유微顯而闡幽'로, '개이당명開而當名'을 '개당명開當名'이라고 고치는 것이 옳다고 하였는데, '개당명開當名'이라고만 하면 뜻과 운이 맞지 않으므로 '개開'자를 마저 소거한다고 말했다.

325) 『주역절중周易折中』에서는 "당명當名은 괘卦이고, 변물辨物은 상상象이다. 정언正言은 단사彖辭이고, 단사彖辭는 길흉을 붙인 것이다."라고 하였다.

326) (역은) 그 이름을 칭함은 작으나 류를 취함은 크며, 그 뜻이 원대하고 말이 문채하며, 말이 곡진하면서도 (모든 사물에)맞으며, (역이 설명하고 있는) 일이 진열되어 있으면서 (이치는) 은미하니, (이러한) 의문으로 인하여 백성의 행함을 (불선에서) 구제하여 실득의 응보를 밝힌 것이다.

각설各說

1) 기칭명야其稱名也 소小 기취유야其取類也 대大

역易의 이름은 간단하지만 그 뜻은 크다. ①기칭명야其稱名也 소小란? 이름을 일컬음이란 물건 중의 한 예를 들어 설명했다는 것이다.[327] 이름 지어주는 것은 존재의 의미부여와 일치시키는 것이다. ②기취류야其取類也 대大란? 그 작은 예例로써 대표되는 류類를 취합하고 보면 천하 이치와 만물이 그 속에 다 들어 있다.[328]

2) 기언곡이중 其言曲而中 기사사이은其事肆而隱

그 말이 곡진曲盡해서 중도中道에 맞는다.[329] 그 일(事)은 사肆(드러남)와 은隱(감춤)의 체용體用원리이다.

3) 인이인貳 이제민행以濟民行

이貳는 의심할 이貳자이다. 그러므로 백성의 의심나는 것을 풀어줘 올바른 길로 인도引導한다는 것이다.

4) 이명실득지보以明失得之報

길흉원리를 밝힌 것이다. 즉 백성이 선악善惡으로써 행동하면 하늘은 복화福禍로써 응應하여 갚는다는 것을 우리에게 알려준다는 것이다. 즉 인과응보이다.[330]

---

327) 돼지, 물고기, 화살, 진흙, 박달나무 등 하나 하나씩은 작다는 것이다.
328) 음陰의 종류, 양陽의 종류, 또는 팔괘八卦로 대표되는 종류 등
329) 비룡재천飛龍在天, 이견대인利見大人처럼 각각各各의 상황狀況에 따라 이치에 맞게 말했다.
330) 이 장은 세상의 모든 이치가 건곤으로부터 나와 『주역』속에 갖추어졌으며, 이러한 이치를 백성에게 가르침으로써 백성에게 일어나는 모든 일에 원인이 있음을 깨닫게 하여, 올바른 길로 인도하는데 있다는 것을 말했다.

○第七章

「계사繫辭」제6장의 내용을 실행하기 위해서는 덕德으로써 행하여 한다. 따라서 제7장에서는 64괘 중에서 덕행을 갖추어 모은 것을 3차례를 통해 덕의 특징과 작용과 방법을 설명하고 있다. 그러므로 삼진구덕괘三陳九德卦라고 한다. 건괘乾卦를 기본으로 하여 천도天道인 하도가 구덕괘九德卦(=用九원리)인 낙서원리를 통해서 드러나고 있다. 체십용구體十用九원리이다.[331] 건괘乾卦 삼효三爻에서 사효四爻(선후천원리)로 이섭대천利涉大川하기 위해서는 진덕수업進德修業한 군자만이 후천으로 갈 수 있다. 이때는 위험하여 조심해야 할 처지이며(履卦), 겸손한 군자(謙卦)만이 이섭대천의 주역이 될 수 있다는 것이다.

> 易之興也ㅣ 其於中古乎ㄴ뎌
> 역 지 흥 야　기 어 중 고 호
>
> 作易者ㅣ 其有憂患乎ㄴ뎌.[332]
> 작 역 자　기 유 우 환 호

○ 興(일어날 흥) 憂(근심할 우) 患(근심 환)

작역자作易者는 문왕文王과 주공周公을 말한다. 문왕文王이 세상을 근심하면서 『주역』을 연역하였으니 우환이 있다고 하였다. 상고上古의 복희伏羲씨 때는 64괘만 있었고 「괘·효사」가 없던 것을 문왕文王과 주공周公이 「괘사卦辭」와 「효사爻辭」를 붙였다.

---

331) 체십용구원리體十用九原理로 천도天道의 덕성德性을 표상表象하고 있다.
332) 역의 흥함은 그 중고시대인져 역을 지은 자는 어떤 우환이 있었을까?

각설各說

1) 기어중고호其於中古乎

은말주초殷末周初의 시대를 말한다.

2) 작역자作易者

문왕文王, 주공周公을 말한다.

3) 기유우환호其有憂患乎

성인聖人의 우환의식이다. 즉, 선천先天에서 진리眞理를 모르는 사람들에 대한 우환의식이다. 선후천을 무사히 건너도록 성인聖人이 역易을 작作하여 군자에게 자각과 실천하도록 했다는 것이다.

是故로 履는 德之基也ㅣ오
시 고   이   덕 지 기 야

謙은 德之柄也ㅣ오 復은 德之本也ㅣ오
겸   덕 지 병 야   복   덕 지 본 야

恒은 德之固也ㅣ오 損은 德之修也ㅣ오
항   덕 지 고 야   손   덕 지 수 야

益은 德之裕也ㅣ오 困은 德之辨也ㅣ오
익   덕 지 유 야   곤   덕 지 변 야

井은 德之地也ㅣ오 巽은 德之制也ㅣ라.[333]
정   덕 지 지 야   손   덕 지 제 야

○ 履(신 리(이)) 基(터 기) 謙(겸손할 겸) 柄(자루 병) 復(돌아올 복) 本(근본 본) 恒(항상 항) 固(굳을 고) 損(덜 손) 修(닦을 수) 益(더할 익) 裕(넉넉할 유) 困(괴로울 곤) 辨(분별할 변) 井(우물 정) 地(땅 지) 巽(겸손할 손, 손괘 손) 制(마를 제)

개요概要

구덕괘九德卦의 특징特徵을 설명하고 있다.

---

333) 이런 까닭으로 이履는 덕의 터요, 겸謙은 덕의 자루요, 복復은 덕의 근본이요, 항恒은 덕의 굳음이요, 손巽은 덕의 닦음이요, 익益은 덕의 넉넉함이요, 곤困은 덕의 분별함이요, 정井은 덕의 땅이요, 손巽은 덕의 지음(裁斷)이라.

1) 이履 덕지기야德之基也

천택리天澤履(䷉)는 예禮를 실천하는 괘卦이다.[334] 예절이 기초가 되어야 다른 활동이 이루어지므로 이履는 덕德의 터가 되는 것이다. 그러므로 덕지기야德之基也란 이괘履卦는 항상 두려워하고 조심, 반성하는 수양하는 뜻을 가지고 있다.[335]

2) 겸謙 칭물평시稱物平施

지산겸地山謙(䷎)은 군자지도를 말하며, 덕지병야德之柄也란 겸덕謙德을 실행하는데는 자루처럼 하라는 것이다. 물건을 잡는데는 그 자루(柄)를 잡아야 바로 쓸 수 있듯이 군자가 사람이나 일에 있어서 겸손을 잡아야 '칭물평시稱物平施'할 수 있는 것이다.[336]

3) 복復 덕지본야德之本也

지뢰복地雷復(䷗)은 본래성의 회복을 말하며, 덕지본야德之本也란 겸손과 예를 행하여 도道를 회복하다면 초구初九가 덕德의 근본이 된다는 것을 말하는 것이다.[337]

4) 항恒 덕지고야德之固也

뇌풍항雷風恒(䷟)의 항恒은 항상恒常함을 말하며, 덕지고야德之固也란 항심恒心으로 하면 덕德을 공고히 할 수 있음을 말한다. 즉 항덕恒德이다.[338]

5) 손損 덕지수야德之修也

산택손山澤損(䷨)위 손損이다. 물욕物慾을 덜어냄을 말한다. 덕지수야德之修也란 수修는 수신修身이며, 인간육신의 욕구와 욕망을 덜어내는 덕德

---

334) 履卦, 象曰 "上天下澤 履, 君子以, 辯上下, 定民志."
335) 履卦, 卦辭, "履虎尾, 不咥人 亨."
336) 『周易』, 謙卦, 「象辭」, "象曰, 地中有山 謙, 君子以, 裒多益寡 稱物平施."
337) 『周易』, 復卦, 「卦辭」, "復亨 出入无疾, 朋來 无咎. 反復其道, 七日來復, 利有攸往."
338) 『周易』, 恒卦, 「象辭」, "象曰, 雷風 恒, 君子以, 立不易方."

의 수양을 말한다.[339]

6) 익益 덕지유야德之裕也

풍뇌익風雷益(☲)의 익益이다. 덕지유야德之裕也란 위를 덜어 아래가 넉넉해짐을 말한다. 덕德을 실천함에 항상 남에게 유익되기를 힘쓰는 것이다.[340]

7) 곤困 덕지변야德之辨也

택수곤澤水困(☲)이다. 덕지변야德之辨也란 덕德의 분별이다. 곤궁할 때 사람의 덕德을 잘 분변分辨해야 함을 말한다.[341] 즉 군자지도와 소인지도의 분별을 말한다.

8) 정井 덕지지야德之地也

수풍정水風井(☲)은 낙서洛書원리, 왕도정치王道政治이다. '정井 덕지지야德之地也'라' 함은 우물이 땅처럼 움직이지 않고 만물萬物을 길러주는 확고부동한 덕德을 말한다.[342]

9) 손巽 덕지제야德之制也

중풍손重風巽(☲)의 손巽은 천도天道에 대한 겸손이다. 덕지제야德之制也란 목도木道원리로 덕德을 마름질(制裁)함을 말한다. 즉 손巽은 신명행사申命行事의 덕德으로 모든 일을 천명天命으로 행해야 함을 말한다.[343]

> 履는 和而至하고 謙은 尊而光하고
> 이   화 이 지   겸   존 이 광
> 復은 小而辨於物하고 恒은 雜而不厭하고
> 복   소 이 변 어 물   항   잡 이 불 염

339) 『周易』, 損卦, 「象辭」, "象曰, 山下有澤 損 君子以, 懲忿窒欲."

340) 『周易』, 益卦, 「象辭」, "象曰 益 損上益下, 民說无疆, 自上下下, 其道大光."

341) 『周易』, 「繫辭下」,篇 "易曰 困于石, 據于蒺藜, 入于其宮, 不見其妻 凶. 子曰 非所困而困焉, 名必辱, 非所據而據焉, 身必危, 旣辱且危, 死期將至, 妻其可得見邪."

342) 『周易』, 水風井卦, 「卦辭」 "井 改邑, 不改井, ~(後略)~「象辭」 "改邑不改井, 乃以剛中也."

343) 『周易』, 巽卦, 「象辭」, "象曰, 隨風 巽, 君子以, 申命行事."

損은 先難而後易하고 益은 長裕而不設하고
손　　선 난 이 후 이　　익　　장 유 이 불 설

困은 窮而通하고 井은 居其所而遷하고
곤　　궁 이 통　　정　　거 기 소 이 천

巽은 稱而隱하니라.[344]
손　　칭 이 은

○ 和(화할 화) 至(이를 지) 尊(높을 존) 光(빛 광) 小(작을 소) 辨(분별할 변) 物(만물 물) 雜
(섞일 잡) 厭(싫을 염) 先(먼저 선) 難(어려울 난) 後(뒤 후) 易(바꿀 역) 長(길 장) 裕(넉넉할
유) 不(아닐 불) 設(베풀 설) 窮(다할 궁) 通(통할 통) 居(있을 거) 所(바 소) 遷(옮길 천) 巽
(손괘 손) 稱(일컬을 칭) 隱(숨길 은)

개요槪要

구덕괘九德卦의 작용을 설명하고 있다.

각설各說

1) 이履 화이지和而至

　　이괘履卦(☱)의 화이지和而至는 예禮로써 몸가짐을 조심하기 때문에 남
들과 화합和合하고, 이履로서 자기가 지켜야 할 바를 도달할 수 있다.[345]
이履는 신神과 인人의 만남의 원리이다. 신인神人과 사물事物, 예禮를 확장
이다. 화和는 화합和合, 합덕合德을 의미한다.

2) 겸謙 존이광尊而光

　　겸괘謙卦(☷)의 존이광尊而光은 남을 존중함으로써 더불어 그 덕德이 빛
나는 것이다. 겸괘謙卦「단사」에서 "겸謙 존이광尊而光, 비이불가유卑而不
可踰, 군자지종야君子之終也."라고 한 뜻이 이것이다.

---

344) 이履는 화和하되 지극하고, 겸謙은 높되 빛나고, 복復은 작되 물건을 분별하고, 항恒은
섞이되 싫어하지 아니하고, 손損은 먼저는 어렵되 나중은 쉽고, 익益은 길고 넉넉하되 베풀지
아니하고, 곤困은 궁하되 통하고, 정井은 그 장소에(거할 바에) 거하되 옮기고, 손巽은 맞추되
(저울질 하되) 숨기니라.
345)『예기禮記』,「악기樂記」편에서 "禮가 通하게 되면 다툼이 사라진다.(예지즉불쟁禮至則不
爭)"라고 하였다.

3) 복復 소이변어물小而辨於物

복괘復卦(䷗)의 이양一陽이 시생始生하는 미미한 것이나, 사물을 분별하여 중정지도를 회복하는 덕이 있다.

①복復(䷗)은 인간 본래성의 회복을 말한다. 소소는 씨를 말한다.

②변어물辨於物은 주체적 자각이다. 이때 물物은 = 도道 + 기器이다(形而上·下를 모두를 말함).[346]

4) 항恒(䷟) 잡이불염雜而不厭

잡란한 것과 서로 섞여 있으나(잡雜 = 착종錯綜 = 합덕合德의미), 이를 싫어하거나 꺼리지 않고 응應하며, 그 속에서도 중정지도中正之道를 지켜 입불역방立不易方한다는 것이다. ①외호괘外互卦는 태금兌金이고, 내호괘內互卦는 건금乾金으로 단단한 덕德이 숨어 있다. ②일덕一德은 성인지도를 말한다.

5) 손損(䷨)선난이후이 先難而後易

자신을 덜어내며, 덕德을 닦는 것은 어렵고 힘든 일이나(先天은 난難), 그 덕이 닦일수록 이치理致에 순응하여 행동하니 쉽게 되는 것이다(後天은 이易).

덕을 닦아 천명天命에 순종하는 것이 『단사彖辭』에서 말한 '손익영허損益盈虛 여시해행與時偕行'인 것이다.

6) 익益(䷩) 장유이불설長裕而不設

남을 유익하게 하되 함부로 드러내지 않음을 말한다. 그 덕을 오래 넉넉하게 하되, 억지로 베풀지는 않는 것이다.

7) 곤困(䷮) 궁이통窮而通

곤困은 곤궁함이 의 극치에 이르게 됨은 변화로 통하게 됨을 말한다.[347] 주자朱子는 "몸은 곤궁하나 도는 오히려 형통하다.(신곤이도형困以

---

346) 『대학』에서는 '물이본말物而本末'이라고 한 것이다.
347) 궁窮은 선천先天의 종終이라는 의미를 가지고 있다.

道亭)"라고 하였다.

8) 정정(䷯) 거기소이천居其所而遷

사람과 물건은 다른 곳으로 옮길 수 있지만 우물은 옮길 수가 없다.[348] 다만, 사람과 만물에 물을 공급하는 덕을 행한다.

9) 손손(䷸) 칭이은稱而隱

손손은 신명神明·천명天命의 괘卦로서 사람은 명命에 따라 실천한다는 것이다. 천명天命에 순종하여 매사를 경중소대輕重大小에 따라 저울질하여 시의성에 맞도록 적절한 처리하지만 겸손하여 자신을 드러내지 않고 은밀히 한다는 것이다.[349]

履以和行코 謙以制禮코 復以自知코 恒以一德코
이 이 화 행　겸 이 제 례　복 이 자 지　항 이 일 덕

損以遠害코 益以興利코 困以寡怨코 井以辨義코
손 이 원 해　익 이 흥 리　곤 이 과 원　정 이 변 의

巽以行權하나니라.[350]
손 이 행 권

○ 和(화할 화) 行(갈 행) 制(마를 제) 禮(예도 례{예}) 德(덕 덕) 遠(멀 원) 害(해칠 해) 利(날카로울 리{이}) 寡(적을 과) 怨(원망할 원) 辨(분별할 변) 義(옳을 의) 權(저울추 권)

개요槪要

구덕괘九德卦의 실천방법을 말한다. 즉 이섭대천利涉大川의 방법을 설명하고 있다.

---

348) 그 장소에 있지만 옮겨가는 것은 시간적 의미로 차원의 전환이다.
349) 은隱은 체體로서 은밀하게 감추고 있다는 것이다.
350) 이履로써 행함을 화려하게 하고, 겸謙으로 예를 따르고, 복復으로서 스스로 알고, 항恒으로서 한결같이 하고, 손損으로서 해로움을 멀리하고, 익益으로서 이로움을 일으키고, 곤困으로서 원망을 적게 하고, 정井으로서 의義를 분별하고, 손巽으로서 저울질하면서 은미하게 행한다.

각설各說

1) 이이화행履以和行

덕德의 기틀인 이履(☱)가 '화이지和以知'하니, 이것이 바로 화합하여 행하는 것이다. 예禮를 행함이 화행和行이다.[351]

2) 겸이제례謙以制禮

덕德의 자루인 겸謙(☶)이 '존이광尊而光'하니, 그 높고도 빛나는 덕德으로 사물事物을 접대하는 예禮를 따른다는 것이다.[352] 겸손함으로 예를 따를 수 있다는 것이다.

3) 복이자지復以自知

덕德의 근본인 복復(☳)이 '소이변어물所以辯於物'하니, 그 분별하는 덕德으로 하늘로부터 부여받은 성품性品(본래성)을 회복함이 스스로 아는 것이다. 복復은 선한 본성을 자각하는 것이다.

4) 항이일덕恒以一德

덕德의 견고함인 항恒이 섞여서 조화를 이루되 본래의 굳건한 덕德을 잃지 않아 하나로 보존하는 까닭에 전일全一한 덕德이 되는 것이다. 항괘恒卦(☴)는 건괘乾卦의 대행자이다. 하나님의 덕성은 항괘(☴)를 통해서 드러난다. 체십용구體十用九의 바탕이 된다. 건乾은 십수十數로서 작용하지 않는다.

5) 손이원해損以遠害

덕德의 닦음인 손損이 자신을 닦으니, 덕을 손상시키는 인욕을 멀리할 수 있는 것이다. 즉 구덕괘로 하여 모든 덕이 갖추어졌으니, 덕의 지음인 손損(☶)이 구덕九德의 일을 마무리하는 것이다. 어려움을 헤쳐 나가는 아홉 가지 덕德이 이루어짐에, 하늘의 명命을 받아 펼치는 것이 '신명행사神

---

351) 불가佛家에서는 '문명화행文明和行'이라고 한다.
352) 『고형주역』에서 제制를 종從으로 해석하였다. 또한 통어한다, 조절한다, 절제한다는 의미도 있다.

明行事' 하는 것이다.

6) 익이흥리益以興利

덕德의 넉넉함인 익益(䷩)이 하늘의 덕을 더하여 베푸니 덕의 이익利益인 천리天理를 흥성興盛하게 하는 것이다. 바른 생각과 행동을 할수록 이로움이 생긴다는 것이다.

7) 곤이과원困以寡怨

덕德의 분별함인 곤困(䷮)이 '궁이통窮以通'하여 자신의 위치를 잃지 않으니, 낙천지명樂天知命하여 곤궁한 처지에 대한 원망을 적게 하는 것이다.

8) 정이변井以辨

덕德의 터전인 정井(䷯)이 만물을 끊임없이 기르니, 천리天理의 마땅한 의리義理를 분별하는 것이다. 즉 모든 덕德의 베풂은 정井에서 이루어지니, 음양이 서로 조화하여 만물을 이루어 서로를 이익되게 하는 것이다.[353]

9) 손이행권巽以行權

손巽(䷸)은 겸손으로써 때를 맞추어 행하는 도道이다. 권權은 저울추로써 저울로 경중輕重을 재는 것처럼 그 마땅함에 벗어나지 않아야 한다는 것이다.

---

353) 『周易』 重風巽卦, "象曰 木上有水 井, 君子以 勞民勸相."

#1 구덕괘九德卦와 체십용구원리

구덕괘는 체십용구體十用九원리로 건乾이 체體가 된다. 구덕九德을 통해서 성인지도, 천도운행원리를 표상한다. 항恒을 바탕으로 성인 지도를 밝히고 있다.

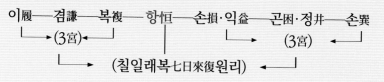

❶ 칠일래복七日來復원리 표상表象

❷ 체십용구體十用九에서는 건괘乾卦가 체體이며, 9괘는 용用이다.

❸ 용구用九원리를 낙서를 통해서 드러냄

#2 구덕괘九德卦의 특징 · 작용 · 방법

	특징	작용	방법	비고
삼 궁 三 宮	履(☱☰) 德之基也 이 덕 지 기 야	履 和而至 이 화 이 지	履以和行 이 이 화 행	
	謙(☷☶) 德之柄也 겸 덕 지 병 야	謙 尊而光 겸 존 이 광	謙以制禮 겸 이 제 예	
	復(☷☳) 德之本也 복 덕 지 본 야	復 小而辨於物 복 소 이 변 어 물	復以自知 복 이 자 지	
	恒(☳☴) 德之固也 항 덕 지 고 야	恒 雜而不厭 항 잡 이 불 염	恒以一德 항 이 일 덕	乾卦의 代行者
삼 궁 三 宮	損(☶☱) 德之修也 손 덕 지 수 야	損 先難而後易 손 선 난 이 후 역	損以遠害 손 이 원 해	豊水渙卦 遠害
	益(☴☳) 德之裕也 익 덕 지 유 야	益 長裕而不設 익 장 유 이 불 설	益以興利 익 이 흥 리	
	困(☱☵) 德之辨也 곤 덕 지 변 야	困 窮而通 곤 궁 이 통	困以寡怨 곤 이 과 원	
	井(☵☴) 德之地也 정 덕 지 지 야	井 居其所而遷 정 거 기 소 이 천	井以辨義 정 이 변 의	
	巽(☴☴) 德之制也 손 덕 지 제 야	巽 稱而隱 손 칭 이 은	巽以行權 손 이 행 권	

○第八章

易之爲書也ㅣ 不可遠이오 易之爲道也ㅣ 屢遷이라[354]
역 지 위 서 야　불 가 원　역 지 위 도 야　루 천

○ 屢(여러 루, 거듭 루, 창 루) 遷(옮길 천)

개요槪要

「계사繫辭」편 전체의 결론부분으로 중도中道를 근거로 육효중괘六爻重卦 형성의 근거를 서술하고 있다. 이것이 역도易道와 인간의 관계를 연결한 것이 군자지도이다.

각설各說

1) 역지위서야易之爲書也 불가원不可遠

역易 속의 성인군자지도와 사람들의 관계를 설명하고 있다. 왜냐하면 역도易道와 사람의 관계를 연결한 것이 역리易理이기 때문이다.

2) 위도야爲道也

역도易道, 역리易理, 성명지리性命之理를 말한다.

3) 누천屢遷

역易의 법도가 변화, 변화지도를 말한다. 역도易道는 변동하여 한곳에 머물러 있지 않고 육허六虛(상하사방上下四方, 육효괘六爻卦)의 세계를 두루 흐르는 것으로 형이상形而上과 형이하形而下의 세계를 도수度數로 출입함을 의미한다. 그러므로 누천屢遷, 변동불거變動不居, 무상无常, 유변소적唯變所適이라 하는 것이다. 따라서 역도易道가 변화지도임을 알 수 있다.

---

354) 역易의 글됨은 가히 멀지 아니함이요, (역의) 도道됨이 여러 번 옮김이라(변화지도)

變動不居하야 周流六虛하야 上下ㅣ 无常하며
변 동 불 거   주 류 육 허   상 하   무 상

剛柔ㅣ 相易하야 不可爲典要ㅣ오 唯變所適이니[355]
강 유   상 역   불 가 위 전 요   유 변 소 적

○ 變(변할 변) 動(움직일 동) 居(있을 거) 周(두루 주) 流(흐를 류(유)) 虛(빌 허) 常(항상 상) 剛(굳셀 강) 柔(부드러울 유) 爲(할 위) 典(법 전) 要(구할 요) 唯(오직 유) 變(변할 변) 所(바 소) 適(갈 적)

개요槪要

괘효역학卦爻易學의 측면으로 보면 괘효卦爻가 음陰과 양陽이 변동하여 일정한 자리에 있지 않고, 괘卦의 여섯 자리를 두루 다니며, 혹 오르기도 하고 혹 내리기도 하며, 강유剛柔가 변동하여 바뀌니, 항상恒常하게 구함(일정한 법칙)을 삼지 못하고, 오직 그 변함에 따라 나아갈 뿐이다.

각설各說

1) 변동불거變動不居

변變은 모든 사물의 변동(동정유상動靜有常)을 말한다. ㉠변동變動 : 공간 적인 변화원리 ㉡변통變通 : 시간적인 변화원리

2) 주류육허周流六虛

육허六虛란 괘卦의 여섯 효爻를 뜻한다. 그 자리에 양효陽爻가 올지 음효 陰爻가 올지 모르고, 일정한 실상實相이 없으므로 '허虛'라고 하였다. 여섯 위는 사방四方·상하上下를 뜻하기도 한다. 즉 역도易道가 시공時空과 육효 六爻 속에 흐르고 있다. ①류流는 시간, 공간, 육효중괘六爻重卦를 말한다.

3) 강유상역剛柔相易

강剛이 바뀌어 유柔가 되고, 유柔가 바뀌어 강剛이 되는 변역變易(변동變

---

355) 변變하고 움직여서 머물지 않아 여섯 빈자리에 두루하야 오르고 내림에 항상함이 없으 며, 강유剛柔가 서로 교역交易하여 전요典要를 삼을 수 없고 오직 변화하여 나아가는 바이니

動)을 말한다. 즉 강유剛柔의 상호변화이다.

4) 상하무상上下无常

항상함이 없다. 즉 교역交易(불거不居)함을 말한다.

5) 불가위전요不可爲典要

변화원리이다. 다시 말하면 육효가 상잡相雜하여 고정된 목표를 세울 수가 없었다는 것이다.

6) 유변소적唯變所適

『주역』의 이치는 오직 변하여 나아가는 것뿐이다.

其出入以度하야 **外內**애 **使知懼**하며[356)]
기 출 입 이 도　　외 내　　사 지 구

○ 使(하여금 사) 知(알 지) 懼(두려워할 구)

개요概要

『주역』의 내용과 이치가 고정되어 있지 아니하고, 들어감에 마땅할 때는 들어가고, 나감에 마땅할 때는 나가는 것이다.(道義之門, 易之門.)

각설各說

1) 기출입이도其出入以度 외내外內

출입出入은 행동이며, 외外는 행동이며, 내內는 심성내면을 말한다. 육효중괘六爻重卦의 외外·내괘內卦를 의미하기도 한다.

2) 사지구使知懼

사람으로 하여금 두려움을 알게 한다. 사효四爻의 위치位置는 삼효三爻 → 사효四爻로 가는 위치이다. 이는 선후천 변화 위치이며, 종시성終始性

---

356)(사람으로 하여금) 그 나가고 들어오는 것을 (주역의) 법도로서 하여 안과 밖에 두려움을 알게 하며,

의 원리를 나타낸다고 할 수 있다.

> 又明於憂患與故ㅣ라 无有師保ㅣ나 如臨父母하니[357]
> 우 명 어 우 환 여 고　　무 유 사 보　　여 임 부 모

개요概要

　우환과 연고를 밝힌다는 것이다. 예를 들면 박괘剝卦 육사六四에 "상상牀을 깎아 살갗에 미침이니, 흉하니라.(박상이부剝牀以膚, 흉凶)"[358]라고 하였다. 그러므로 우환을 밝히고,「소상괘小象辭」에서는 "박상이부剝牀以膚"는 재앙에 매우 가까운 것이다. "박상이부剝牀以膚, 절근재야切近災也"[359]라고 하여, 그 연고를 밝혔다는 것이다.

각설各說

1) 우명어우환여고又明於憂患與故

　미래의 근심과 현재의 환난 까닭인 우환의 연고를 밝힌다는 말이다.[360]

2) 무유사보无有師保 여임부모如臨父母

　역易은 스승의 교육과 부모의 양육은 없지만, 마치 부모父母가 사랑하는 자식을 돌보듯이 한다는 것이다.[361] 성인지도, 천지부모의 자각 문제로서 역易이 부모나 보호자처럼 우리에게 나아갈 바를 알려준다는 것이다.

---

357) 또한 우환憂患과 연고(所以然)를 밝힘이라 사보師保가 없다 하나, 부모가 임臨한 듯하니
358)『周易』剝卦,「六四爻辭」
359)『周易』剝卦,「六四小象辭」
360) 聖人之道을 공부하면 하늘이 가르쳐준다는 것이다.
361) 윗 구절의 '두려움을 알게 하며'라고 한 구절이 의義를 말한 것이라면 '부모가 옆에 있는 것과 같은 것이다'라고 한 구절은 인仁을 말한 것이다.

初率其辭而揆其方컨댄 旣有典常이어니와
초 솔 기 사 이 규 기 방　　 기 유 전 상

苟非其人이면 道不虛行하나니라.[362]
구 비 지 인　　 도 불 허 행

○ 初(처음 초) 率(거느릴 솔) 辭(말 사) 揆(헤아릴 규) 旣(이미 기) 典(법 전) 常(항상 상) 苟
(진실로 구) 非(아닐 비) 其(그 기) 道(길 도) 虛(빌 허) 行(갈 행)

개요概要

「괘사卦辭」및「효사爻辭」(기사其辭)에 쓰여 있는 방법, 이치대로 살피면 그
말 자체가 이미 일정한 법칙으로 갖추어져 있음을 알 수 있다는 것이다.

각설各說 [363]

1) 초솔기사이규기방初率其辭而揆其方

규揆는 헤아린다는 의미가 있다. 방方의 두 가지 의미는 ①공간성, 군
자지도를 의미 ②『주역』의 모든 글을 엮어서 방법(道)을 헤아려 알아본다
는 것이다. 즉 변역變易, 교역交易된 이치를 알아본다는 것이다.

2) 기유전상旣有典常

전상典常은 '불역不易'의 의미와 '상도常道'가 있다는 것이다.

3) 구비기인苟非其人

그 도를 실천할 사람이란 역도를 자각한 군자君子를 말한다.

4) 도불허행道不虛行

전상典常은 있지만 그 사람(군자)이 아니면 도道는 행해질 수 없다는 것
이다.

---

362) 처음에 그 말을 따라 그 방법을(이치를, 도리를) 헤아려 보건데는 이미 일정한(떳떳한) 법칙
과 항상함이 있거니와 진실로 그 사람이 아니면 도道가 헛되이 행해지지 않는다.
363) 규揆는 손에 거는 것을 의미하나 마음에 걸면 화택규괘이다. '전상典常'은 이미 도식화
되어 밝혀진 것이 있다는 의미한다. '기인其人'은 간군자艮君子, 역도易道를 공부하는 사람
이다. 선천말엽에 간군자艮君子가 내종유경內終有經한다.

○第九章

요지要旨

육효중괘六爻重卦의 의미를 밝히고 있다. 변화지도의 내용을 구체적으로 각 효爻를 들어서 설명하고 있다.

> 易之爲書也ㅣ 原始要終하야 以爲質也코
> 역 지 위 서 야　 원 시 요 종　　 이 위 질 야
> 六爻相雜은 唯其時物也ㅣ라.[364]
> 육 효 상 잡　 유 기 시 물 야

○ 易(바꿀 역) 爲(할 위) 書(쓸 서) 原(근원 원) 始(처음 시) 要(구할 요) 終(끝날 종) 質(바탕 질) 相(서로 상) 雜(섞일 잡) 唯(오직 유) 時(때 시) 物(만물 물)

개요槪要

시始(초효初爻, 씨, 과거過去)·종終(상효上爻, 열매, 미래未來)에 근원해서 종시終始원리를 밝힌다는 것이다. 육효중괘六爻重卦의 형성근거를 밝히고 있다. 종시終始의 중中을 삼아 괘卦의 본질로 삼는 것을 말한다.

각설各說

1) 원시요종原始要終 이위질야以爲質也

종시성終始性의 원리를 말한다. '원原'은 근원을 살피는 것으로 시작의 근원을 살피는 것이고, '질質'은 괘효의 바탕을 말한다.

2) 육효상잡六爻相雜

64중괘重卦로 섞여 있음은 역易의 이치로 알기 위함이다. 그러므로 역易에는 모든 이치를 그 속으로 내포하고 있음을 말한다.

---

364) 역易의 글됨이 시始를 근원으로 하여 종終을 요구하야, 이로써(괘의) 바탕으로(卦體)삼고, 육효六爻가 서로 섞임은 오직 그 때의 사물일(時物=시의성을 드러내는 존재(物)) 뿐이다.

> 其初는 難知오 其上은 易知니 本末也ㅣ라
> 기초　난지　기상　이지　본말야
>
> 初辭擬之하고 卒成之終하나라.[365]
> 초사의지　　졸성지종

○ 初(처음 초) 難(어려울 난) 易(쉬울 이, 바꿀 역) 知(알 지) 本(밑 본) 末(끝 말) 初(처음 초) 辭(말 사) 擬(헤아릴 의) 卒(군사 졸, 끝날 졸) 成(이룰 성) 之(갈 지) 終(끝날 종)

개요槪要

육효六爻중 상효上爻와 초효初爻에 대한 설명이다.

각설各說

1) 기초난지其初難知 기상역지본말야其上易知本末也

　처음에는 사물의 기미를 알 수 없으니 그 근본을 알아내기 어렵다는 것을 말하고 있다. 왜냐하면 씨와 뿌리는 땅 속(형이상학)에 있고, 말엽인 나뭇가지와 잎은 눈에 보이기 때문이다. ①시간은 종시終始이며, 공간空間은 본말本末로 표현한다. ②초효初爻(본本)에는 알기가 어려우나 상효上爻(말末)가 드러나면 쉽다는 것이다. 기초其初는 초효初爻(本)이며, 기상其上은 상효上爻(末)이다.

2) 초사의지初辭擬之 졸성지종卒成之終

　초효初爻에는 여러 사물, 즉 건곤乾坤에서는 용龍이나 마馬에 비유比喩했는데 이 취상取象한 사물을 잘 알아낸다면 취상取象의 의미나 방향을 알 수 있다. ①의擬는 그 말씀을 헤아려 본다. ②본本은 시始, 말末은 종終을 의미한다.

---

365) 그 처음은 알기 어렵고, 그 상上은 알기 쉬우니, (이것이) 본本과 말末이라. 처음 말은 어떤 사물에 비겨서 설명하고, (상上은) 나중(끝)에는 마치는 것(종終)을 이룬다.

若夫雜物과 撰德과 辨是與非는
약 부 잡 물　선 덕　변 시 여 비

則非其中爻ㅣ면 不備하리라.[366]
즉 비 기 중 효　불 비

○ 若(만약 약, 같을 약) 雜(섞일 잡) 物(만물 물) 撰(가릴 선, 글 지을 찬) 德(덕 덕) 辨(분별할 변) 與(줄 여) 非(아닐 비) 備(갖출 비)

개요概要 [367]

이효二爻와 오효五爻에 대한 설명이다. 이는 성인·군자지도에 대한 의미이다.

각설各說

1) 약부잡물若夫雜物

사물이 섞여 있다. 즉 길흉吉凶·회린悔吝, 장단長短·흥망興亡·성쇠盛衰가 섞여있다는 것이다.

2) 선덕撰德

섞여 있는 사물의 덕을 가려 짝한다는 것이다.

3) 변시여비辨是與非

중간효의 중中과 부중不中, 정正과 부정不正, 당當과 부당不當, 응應과 불응不應, 비比와 불비不比를 말한다.

4) 즉비기중효則非其中爻 불비不備

종시終始(초효初爻와 상효上爻)도 중요하지만 중효中爻가 아니면 갖추지 못한다는 것이다. 이때 중효中爻에 대하여 주장이 나누어진다. 첫째, 중

---

366) (처음始과 마지막終이 중요하다고 생각하나) 만약 무릇 물건의 뒤섞는 일과 (괘卦)덕을 가리는 것과 (천하의 사물을 모아서) 시是와 비非를 분변分辨하는 것은 중효中爻가 아니면 갖추지(구비하지) 못하리라.

367) 육효중괘에 대해 말하고 있다. 잡雜은 합덕合德을 의미한다. 잡물雜物·선덕撰德은 이효二爻에서 오효五爻까지를 말한다.

간中間事에서의 변화(길흉회린吉凶悔吝, 시비是非) 등이 일어날 수 있으니 중간효(이효二爻, 삼효三爻, 사효四爻, 오효五爻)도 중요하다고 주석을 한다. 둘째, 중효中爻를 이효二爻와 오효五爻인 성인·군자지도로써 인간사의 모든 길흉회린吉凶悔吝, 시비是非에 대하여 부모가 임한 것처럼 우리의 나아갈 바를 가르쳐 주고 있다. 성인·군자지도에 다 갖추어져 있다는 것이다.

따라서 필자의 소견으로는 이전해경以傳解經의 방식에 따라 후자 쪽이 전체적 의미에 더 적합하게 보인다.

噫라 亦要存亡吉凶인댄 則居可知矣어니와
희   역 요 존 망 길 흉   즉 거 가 지 의

知者ㅣ 觀其象辭하면 則思過半矣리라.[368]
지 자   관 기 단 사   즉 사 과 반 의

○ 噫(탄식할 희) 亦(또 역) 要(구할 요) 存(있을 존) 亡(망할 망) 吉(길할 길) 凶(흉할 흉) 則(곧 즉) 居(있을 거) 可(옳을 가) 知(알 지) 者(놈 자) 觀(볼 관) 彖(돼지어금니 단,단) 辭(말씀 사) 思(생각할 사) 過(지날 과) 半(반 반) 矣(어조사 의)

개요槪要

괘·효사의 중요성을 말한다. 길흉吉凶, 존망存亡, 성쇠盛衰 등 모든 사물의 이치가 내포되어 있으며, 우리가 행할 바를 제시하고 있다.

각설各說

1) 역요亦要

요要는 요약해서 요점을 말한다.

2) 즉거가지의則居可知矣

즉길則居은 바로, 당장, 그 자리에서 거居하고 있는 현재現在의 의미를 말한다. 그러므로 길흉吉凶·존망存亡을 집에 가만히 앉아서도 괘효사卦爻

---

368) 아(한숨 섞인 탄식소리), 또한 (모든 사물에 대한) 존망存亡과 길흉吉凶을 (알려고) 살피고자 할진댄, 즉(『괘사卦辭』와 「효사爻辭」) 거居해서 알 수 있으며, 지혜知慧로운 자者가 그 「단사彖辭」를 보면 곧 생각의 반半은 지나리라.

辭를 음미하면 가히 알 수 있다는 것이다.

3) 지자知者 관기단사칙사과반의觀其彖辭則思過半矣

　단사彖辭란「괘사卦辭」를 지칭하며, 지혜로운 자가「괘사卦辭」를 보면
그 괘卦의 반半은 알 수 있다는 것이다.

二與四ㅣ同功而異位하야
이 여 사　　동공 이 이 위

其善이 不同하니 二多譽코 四多懼는 近也ㄹ새니
기 선　　부 동　　이 다 예　사 다 구　　근 야

柔之爲道ㅣ不利遠者컨마는
유 지 위 도　　불 리 원 자

其要는 无咎요 其用은 柔中也ㄹ새라.[369]
기 요　　무 구　　기 용　　유 중 야

○ 與(줄 여) 同(한가지 동) 功(공 공) 異(다를 리{이}) 位(자리 위) 善(착할 선) 多(많을 다) 譽
(기릴 예) 懼(두려워할 구) 近(가까울 근) 柔(부드러울 유) 爲(할 위) 道(길 도) 利(날카로울
리) 遠(멀 원) 者(놈 자) 要(구할 요) 无(없을 무) 咎(허물 구) 柔(부드러울 유)

개요概要

이효二爻와 사효四爻에 대한 설명이다.

각설各說

1) 이여사二與四 동공이리위 同功而異位

　이효二爻와 사효四爻는 모두 음陰의 자리로 그 작용은 같으나, 인군人君
인 오효五爻와 가깝고 먼 원근遠近의 차이를 두고 설명하고 있다. 이효二
爻와 사효四爻는 음유陰柔로 그 쓰임은 같지만, 사효四爻는 오효五爻에 가
깝고, 이효二爻는 오효五爻에게 멀다. 그러므로 원근遠近에 따라 위位가

---

369) 二爻와 四爻는 功(작용)이 같으니 자리가 달라 善함이 같지 않으니, 二爻는 명예가 많고
四爻는 두려움이 많음은 君主의 자리와 가깝기 때문이다. 柔의 道는 멀리 있는 것이 이롭지
않지만은 그 중요한 요지에 허물이 없음이요, 그 씀은 柔로써 中에 있기 때문이다.

다른 것이다.

2) 기선부동其善不同

마음의 작용은 다르다. 그 좋고 나쁨이 같지 않다.

3) 이다예二多譽

이효二爻는 칭찬과 명예가 많다는 것은 이효二爻는 오효五爻에게서 먼 것이 불리하지만 허물이 없고 영예榮譽가 많다는 것은 유순득중柔順得中한 정위正位의 효爻로 중덕中德을 가지고 있기 때문이다.

4) 사다구四多懼 근야近也

사효四爻에 두려움이 있어 조심하는 마음이 많다. 왜냐하면 오효五爻인 군위君位가 가까이 있거나, 중덕中德이 없기 때문이다.

5) 유지위도柔之爲道

이효二爻는 유순중정柔順中正의 군자이다.

6) 불리원자不利遠者

오효五爻로부터 멀리 떨어져 있음이 이롭지 않다.

7) 기요무구其要无咎 기용유중야其用柔中也

이효二爻가 유순득중柔順得中한 효爻이기 때문에 영예로운 효가 됨을 말하고 있다.

> 三與五ㅣ 同功而異位하야 三多凶코
> 삼 여 오 동 공 이 이 위   삼 다 흉
> 五多功은 貴賤之等也ㄹ새니
> 오 다 공 귀 천 지 등 야
> 其柔는 危코 其剛은 勝耶ㄴ뎌.[370]
> 기 유 위 기 강 승 야

---

[370] 삼효三爻와 오효五爻는 공공(작용)이 같으나 위位(자리)가 달라서, 삼효三爻는 흉凶이 많고, 오효五爻는 공공이 많음은 귀천貴賤의 차등이 있음이니, 그 유柔는 위태롭고 그 강剛은 빼어남(이김)인져

○ 功(공 공) 異(다를 리(이)) 位(자리 위) 凶(흉할 흉) 貴(귀할 귀) 賤(천할 천) 等(가지런할 등)
危(위태할 위) 剛(굳셀 강) 勝(이길 승)

개요概要

양효陽爻인 삼효三爻와 오효五爻에 대한 설명이다.

각설各說

1) 삼여오三與五 동공이리위 同功而異位

삼효三爻와 오효五爻는 양효陽爻로써 그 쓰임은 같다. 그러나 삼효三爻
는 신하의 자리이고, 오효五爻는 인군人君의 자리이므로 그 지위가 다르
다.

2) 삼다흉三多凶 오다공 五多功

삼효三爻는 신하의 지위地位로 하괘下卦의 제일 위에 있어 위태롭고 흉
凶이 많으며, 오효五爻는 인군人君의 위位로 정위득중正位得中하면 공功이
많다는 것이다.

3) 귀천지등야貴賤之等也

이효二爻와 사효四爻는 유순한 음효陰爻로 오효五爻에 대한 원근遠近의
차이差異로 구분하지만 삼효三爻와 오효五爻는 영강정위陽剛正位한 효爻이
므로 귀천貴賤으로 구분하였다.

4) 기유위기유위其柔危 기강승야其剛勝耶

오효五爻가 비록 공功이 많은 자리지만 책임이 막중한 자리이다. 그러
므로 부정위不正位면 위태하고, 정위正位면 그 책임을 다할 수 있게 된다
는 것이다. 승勝은 이겨낸다, 빼어나다, 비교가 안된다는 의미이다.

✏️이 장章은 괘卦의 질과 효爻의 길흉吉凶 공과功過에 대해 설명함
으로써, 괘卦를 해석하는 방법을 말했다.

○第十章

삼재지도三才之道를 설명하고 있다.[371] ①천天은 심성과 원리로서의 천이요, 천도天道로서의 천이다. 그러나 삼재三才에서의 천은 본체적인 천과 현상적인 작용성까지 포함한 것이다. ②천지天地는 삼재三才에서 작용을 전제로 하는 것이다. 그러므로 삼재三才는 양지兩之작용을 위주로 하는 것이다. 따라서 천天·지地·인人이 음양으로 드러남이 삼재지도三才之道이다.

괘효역卦爻易은 공간적인 표상방법으로 군자의 실천을 전제로 한 역易이다. 괘효卦爻은 육효六爻로 구성되어 있으며, 효爻에는 양효陽爻인 구九와 음효陰爻인 육六이 있는데 구九는 현상적으로 드러나지 않는 부분이 있고, 작용은 육六으로 드러난다.

易之爲書也ㅣ 廣大悉備하야 有天道焉하며
역 지 위 서 야　광 대 실 비　　유 천 도 언

有人道焉하며 有地道焉하니 兼三才而兩之라
유 인 도 언　　유 지 도 언　　겸 삼 재 이 양 지

故로 六이니 六者는 非他也ㅣ라 三才之道也ㅣ니[372]
고　육　　육 자 는　비 타 야　　삼 재 지 도 야

---

371) 『정역』에서는 『주역』은 삼재역三才易이고, 삼극三極은 도서역圖書易으로 규정하고 있다. "육효지동六爻之動은 삼극지도야三極之道也"라고 하는 것은 육효六爻를 통해서 삼극지도三極之道가 드러난다는 것이다. 시간적인 차원에서 역리易理를 말씀하신 것은 도서역圖書易이고, 공간적인 작용에서 역리易理를 말씀하신 것은 괘효역卦爻易이다. 그러므로 용구用九는 용육用六에서 드러난다. 이것은 구육九六의 합덕을 의미한다. 원리의 측면에서 하도河圖의 작용은 구九로, 낙서洛書의 작용은 육六으로 드러나고, 후천后天은 하도河圖원리로 드러난다고 한다.

372) 역易의 글됨이 광대하여 (세상의 理致를) 모두를 구비해서 천도天道도 있고 인도人道도 있고 지도地道도 있으니, 삼재三才를 겸하여 둘로 하나니라. 그러므로 육六이니, 육六은 다름이 아니라 삼재三才의 도道이니

○ 廣(넓을 광) 大(큰 대) 悉(다 실) 備(갖출 비) 有(있을 유) 天(하늘 천) 道(길 도) 焉(어찌 언) 有(있을 유) 人(사람 인) 道(길 도) 有(있을 유) 地(땅 지) 兼(겸할 겸) 三(석 삼) 才(재주 재) 而(말 이을 이) 兩(두 양(량)) 非(아닐 비) 他(다를 타)

개요槪要

겸삼재양지兼三才兩之로 보면 육효六爻 중에서 ①초효初爻와 이효二爻는 지도地道. ②삼효三爻와 사효四爻는 인도人道 ③오효五爻와 상효上爻는 천도天道이다.[373]

각설各說

1) 광대실비廣大悉備 유천도언有天道焉 유인도언有人道焉
   유지도언有地道焉

천지지도의 관점에서 보면, 광廣은 지도地道이고, 대大는 천도天道이다. 그리고 천도天道는 시간성원리이며, 인도人道는 도덕원리이다. 광廣은 지地이며, 대大는 하늘이다.

2) 겸삼재이양지兼三才而兩之

삼재三才 모두가 양지兩之작용을 한다. 양兩은 음양을 말한다. 즉 삼재三才를 겸하여 음양작용을 시킨다는 의미이다. 삼효단괘三爻單卦는 위치이지 작용하는 것은 아니다. 음양이 작용하는 것이다.[374]

천天	⇨ 양지兩之	상上	--	천도天道	음陰	상효上爻	← 육효형성 六爻形成
			—		양陽	오효五爻	
인人	⇨ 양지兩之	중中	--	인도人道	음陰	사효四爻	
			—		양陽	삼효三爻	
지地	⇨ 양지兩之	하下	--	지도地道	음陰	이효二爻	
			—		양陽	초효初爻	

---

373) 『주역집해周易集解』에서 우번은 "일이위一二謂 지도地道, 삼사위三四謂 인도人道, 오육위五六謂 천도天道"라고 하였다.
374) 삼천양지三天兩地와 삼지양천三地兩天
①三天兩地: 1·3·5 (三天)와 2·4(兩地)
②三地兩天: 6·8·10(三地)과 7·9(兩天)

원래의 바탕은 삼재지도三才之道이지만 삼재三才를 겸겸兼하여 천도天道에는 음양陰陽이 있고, 인도人道에도 음양陰陽이 있고, 지도地道에도 음양陰陽이 있으니, 이러한 양지兩之작용이 합합하여 육효六爻가 생성되는 것이다.[375]

道有變動이라 故曰爻ㅣ오 爻有等이라 故曰物이오
도 유 변 동　　　 고 왈 효　　　 효 유 등　　　 고 왈 물

物相雜이라 故曰文이오 文不當이라
물 상 잡　　　 고 왈 문　　　 문 부 당

故로 吉凶이 生焉하니라[376]
고　　 길 흉　　 생 언

○ 道(길 도) 有(있을 유) 變(변할 변) 動(움직일 동) 故(옛 고) 爻(효 효) 等(가지런할 등) 物(만물 물) 相(서로 상) 雜(섞일 잡) 文(무늬 문) 不(아닐 불) 當(마땅할 당)

개요概要

효爻의 변동變動으로 길흉吉凶이 생생生함을 설명하고 있다.

각설各說

1) 도유변동道有變動 고왈효故曰爻

천하의 모든 움직임을 본받은 것이 효爻이다. 삼재지도의 변화. 천도天道의 변화가 공간으로 드러나면 사시四時이다.

2) 효유등爻有等 고왈물故曰物

효爻에는 귀천貴賤·원근遠近의 시간적인 차이 혹은 등차等次가 있다.[377] 물物은 음양의 물상物象을 말한다.

---

375) 육효六爻는 삼재지도三才之道가 바탕이 된 것이다.
376) 도道가 변동이 있음이라, 그러므로 가로되 효라, 효에도 차등이 있음이라, 그러므로 가로되 물이오, 물은 서로 섞임이라 그러므로 가로되 문(문체)이오, 문이 자리에 마땅하지 않음이라 길흉이 생하니라.
377) 『周易』「繫辭下」篇 제9장 참조

3) 물상잡물相雜 고왈문故曰文

양물陽物과 음물陰物, 물건의 귀천貴賤과 원근遠近을 나타낸 것이 '문文'이다. 즉, 음물陰物과 양물陽物로 이루어진 다양한 문체를 말한다(득·실위得失位, 정·부정위正·不正位, 응비應非, 친비親比 관계의 마땅함을 말한다).

> ✎똑같이 '역지위서야易之爲書也'로 시작한 제8장은 역도易道를, 제9장은 육효六爻의 효체爻體를, 제10장은 육효六爻의 효용爻用을 말한 것이다.

○第十一章

구체적인 역사적 사실을 통해서 군자지도, 선후천변화 설명하고 있다.

易之興也ㅣ 其當殷之末世周之盛德耶ㄴ뎌
역 지 흥 야 기 당 은 지 말 세 주 지 성 덕 야

當文王與紂之事耶ㄴ뎌.
당 문 왕 여 주 지 사 야

是故로 其辭ㅣ 危하야 危者를 使平하고 易者를 使傾하니
시 고 기 사 위 하야 위 자 사 평 이 자 사 경

其道ㅣ 甚大하야 百物을 不廢하나
기 도 심 대 백 물 불 폐

懼以終始는 其要ㅣ 无咎ㅣ리니 此之謂易之道也ㅣ라.[378]
구 이 종 시 기 요 무 구 차 지 위 역 지 도 야

○ 易(바꿀 역) 興(일 흥) 當(당할 당) 殷(성할 은) 世(인간 세) 周(두루 주) 盛(담을 성) 德(덕 덕) 耶(어조사 야) 與(줄 여) 紂(껑거리끈 주) 是(옳을 시) 故(옛 고) 辭(말씀 사) 危(위태할 위) 使(하여금 사) 平(평평할 평) 傾(기울 경) 甚(심할 심) 百(일백 백) 物(만물 물) 廢(폐할 폐) 懼(두려워할 구) 終(끝날 종) 始(처음 시) 要(구할 요)

인간에게 있어서는 소인小人인 주紂와 성인聖人인 문왕文王을 구체적으로 예를 들면서 소인지도에서 군자지도로 변화하는 것이 선후천 변화 원리임을 밝히고 있다. 그리고 역도易道의 요점이 무구无咎에 있음을 말한다.

---

378) 역易이 일어남이 은말殷末과 주周나라가 덕이 성할 때 해당되는가 보다. 문왕과 주紂의 일에 해당하는 것인가. 그러므로 그 말이 위태로워, 위태롭게 여기는 자를 평안하게 하고, 쉽게 여기는 자를 기울어지게 하였으니, 그 도道가 매우 커서 온갖 일을 폐하지 않으나 두려워하여 마치고 시작하는 것은 그 필요할 때(요체가) 허물이 없으리니, 이것을 일러 역易의 도道라.

각설各說

1) 기사위其辭危

문왕文王이 후세 사람들을 경계하기 위하여 「괘사卦辭」를 지었으므로 그 말이 위태한 것이다.

2) 위자사평危者使平 역자사경易者使傾

말씀을 두려워하는 자는 평안하게 하고, 쉽게 생각하여 자만하고 경솔한 자는 위태롭게 한다

3) 기도심대其道甚大 백물불폐百物不廢

역도易道는 심히 커서 모든 일을 다 포함하여 버리는 것이 없다. 백물百物이란 하도·낙서의 합수를 말한다.

4) 구이종시懼以終始 기요무구其要无咎 차지위역지도야此之謂易之道也

두려워하면서 시작始作부터 끝까지 순천順天의 도리道理를 다하면 허물이 없게 하는 것이 역도易道이다. 기요무구其要无咎는 정도正道로 살아가는 대형이정大亨利貞의 삶이요, 역易의 목표이다. 역도易道의 변화는 종시終始원리이다.

✐이 장은 항상 조심하고 경건한 마음으로 살아가는 것이, 역도易道와 합치合致된다는 것을 밝히고 있다.

○第十二章

총론總論

결론 중의 결론으로 건곤지도를 언급하고 있다.

> 夫乾은 天下之至健也ㅣ니 德行이 恒易以知險하고
> 부 건　천 하 지 지 건 야　　덕 행　항 이 이 지 험
> 夫坤은 天下之至順也ㅣ니 德行이 恒簡以知阻하나니[379]
> 부 곤　천 하 지 지 순 야　　덕 행　항 간 이 지 조

○ 夫(지아비 부) 乾(하늘 건) 至(이를 지) 健(튼튼할 건) 德(덕 덕) 行(갈 행) 恒(항상 항) 易 (쉬울 이, 바꿀 역) 以(써 이) 知(알 지) 險(험할 험) 坤(땅 곤) 順(순할 순) 簡(대쪽 간) 阻(험 할 조)

개요槪要

　이간지도易簡之道(용구용육用九用六 = 성인聖人·군자지도君子之道)와 험조지 도險阻之道(=소인지도小人之道)를 말하고 있다. ①천도天道가 드러난 입장에 서 건곤지도乾坤之道를 말하고 있다. ②괘명卦名이 거론될 때는 항괘恒卦 (성인지도)의 의미가 내면에 깔려 있다.

　효변설爻變說로 살펴보면, 양陽이 처음 나오기 시작하는 복괘復卦(䷗)는 위에 다섯 음陰이 험한 어려움으로 있고, 음陰이 처음 나오기 시작하는 구괘姤卦(䷫)는 위에 다섯 양陽이 험한 어려움에 처해 있다. 이러한 어려 움을 알아 망동하지 않고 건도에 순종하는 덕으로 행하면 복괘復卦(䷗)는 건괘乾卦(䷀)(이易)가 되고, 구괘姤卦(䷫)는 곤괘坤卦(䷁)(간簡)가 될 수 있는 것이다.

---

379) 건乾은 천하의 지극히 굳셈이니 덕행이 항상 쉬움으로서 험함을 알고, 곤坤은 천하의 지 극히 순順함이니 덕행이 항상 간략함으로서 막힘을 안다.

각설各說

1) 항역이지험恒易以知險

건도乾道는 항상 쉬움으로써 험함을 안다는 것이다. 험조險阻란 소인지도이다.[380]

2) 항간이지조恒簡以知阻

곤도坤道는 간단함으로써 험함을 안다는 것이다. 항간恒簡은 군자지도를 말한다.

能說諸心하며 能研諸(侯之)慮하야 定天下之吉凶하며
능 열 저 심　　　능 연 저 후 지 려　　　정 천 하 지 길 흉
成天下之亹亹者ㅣ니[381]
성 천 하 지 미 미 자

○ 能(능할 능) 說(기쁠 열, 말씀 설) 諸(모든 저) 心(마음 심) 研(갈 연) 侯(물을 후, 징조 후, 날씨 후, 과녁 후, 제후 후) 慮(생각할 려(여)) 成(이룰 성) 亹(힘쓸 미)

개요槪要

천지지도天地之道 안에 천하天下의 길흉吉凶이 정해져 있으니 사람들은 이것을 얻기 위해 노력하라는 것이다.

각설各說

1) 능열저심能說諸心 (천도天道)

하늘의 일 ⇨ 형이상학의 마음 ⇨ 변화를 의미한다.[382] 저 마음으로 능

---

380) 험험險은 수산건괘水山蹇卦를 의미한다.
381) 저 마음으로 능히 기뻐하고 저 (징후에 대한) 생각으로 능히 연구하여 천하의 길흉을 정하며, 천하의 노력하고 힘씀을 이루는 것이니,
382) 주자朱子는 『주역본의周易本義』에서 "'능열제심能說諸心'하는 것은 乾의 일이므로 '정천하지길흉定天下之吉凶'할 수 있고, '능연지려研之慮'하는 것은 곤坤의 일이므로 '성천하미미자成天下之亹亹者'할 수 있다."라고 하였다.

히 기뻐한다는 것은 열說은 태兌(백성百姓)이며, 왕도정치의 실현이다.

2) 능연저能研諸(후지侯之)려慮 (지도地道)[383]

제후지諸侯之를 징후에 대한 뜻이나 물음의 의미로 본다면 천지지도와 천지운행의 모든 이치를 능히 궁구하라는 의미로 해석할 수 있다. 반면에 후지侯之를 연문으로 보면 저 생각으로 능히 연구하라는 것이다.

3) 정천하지길흉定天下之吉凶

천하는 군자의 세계이다. 천지의 이치에 따라 천하의 길흉이 정해짐을 말한다.

4) 성천하지미미자成天下之亹亹者

천하의 모든 사람으로 하여금 노력하고 힘쓰며 이루어지게 한다는 것.[384]

是故로 變化云爲에 吉事ㅣ 有祥이라
시 고   변 화 운 위   길 사   유 상

象事하야 知器하며 占事하야 知來하나니[385]
상 사   지 기   점 사   지 래

○ 是(옳을 시) 變(변할 변) 化(될 화) 云(이를 운) 爲(할 위) 吉(길할 길) 事(일 사) 有(있을 유) 祥(자세할 상) 象(코끼리 상) 知(알 지) 器(그릇 기) 占(점 점) 來(올 래)

---

383) 주자朱子는『주역본의周易本義』에서 "후지侯之' 두 글자는 연문衍文이다. 마음에 기쁘다는 것은 마음이 이치와 더불어 맞음이니 건乾의 일이요, 생각에 연구한다는 것은 이치가 생각으로 인하여 살펴짐이니 곤坤의 일이다. 마음에 기쁘기 때문에 길흉吉凶을 정할 수 있고, 생각에 연구하기 때문에 힘써야 할 일을 이룰 수 있는 것이다.((侯之二字, 衍 說諸心者, 心與理會, 乾之事也, 研諸慮者, 理因慮審, 坤之事也. 說諸心, 故有以定吉凶, 研諸慮, 故有以成.)"라고 하였다.

384) 이 내용을 도식화 하면 다음과 같다.

| 능열저심能說諸心 ------------ 건지사야乾之事也 - 형이상학적 심心 - 변화變化 |
| 능연저(후지)려能研諸(侯之)慮 --- 곤지사야坤之事也 - 형이하학적 사事 - 운위云爲 |

385) 이런 까닭으로 변화(음양변화)하고, 운위云爲(말함과 일함)함에 길한 일에 상서로움이 있다. (어떤)일을 형상하여 기물器物을 알며, (어떤)일을 점쳐서 미래를 안다 하나니.

개요槪要

이런 까닭으로 음양의 변화와 인사人事의 언행에 서로 합치하여 나간다면 길한 조짐이 있을 것이다. 이러한 이치를 괘卦로써 형용形容하여, 그에 해당하는 과거나 현재의 일 또는 사물의 형체를 알며, 일의 조짐을 보고 점占을 하여 미래의 일을 아는 것이다.

각설各說

1) 변화운위變化云爲 길사유상吉事有詳

변화원리로써 천지중심이다. 천도인 음양에 근거하여 언행을 한다면 길吉하고 상서로움이 있다는 것이다. ①변화變化는 음양변화현상을 말한다. ②운위云爲는 말함과 일함(행동)을 의미한다. ③길사吉事는 성인지도를 밝히므로 상서로움이 있다.

2) 상사지기象事知器

'상사象事'는 형이상학, 괘상원리이다. 괘효에는 군자의 덕이 들어 있다. ㉠사事는 시간적 존재로 무형, 상象은 공간적 차원으로 상징한다. ㉡시時는 형이상학적 표현, 시간은 공간적인 표현이다.

'지기知器' 기器는 문물제도를 의미이며, 문물제도는 예禮로서 드러난다. 또는 형이하학, 사덕원리, 괘효역을 말하기도 한다.

3) 점사지래占事知來

시초점蓍草占을 쳐서 미래를 안다. 수數로 드러낸다는 의미이다. ①점서占事는 시초점, 해아림을 극한다는 것이다. ②지래知來란 미래를 안다는 것이다.

변화운위變化云爲 – 상사지기象事知器(중정지도中正之道)
길사유상吉事有祥 – 점사지래占事知來(극수지래지점極數知來之占)

> 天地設位에 聖人이 成能하니
> 천지설위   성인   성능
>
> 人謀鬼謀에 百姓이 與能하나니라.[386]
> 인모귀모   백성   여능

○ 天(하늘 천) 地(땅 지) 設(베풀 설) 位(자리 위) 聖(성스러울 성) 成(이룰 성) 能(능할 능) 謀 (꾀할 모) 鬼(귀신 귀) 謀(꾀할 모) 與(줄 여)

개요槪要

괘효로 말하면, 천지설위天地設位(건乾·곤괘坤卦), 성인聖人(진괘震卦), 인모 人謀(군자君子·간괘艮卦), 귀모鬼謀(신도神道·손괘巽卦), 백성百姓(태괘兌卦)이다.

각설各說

1) 천지설위天地設位

하늘은 위에 있고 땅은 아래에 자리하여 그 위치를 바로 정(天地定位)함에, 그 상이相異에서 뇌雷·풍風·수水·화火·산山·택澤이 각기 자신의 자리를 정定한다.[387]

2) 성인성능聖人成能

이것을 성인聖人이 보고 팔괘와 「괘사」와 「효사」를 능히 이룬다는 것이다.[388]

3) 인모귀모人謀鬼謀

①인모人謀란 사람이 괘卦를 보고 길흉을 알아냄. ②귀모鬼謀는 성인聖人이 귀신이 하고자 바를 사람에게 고지告知하는 것이다.

---

386) 천지설위는 선후천변화를 말하기도 한다. 천지가 자리를 베풂에 성인이 능함을 이루니, 사람에게 도모하고 귀신에게 도모함에 백성이 능히 참여한다는 것이다.

387) 복희괘도는 중中이 없고 인격성이 드러나지 않은 상태이다. 문왕괘도에 중中(오황극五皇極)이 드러난다. 인격성이 드러난다는 의미이다. 후천后天은 성정性情이 드러난다, 성덕成德이 완성된다는 것을 말한다.

388) 주자는 『주역본의』에서 "천지天地가 자리를 베풂에 성인聖人이 역易을 지어 그 공功을 이루니,(天地設位, 而聖人作易, 以成其功.)"라고 하였다.

八卦는 以象告하고 爻象은 以情言하니
팔괘   이상고   효단   이정언

剛柔ㅣ 雜居而吉凶을 可見矣라.[389]
강유   잡거이길흉   가견의

○ 八(여덟 팔) 卦(걸 괘) 以(써 이) 象(코끼리 상) 告(알릴 고) 爻(효 효) 彖(단 단) 情(뜻 정) 言(말씀 언) 剛(굳셀 강) 柔(부드러울 유) 雜(섞일 잡) 居(있을 거) 吉(길할 길) 凶(흉할 흉) 可(옳을 가) 見(볼 견)

개요概要

팔괘八卦는 각자各者가 형상하는 상象으로써 보이고, 「효사」와 「괘사」는 그 '험險하다' 혹은 '쉽다' 하는 뜻으로써 말하니, 양효陽爻와 음효陰爻가 섞임으로써 길吉하고, 흉凶함이 나타나는 것이다. 진괘震卦는 우뢰의 상象으로 동動하는 성질이고, 간괘艮卦는 산의 형상으로 그치는 성질이라는 등 8괘는 괘상卦象으로써 나타내는 것이므로 보인다는 뜻의 ①고告를 썼고, 「괘사」와 「효사」는 말로써 길흉吉凶을 맨 것이므로 ②언言이라고 하였다. ③상고象告는 양효陽爻 또는 음효陰爻 등 한 효爻씩으로도 볼 수 있고, 소성괘小成卦 또는 대성괘大成卦로도 풀이가 된다.

각설各說

1) 팔괘八卦

팔괘八卦로 괘상卦象으로 알려주고, 효爻와 단彖은 64괘로 뜻을 말하는 것이니 음陰·양효陽爻가 섞여 있음으로 길흉吉凶을 볼 수 있는 것이다.

2) 이상고以象告

상象을 통해 - 고告는 - 위에서 아래로 보여준다.

3) 효단爻彖

단彖은 군자·소인지도나 길흉회린을 판단

---

389) 팔괘는 상으로써 고告하고, 효와 단은 정情으로써 말하니, 강과 유가 섞이어 거함에 길과 흉을 볼 수 있음이라.

4) 강유잡거이길흉剛柔雜居而吉凶

잡雜은 음양陰陽의 잡雜(합덕合德의미 내포)이다. 강유剛柔가 섞여 거居함에 길흉이 있다.

變動은 *以利言*하고 吉凶은 *以情遷*이라
변 동　　이 이 언　　길 흉　　이 정 천

故로 愛惡ㅣ 相攻而吉凶이 生하며
고　애 오　상 공 이 길 흉　생

遠近이 相取而悔吝이 生하며
원 근　상 취 이 회 린　생

情僞ㅣ 相感而利害ㅣ 生하나니 凡易之情이
정 위　상 감 이 이 해　생　　범 역 지 정

近而不相得하면 則凶或害之하며 悔且吝하나니라.[390]
근 이 불 상 득　　즉 흉 혹 해 지　　회 차 린

○ 變(변할 변) 動(움직일 동) 利(날카로울 리(이)) 言(말씀 언) 吉(길할 길) 凶(흉할 흉) 情(뜻 정) 遷(옮길 천) 愛(사랑 애) 惡(악할 악) 相(서로 상) 攻(칠 공) 遠(멀 원) 近(가까울 근) 取(취할 취) 悔(뉘우칠 회) 吝(인색할 인) 僞(거짓 위) 感(느낄 감) 害(해칠 해) 凡(무릇 범) 易(바꿀 역) 得(얻을 득) 則(곧 즉) 或(혹 혹) 且(또 차)

개요概要

역학易學을 하는 사람의 마음가짐은 성인지도聖人之道를 자각하여 군자지도君子之道를 실천하겠다는 뜻을 마음에 새겨야 한다. 역易을 가까이 했으면서도 그 가르침을(하늘과 상득相得히여 중도中道를 얻지 못하면) 따르지 않으면 하늘의 뜻에 거역拒逆하는 것이 되어 해로움이 있게 된다는 것이다.

---

390) 변하고 움직이는 것은 이로움으로서 말하고, 길흉은 효가 처해 있는 상황에 따라 옮겨 감이라, 이 때문에 사랑함과 미워함이 서로 공격하여 길흉이 생기며, 멀고 가까움이 서로 취하여 뉘우침과 부끄러운 일(悔吝)이 생기며, 참됨과 거짓이 서로 교감하여 이로움과 해로움이 생겨나니, 무릇 역의 모든 뜻이 가까우면서 서로가 얻지 못하면 흉하거나 혹은 해害로우며, 뉘우치고 또 부끄럽게 된다.

각설各說

1) 변동이리언變動以利言 길흉이정천吉凶以情遷

음양이 변화하여 만물이 생기니, 개물성무開物成務의 이치에 통하여 만물을 이롭게 하는 것이다. 이러한 변동(변變은 천天이며, 동動은 인人이다)은 이로움과 해로움에 따라 움직이는 것이니 이로써 말하는 것이고, 길흉은 이치에 순종하느냐?(吉) 거역하느냐?(凶)에 따라 달라지니, 효가 처해진 상황에 따라 뜻의 옮김으로써 나타난다.[391]

2) 애악상공이길흉생愛惡相攻而吉凶生

군자지도를 좋아하고 소인지도를 미워하는 행동에 따라 길흉吉凶이 생한다. 상공相攻은 군자지도는 인도引渡요, 소인지도는 공격攻擊이다.

3) 원근遠近 상취이회린생相取而悔吝生

먼 것을 취하고 가까운 것을 취함에 따라 뉘우침과 인색吝嗇함이 생긴다는 것이다.

4) 정위상감이리해情僞相感而利害 생生

참되고 옳은 것(바른 자리)과 거짓된(부당한 자리)에 따라 이해利害가 나타난다.

5) 범역지정근이불상득凡易之情近而不相得 칙흉혹해지則凶或害之 회차린 悔且吝

『주역』을 가까이 하고도 가르침대로 하지 않는 것이다. 『주역』을 가까이 했으므로, 어떻게 행해야 될지 알면서도 그릇되게 행동하므로 벌을 받는다.[392] 역易의 이치는 가까운데서 서로 얻지 못하면 그 결과가 흉凶

---

391) 천遷은 변화하는 것이다. 정情은 효가 처해있는 상황에 따라 길흉이 변하는 것을 말한다. 이에 대하여 『주역절중』에서는 "사랑하는 것과 미워하는 것이 서로 공격한다 '애악상공愛惡相攻' 이하는 모두 '길흉이정천吉凶以情遷'에 관한 일을 말하는 것으로 육효의 상황과 「효사爻辭」로 밝히고 있다.(愛惡相攻以下, 皆言, 吉凶以情遷之事, 而以六爻之情與辭明之)"라고 하였다.
392) 또는 효爻끼리 응應, 정正, 비否관계로 서로 가까우면서도 어긋나는 것에 비유한 것.

하거나 해害하면 뉘우치고, 또 부끄럽기도 한 것이다. 하늘의 뜻에 거역하는 것이 되어 해로움이 있게 되는 것이다.

將叛者는 其辭ㅣ 慙하고 中心疑者는 其辭ㅣ 枝하고
장 반 자　기 사　참　　중 심 의 자　　기 사　　기

吉人之辭는 寡하고 躁人之辭는 多하고
길 인 지 사　과　　조 인 지 사　　다

誣善之人은 其辭ㅣ 游하고
무 선 지 인　기 사　유

失其守者는 其辭ㅣ 屈하니라[393]
실 기 수 자　기 사　굴

○ 將(장차 장) 叛(배반할 반) 者(놈 자) 辭(말 사) 慙(부끄러울 참) 中(가운데 중) 心(마음 심) 疑(의심할 의) 枝(가지 지) 吉(길할 길) 寡(적을 과) 躁(성급할 조) 多(많을 다) 誣(무고할 무) 善(착할 선) 游(헤엄칠 유) 失(잃을 실) 守(지킬 수) 屈(굽을 굴)

개요概要

『주역』은 군자지도를 표상하고 있다. 따라서 군자지도를 표상하고 있는 겸괘謙卦로 「계사繫辭」 전체를 마무리 하는 것이다.

각설各說

1) 장반자將叛者 기사참其辭慙

　반叛은 반역이 아니라 진실한 믿음을 버리는 것이다.

2) 중심의자中心疑者 기사지其辭枝

　지枝는 말이 혼란하여 일치되지 않는 것을 말한다.

---

393) 장차 배반할 자는 그 말이 부끄럽고, 중심이 의심스러운 자는 그 말이 산만하고, 길한 사람의 말은 적고, 조급한 사람의 말은 많고, 선을 모함하는 사람은 말이 왔다 갔다 하고, 그 지킴을 잃은 자는 그 말이 굽힌다.

3) 실기수자失其守者 기사굴其辭屈

수守는 지조를 지키는 것이다. 자신의 주관이 없이 필요에 따라 말을 비굴하게 바꾸는 것이다.

> 🖉 「계사상繫辭上」편은 『주역』 상경上經과 같이 천도天道(형이상학적)를, 「계사하繫辭下」편은 『주역』 하경下經과 같이 인도人道(형이하학적)를 중심으로 설명하였다.

四

주역원문周易原文

乾은 元코 亨코 利코 貞이니라.

初九는 潛龍이니 勿用이니라.　　　　　　　　(天風姤)

九二는 見龍在田이니 利見大人이니라.　　　　(天火同人)

九三은 君子ㅣ 終日乾乾하야 夕惕若하면 厲하나 无咎리라.

　　　　　　　　　　　　　　　　　　　　　(天澤履)

九四는 或躍在淵하면 无咎ㅣ리라.　　　　　　(風天小畜)

九五는 飛龍在天이니 利見大人이니라.　　　　(火天大有)

上九는 亢龍이니 有悔리라.　　　　　　　　　(澤天夬)

用九는 見群龍호대 无首하면 吉하리라.

彖曰 大哉라 乾元이여 萬物이 資始하나 乃統天이로다.

　　　雲行雨施하야 品物이 流形하나니라.

　　　大明終始하면 六位時成하나니 時乘六龍하야

　　　以御天하나니라.

　　　乾道變化에 各正性命하나니 保合大和하야 乃利貞이니라.

　　　首出庶物에 萬國이 咸寧하나니라.

象曰 天行이 健하니 君子ㅣ 以하야 自彊不息하나니라.

　　　潛龍勿用은 陽在下也ㅣ오　　 見龍在田은 德施普也ㅣ오

　　　終日乾乾은 反復道也ㅣ오　　 或躍在淵은 進이 无咎也ㅣ오

　　　飛龍在天은 大人造也ㅣ오　　 亢龍有悔는 盈不可久也ㅣ오

　　　用九는 天德은 不可爲首也ㅣ라

文言曰 元者는 善之長也ㅣ오 亨者는 嘉之會也ㅣ오
利者는 義之和也ㅣ오 貞者는 事之幹也ㅣ니
君子ㅣ 體仁이 足以長人이며, 嘉會ㅣ 足以合禮ㅣ며
利物이 足以和義ㅣ며 貞固ㅣ 足以幹事ㅣ니
君子ㅣ 行此四德者ㅣ라 故로 曰乾元亨利貞이니라.

初九曰 潛龍勿用은 何謂也오
子ㅣ曰 龍德而隱者也ㅣ니 不易乎世하며 不成乎名하야
遯世无悶하며 不見是而无悶하야 樂則行之하고
憂則違之하야 確乎其不可拔이 潛龍也니라

九二曰 見龍在田利見大人은 何謂也오
子曰 龍德而正中者也ㅣ니 庸言之信하며 庸行之謹하야
閑邪存其誠하며 善世而不伐하며 德博而化ㅣ니
易曰 見龍在田利見大人이라하니 君德也ㅣ라.

九三曰 君子終日乾乾夕惕若厲无咎는 何謂也오
子曰 君子ㅣ 進德修業하나니 忠信이 所以進德也ㅣ오
修辭立其誠이 所以居業也ㅣ라
知至至之라 可與幾也ㅣ며 知終終之라 可與存義也ㅣ니
是故로 居上位而不驕하며 在下位而不憂하나니
故로 乾乾하야 因其時而惕하면 雖危나 无咎矣리라.

九四曰 或躍在淵无咎는 何謂也오
子曰 上下无常이 非爲邪也ㅣ며 進退无恒이 非離群也ㅣ라
君子進德修業은 欲及時也ㅣ니 故로 无咎ㅣ니라.

九五曰 飛龍在天利見大人은 何謂也오

　　　子曰 同聲相應하며 同氣相求하야

　　　水流濕하며 火就燥하며 雲從龍하며 風從虎 라

　　　聖人이 作而萬物이 覩하나니 本乎天者는 親上하고

　　　本乎地者는 親下하나니 則各從其類也 니라.

上九曰 亢龍有悔는 何謂也 오

　　　子曰 貴而无位하며 高而无民하며 賢人이

　　　在下位而无輔 라 是以動而有悔也 니라.

潛龍勿用은 下也 오　　見龍在田은 時舍也 오

終日乾乾은 行事也 오 或躍在淵은 自試也 오

飛龍在天은 上治也 오 亢龍有悔는 窮之災也 오

乾元用九는 天下 治也 라.

潛龍勿用은 陽氣潛藏 오

見龍在田은 天下 文明이오 終日乾乾은 與時偕行이오

或躍在淵은 乾道 乃革이오 飛龍在天은 乃位乎天德이오

亢龍有悔는 與時偕極이오　　乾元用九는 乃見天則이라

乾元者는 始而亨者也 오 利貞者는 性情也 라

乾始 能以美利로 利天下하니 不言所利하니 大矣哉 라

大哉라 乾乎여 剛健中正純粹 精也 오 六爻發揮는

旁通情也 오 時乘六龍하야 以御天也 니 雲行雨施 라

天下平也니라

(初九)　君子ㅣ 以成德爲行하나니 日可見之ㅣ 行也ㅣ라
　　　　潛之爲言也는 隱而未見하며 行而未成이라
　　　　是以오 君子ㅣ 弗用也하나니라.

(九二)　君子ㅣ 學以聚之하고 問以辨之하며 寬以居之하고
　　　　仁以行之하나니 易曰 見龍在田利見大人이라하니
　　　　君德也ㅣ라.

九三은　重剛而不中하야 上不在天하며 下不在田이라
　　　　故로 乾乾하야 因其時而惕하면 雖危나 无咎矣리라.

九四는　重剛而不中하야 上不在天하며 下不在田하며
　　　　不在人이라 故로 或之하니 或之者는 疑之也ㅣ니 故로
　　　　无咎ㅣ라.

(九五)　夫大人者는 與天地合其德하며 與日月合其明하며
　　　　與四時合其序하며 與鬼神合其吉凶하야
　　　　先天而天弗違하며 後天而奉天時하나니
　　　　天且弗違온 而况於人乎ㅣ며 况於鬼神乎ㅣ여

(上九)　亢之爲言也는 知進而不知退하며 知存而不知亡하며
　　　　知得而不知喪이니 其唯聖人乎아
　　　　知進退存亡而不失其正者ㅣ 其唯聖人乎인저.

坤은 元亨코 利牝馬之貞이니 君子ㅣ 有攸往이니라
先하면 迷하고 後하면 得主하야 利하니라.
西南ㅣ 得朋이오 東北ㅣ 喪朋이니 安貞하면 吉하니라.

彖曰 至哉라 坤元이여 萬物이 資生하나니 乃順承天이니
坤厚載物이 德合无疆하며 含弘光大하야 品物이
咸亨하나니라. 牝馬는 地類ㅣ니 行地无疆하며 柔順利貞이
君子攸行이니라. 先하면 迷하야 失道하고 後하면 得常하리니
西南得朋은 乃與類行이오 東北喪朋이나 乃終有慶하리니
安貞之吉이 應地无疆이니라.

象曰 地勢ㅣ 坤이니 君子ㅣ 以하야 厚德으로 載物하나니라.

初六은 履霜하면 堅氷이 至하나니라.　　　　　　　　　(地雷復)
象曰 履霜堅氷은 陰始凝也ㅣ니 馴致其道하야 至堅氷也하나니라
六二는 直方大라 不習이라도 无不利하니라.　　　　　　(地水師)
象曰 六二之動이 直以方也ㅣ니 不習无不利는 地道ㅣ 光也ㅣ라.
六三은 含章可貞이니 或從王事하야 无成有終이니라.　　(地山謙)
象曰 含章可貞이나 以時發也ㅣ오 或從王事는 知光大也ㅣ라
六四는 括囊이면 无咎ㅣ며 无譽ㅣ리라.　　　　　　　　(雷地豫)
象曰 括囊无咎는 愼不害也ㅣ라
六五는 黃裳이면 元吉이리라.　　　　　　　　　　　　(水地比)
象曰 黃裳元吉은 文在中也ㅣ라
上六은 龍戰于野하니 其血이 玄黃이로다.　　　　　　　(山地剝)

象曰 龍戰于野는 其道ㅣ 窮也니라
用六은 利永貞하니라.
象曰 用六永貞은 以大終也ㅣ라.

文言曰 坤은 至柔而動也ㅣ 剛하고 至靜而德方하니 後하면
　　　　得主而有常하며 含萬物而化ㅣ 光하니 坤道ㅣ 其順乎인져
　　　　承天而時行하나니라.

積善之家는 必有餘慶하고 積不善之家는 必有餘殃하나니
臣弑其君하며 子弑其父ㅣ 非一朝一夕之故ㅣ라
其所由來者ㅣ 漸矣니 由辯之不早辯也ㅣ니 易曰
履霜堅氷至라하니 盖言順也ㅣ라

直은 其正也ㅣ오 方은 其義也ㅣ니 君子ㅣ 敬以直內하고
義以方外하야 敬義立而德不孤하나니 直方大不習无不利는
則不疑其所行也ㅣ라

陰雖有美나 含之하야 以從王事하야 弗敢成也ㅣ니 地道也ㅣ며
妻道也ㅣ며 臣道也ㅣ니 地道는 无成而代有終也ㅣ니라.
天地變化하면 草木이 蕃하고 天地閉하면 賢人이 隱하나니
易曰 括囊无咎无譽는 盖言謹也ㅣ니라.

君子ㅣ 黃中通理하야 正位居體하야 美在其中而暢於四支하며
發於事業하나니 美之至也니라. 陰疑於陽하면 必戰하나니
爲其嫌於无陽也ㅣ라 故로 稱龍焉하고 猶未離其類也ㅣ라
故로 稱血焉하니 夫玄黃者는 天地之雜也ㅣ니 天玄而地黃하니라.

屯은 元亨利貞하니 勿用有攸往이며 利建侯하니라.

彖曰 屯은 剛柔ㅣ 始交而難生하며 動乎險中하니
　　　大亨貞은 雷雨之動이 滿盈일새라.
　　　天造草昧ㅣ니 宜建侯ㅣ오 而不寧이니라.

象曰 雲雷ㅣ 屯이니 君子ㅣ 以하야 經綸하나니라.

初九는 磐桓이니 利居貞하며 利建侯하니라.　　　　　　　(水地比)
象曰 雖磐桓하나 志行正也ㅣ며 以貴下賤하니 大得民也ㅣ로다.
六二는 屯如邅如하며 乘馬班如하니 匪寇ㅣ라 婚媾ㅣ니 女子ㅣ
　　　貞하야 字ㅣ라가 十年에아 乃字ㅣ로다.　　　　　(水澤節)
象曰 六二之難은 乘剛也ㅣ오 十年乃字는 反常也ㅣ라
六三은 卽鹿无虞ㅣ라 惟入于林中이니 君子ㅣ 幾하야 不如舍ㅣ니
　　　往하면 吝하리다.　　　　　　　　　　　　　　　(水火旣濟)
象曰 卽鹿无虞는 以從禽也ㅣ오 君子ㅣ 舍之는 往하면
　　　吝窮也ㅣ니라.
六四는 乘馬班如ㅣ니 求婚媾하야 往하면 吉하야 无不利하리라.
象曰 求而往은 明也ㅣ라.　　　　　　　　　　　　　　(澤雷隨)
九五는 屯其膏ㅣ니 小貞이면 吉코 大貞이면 凶하리라.　　(地雷復)
象曰 屯其膏는 施未光也ㄹ새라.
上六은 乘馬班如하야 泣血漣如ㅣ로다.　　　　　　　　(風雷益)
象曰 泣血漣如ㅣ어니 何可長也ㅣ리오.

山水蒙卦(師, 革. 蹇, 復)

4

蒙은 亨하니 匪我ㅣ 求童蒙이라 童蒙이 求我ㅣ니
初筮ㅣ어든 告하고 再三이면 瀆이라.
瀆則不告하니 利貞하니라.

彖曰 蒙은 山下有險하고 險而止ㅣ 蒙이라.
　蒙亨은 以亨으로 行時中也ㅣ새오 匪我求童蒙童蒙求我는
　志應也ㅣ새오 初筮告은 以剛中也ㅣ새오 再三瀆瀆則不告은
　瀆蒙也ㅣ새니 蒙以養正이 聖功也ㅣ니라.

象曰 山下出泉이 蒙이니 君子ㅣ 以하야 果行育德하나니라.

初六은 發蒙호대 利用刑人하야 用說桎梏이니 以往이면 吝하리라.
象曰 利用刑人은 以正法也일새라.　　　　　　　　　　(山澤損)
九二는 包蒙이면 吉하고 納婦ㅣ면 吉하리니 子ㅣ 克家ㅣ로다.
象曰 子克家는 剛柔ㅣ 接也ㅣ새라.　　　　　　　　　(山地剝)
六三은 勿用取女ㅣ니 見金夫하고 不有躬하니 无攸利하니라.
象曰 勿用取女는 行이 不順也ㅣ라.　　　　　　　　　(山風蠱)
六四는 困蒙이니 吝토다.　　　　　　　　　　　　　(火水未濟)
象曰 困蒙之吝은 獨遠實也ㅣ라.
六五는 童蒙이니 吉하니라.　　　　　　　　　　　　(風水渙)
象曰 童蒙之吉은 順以巽也ㅣ라.
上九는 擊蒙이니 不利爲寇ㅣ오 利禦寇하니라.　　　　(地水師)
象曰 利用禦寇는 上下ㅣ 順也ㅣ라.

需는 有孚면 光亨코 貞吉하니 利涉大川이니라.

彖曰 需는 須也ㅣ니 險이 在前也일새니 剛健而不陷하니
其義ㅣ 不困窮矣라. 需有孚光亨貞吉은 位乎天位하야
以正中也ㅣ오 利涉大川은 往有功也ㅣ라.

象曰 雲上於天이 需ㅣ니 君子ㅣ 以하야 飮食宴樂하나니라.

初九는 需于郊ㅣ라 利用恒이니 无咎ㅣ리라.   (水風井)
象曰 需于郊는 不犯難行也ㅣ오 利用恒无咎는 未失常也ㅣ라.
九二는 需于沙ㅣ라 小有言하나 終吉하리라.   (水火旣濟)
象曰 需于沙는 衍으로 在中也ㅣ새니 雖小有言하나
以吉로 終也ㅣ리라.
九三은 需于泥니 致寇至리라.   (水澤節)
象曰 需于泥는 災在外也ㅣ새니 自我致寇하니
敬愼이면 不敗也ㅣ리라.

六四는 需于血이나 出自穴이로다.   (澤天夬)
象曰 需于血은 順以聽也ㅣ라.
九五는 需于酒食이니 貞코 吉하니라.   (地天泰)
象曰 酒食貞吉은 以中正也ㅣ라.
上六은 入于穴이니 有不速之客三人이 來하리니
敬之면 終吉이리라.   (風天小畜)
象曰 不速之客來敬之終吉은 雖不當位나 未大失也ㅣ라.

天水訟卦(觀, 明夷. 需, 家人)

訟은 有孚라도 窒惕하니 中은 吉코 終은 凶하니
利見大人이오 不利涉大川하니라.

彖曰 訟은 上剛下險하야 險而健이 訟이라. 訟有孚窒惕中吉은
　　　剛來而得中也ㅣ오 終凶은 訟不可成也ㅣ오 利見大人은
　　　尙中正也ㅣ오 不利涉大川은 入于淵也ㅣ라.

象曰 天與水ㅣ 違行이 訟이니 君子ㅣ 以하야 作事謀始하나니라.

初六은 不永所事ㅣ면 小有言하나 終吉이리라.　　　　　　(天澤履)
象曰 不永所事는 訟不可長也ㄹ새니 雖小有言이나
　　　其辯이 明也ㅣ라.
九二는 不克訟이니 歸而逋하야 其邑人이 三百戶ㅣ면 无眚하리라.
　　　　　　　　　　　　　　　　　　　　　　　　　(天地否)
象曰 不克訟은 歸而逋竄也ㅣ니 自下訟上이 患至ㅣ 掇也ㅣ리라.
六三은 食舊德하면 貞이라도 厲하나 終吉이니라 或從王事라도
　　　　无成이로다.　　　　　　　　　　　　　　　　　(天風姤)
象曰 食舊德은 從上이라야 吉也ㅣ니라.
九四는 不克訟이니 復卽命하야 渝하야 安貞하면 吉하리라.(風水渙)
象曰 復卽命渝安貞은 不失也ㅣ라.
九五는 訟에 元吉이라.　　　　　　　　　　　　　　　　(火水未濟)
象曰 訟元吉은 以中正也ㅣ라.
上九는 或錫之鞶帶라도 終朝三褫之리라.　　　　　　　(澤水困)
象曰 以訟受服이 亦不足敬也ㅣ라.

師는 貞이니 大人이라야 吉코 无咎하리라.

彖曰 師는 衆也ㅣ오 貞은 正也ㅣ니 能以衆正하면 可以王矣리라.
　　剛中而應하고 行險而順하니 以此毒天下而民이 從之하니
　　吉코 又何咎矣리오.

象曰 地中有水ㅣ 師ㅣ니 君子ㅣ 以하야 容民畜衆하나니라.

初六는 師出以律이니 否臧이면 凶하니라.　　　　　　　(地澤臨)
象曰 師出以律이니 失律하면 凶也ㅣ리라.
九二는 在師하야 中할새 吉코 无咎하니 王三錫命이로다.　(重地坤)
象曰 在師中吉은 承天寵也ㅣ새오 王三錫命은 懷萬邦也ㅣ라.
六三은 師或輿尸ㅣ니 凶하리라.　　　　　　　　　　　(地風升)
象曰 師或輿尸는 大无功也ㅣ라.

六四는 師左次ㅣ니 无咎ㅣ로다.　　　　　　　　　　　(雷水解)
象曰 左次无咎는 未失常也ㅣ라.
六五는 田有禽이어든 利執言하니 无咎ㅣ리라　　　　　(重水坎)
長子ㅣ 帥師니 弟子ㅣ 輿尸하면 貞이라도 凶하리라.
象曰 長子帥師는 以中行也ㅣ새오 弟子輿尸는 使不當也ㅣ라.
上六은 大君이 有命이니 開國承家에 小人勿用이니라.　(山水蒙)
象曰 大君有命은 以正功也ㅣ오 小人勿用은 必亂邦也ㅣ라.

水地比卦(屯, 大有. 師, 剝)

8

比는 吉하니 原筮하야 元永貞이면 无咎 | 리라
不寧이 方來니 後夫는 凶하니라.

彖曰 比는 吉也 | 며 比는 輔也 | 니 下 | 順從也 | 라
　　原筮元永貞无咎는 以剛中也 | 오
　　不寧方來는 上下 | 應也 | 오 後夫凶은 其道 | 窮也 | 라.

象曰 地上有水 | 比 | 니 先王이 以하야 建萬國하야 親諸侯하니라.

初六은 有孚比之 无咎 | 리니 有孚 | 盈缶 | 면 終來에
　　　有他吉하리라.
象曰 比之初六은 有他吉也 | 라.　　　　　　　　　　　(水雷屯)
六二는 比之自內니 貞이라 吉하니라.　　　　　　　　　(重水坎)
象曰 比之自內는 不自失也 | 라.
六三은 比之匪人이로다.　　　　　　　　　　　　　　　(水山蹇)
象曰 比之匪人이면 不亦傷乎아.

六四는 外比之하니 貞하야 吉토다.　　　　　　　　　　(澤地萃)
象曰 外比於賢은 以從上也 | 라.
九五는 顯比니 王用三驅에 失前禽하며 邑人不誡니 吉토다. (重地坤)
象曰 顯比之吉은 位正中也 ㄹ새오 舍逆取順이 失前禽也 | 오
　　　邑人不誡는 上使 | 中也 | 라.
上六은 比之无首 | 니 凶하니라.　　　　　　　　　　　(風地觀)
象曰 比之无首 | 无所終也 | 라.

243

風天小畜卦(震, 豫, 姤, 睽)

小畜은 亨하니 密雲不雨는 自我西郊일새니라.

彖曰 小畜은 柔ㅣ 得位而上下ㅣ 應之할새 曰小畜이라.
　　　健而巽하며 剛中而志行이라 乃亨이니라.
　　　密雲不雨는 尙往也ㅣ오 自我西郊는 施未行也ㅣ라.

象曰 風行天上이 小畜이니 君子ㅣ 以하야 懿文德하나니라.

初九는 復自道ㅣ어니 何其咎ㅣ리오 吉하니라.　　　　　(重風巽)
象曰 復自道는 其義吉也ㅣ라.
九二는 牽復이니 吉하니라.　　　　　　　　　　　　(風火家人)
象曰 牽復은 在中이라 亦不自失也ㅣ라.
九三은 輿說輻이며 夫妻反目이로다.　　　　　　　　　(風澤中孚)
象曰 夫妻反目은 不能正室也ㅣ라.

六四는 有孚ㅣ라 血去코 惕出이니 无咎ㅣ리라.　　　　(重天乾)
象曰 有孚惕出은 上ㅣ 合志也ㅣ라.
九五는 有孚ㅣ라 攣如하야 富以其隣이로다.　　　　　(山天大畜)
象曰 有孚攣如는 不獨富也ㅣ라.
上九는 旣雨旣處는 尙德하야 載니 婦ㅣ 貞이라도 厲하리라
　　　月幾望이니 君子ㅣ 征이면 凶하리라.　　　　　(水天需)
象曰 旣雨旣處는 德이 積載也ㅣ오 君子征凶은 有所疑也ㅣ라.

天澤履卦(艮, 謙, 夬, 家人)

履虎尾라도 不咥人이라 亨하니라.

彖曰 履는 柔履剛也ㅣ니 說而應乎乾이라

　　是以履虎尾不咥人亨이라 剛中正으로 履帝位하야

　　而不疚ㅣ면 光明也ㅣ라

象曰 上天下澤이 履니 君子ㅣ 以하야 辯上下하야 定民志하나니라.

初九는 素履로 往하면 无咎ㅣ리라.　　　　　　　　　(天水訟)

象曰 素履之往은 獨行願也ㅣ라.

九二는 履道ㅣ 坦坦하니 幽人이라야 貞코 吉하리라.　　(天雷无妄)

象曰 幽人貞吉은 中不自亂也ㅣ라.

六三은 眇能視며 跛能履라 履虎尾하야 咥人이니 凶하고 武人이

　　　　爲于大君이로다.　　　　　　　　　　　　　(重天乾)

象曰 眇能視는 不足以有明也ㄹ새오 跛能履는 不足以與行也ㅣ오

　　咥人之凶은 位不當也ㅣ오 武人爲于大君은 志剛也ㅣ라.

九四는 履虎尾니 愬愬이면 終吉이리라.　　　　　　　(風澤中孚)

象曰 愬愬終吉은 志行也ㅣ라.

九五는 夬履니 貞이라도 厲하리라.　　　　　　　　　(火澤暌)

象曰 夬履貞厲는 位正當也ㅣ라.

上九는 視履하야 考祥호대 其旋이면 元吉이리라.　　　(重澤兌)

象曰 元吉在上이 大有慶也니라.

泰는 小ㅣ 往코 大ㅣ 來하니 吉하야 亨하니라.

彖曰 泰小往大來吉亨은 則是天地ㅣ 交而萬物이 通也ㅣ며 上下ㅣ
　　　交而其志ㅣ 同也ㅣ라. 內陽而外陰하며 內健而外順하며
　　　內君子而外小人하니 君子道ㅣ 長하고 小人道ㅣ 消也ㅣ라.

象曰 天地交泰니 后ㅣ 以하야 財成天地之道하며
　　　輔相天地之宜하야 以左右民하나니라.

初九는 拔茅茹ㅣ라 以其彙로 征이니 吉하니라. 　　　　　(地風升)
象曰 拔茅征吉은 志在外也ㅣ라.
九二는 包荒하며 用馮河하며 不遐遺하며 朋亡이나
　　　　　得尙于中行하리라. 　　　　　(地火明夷)
象曰 包荒得尙于中行은 以光大也ㅣ새라.
九三은 无平不陂며 无往不復이니 艱貞이라야 无咎하고
　　　　　勿恤其孚ㅣ면 于食애 有福하리라. 　　　　　(地澤臨)
象曰 无往不復은 天地際也ㅣ라.

六四는 翩翩히 不富以其隣이나 不戒以孚로다. 　　　　　(雷天大壯)
象曰 翩翩不富는 皆失實也ㅣ오 不戒以孚는 中心願也ㅣ라.
六五는 帝乙歸妹니 以祉며 元吉이리라. 　　　　　(水天需)
象曰 以祉元吉은 中以行願也ㅣ라.
上六은 城復于隍이니 勿用師ㅣ오 自邑告命이니 貞이라도 吝하니라.
象曰 城復于隍은 其命이 亂也ㅣ라. 　　　　　(山天大畜)

天地否卦(益, 泰. 泰, 漸)

否之匪人이니 不利君子貞하니 大往小來니라.

彖曰 否之匪人不利君子貞大往小來는 則是天地ㅣ 不交而萬物이
　　不通也ㅣ며 上下ㅣ 不交而天下ㅣ 无邦也ㅣ라
　　內陰而外陽하며 內柔而外剛하며 內小人而外君子하니
　　小人道ㅣ 長하고 君子道ㅣ 消也ㅣ라.

象曰 天地不交ㅣ 否니 君子ㅣ 以하야 儉德辟難하야
　　不可榮以祿이니라.

初六은 拔茅茹ㅣ라 以其彙로 貞이니 吉하야 亨하니라.　　(天雷无妄)
象曰 拔茅貞吉은 志在君也ㅣ라.
六二는 包承이니 小人은 吉코 大人은 否라야 亨하니라.　　(天水訟)
象曰 大人否亨은 不亂群也ㅣ라.
六三은 包ㅣ 羞ㅣ로다.　　　　　　　　　　　　　　　　(天山遯)
象曰 包羞는 位不當也ㅣ라.

九四는 有命이면 无咎니 疇ㅣ 離祉리라.　　　　　　　　(風地觀)
象曰 有命无咎는 志行也ㅣ라.
九五는 休否라 大人의 吉이니 其亡其亡이라야 繫于苞桑이니라.
象曰 大人之吉은 位ㅣ 正當也ㅣ라.　　　　　　　　　　(火地晉)
上九는 傾否니 先否코 後喜로다.　　　　　　　　　　　(澤地萃)
象曰 否終則傾하나니 何可長也ㅣ리오.

同人于野니 亨하고 利涉大川이오 利君子貞하니라.

彖曰 同人은 柔ㅣ 得位得中而應乎乾할새 曰同人이라.
　　同人曰 同人于野亨利涉大川은 乾行也ㄹ새오
　　文明以健하고 中正而應이 君子正也ㅣ니 唯君子ㅣ아
　　爲能通天下之志하나니라.

象曰 天與火ㅣ 同人이니 君子ㅣ 以하야 類族으로 辨物하나니라.

初九는 同人于門이니 无咎ㅣ리라　　　　　　　　　(天山遯)
象曰 出門同人을 又誰咎也ㅣ리오.
六二는 同人于宗이니 吝토다.　　　　　　　　　　(重天乾)
象曰 同人于宗이 吝道也라.
九三은 伏戎于莽하야 升其高陵하야 三歲不興이로다.　(天雷无妄)
象曰 伏戎于莽은 敵剛也ㅣ오 三歲不興이어니 安行也ㅣ리오.

九四는 乘其墉호대 弗克攻이나 吉하니라.　　　　　(風火家人)
象曰 乘其墉은 義弗克也ㅣ오 其吉은 則困而反則也ㄹ새라.
九五는 同人이 先號咷而後笑니 大師克相遇로다.　　(重火離)
象曰 同人之先은 以中直也ㅣ오 大師相遇는 言相克也ㅣ라.
上九는 同人于郊니 无悔니라.　　　　　　　　　　(澤火革)
象曰 同人于郊는 志未得也ㅣ라.

火天大有卦(无妄, 比. 同人, 夬)

大有는 元亨하니라.

彖曰 大有는 柔ㅣ 得尊位하야 大中而上下ㅣ 應之할새 曰大有ㅣ니
其德이 剛健而文明하고 應乎天而時行이라
是以로 元亨하니라.

象曰 火在天上이 大有ㅣ니 君子ㅣ 以하야 遏惡揚善하야
順天休命하나니라.

初九는 无交害ㅣ니 匪咎ㅣ나 艱則无咎ㅣ리라.　　　　　(火風鼎)
象曰 大有初九는 无交害也ㅣ라.
九二는 大車以載ㅣ니 有攸往이라야 无咎ㅣ리라.　　　　　(重火離)
象曰 大車以載는 積中不敗也ㅣ라.
九三은 公이 用亨于天子ㅣ니 小人은 弗克이니라.　　　　(火澤睽)
象曰 公用亨于天子는 小人은 害也ㅣ라.

九四는 匪其彭이라야 无咎ㅣ리라.　　　　　　　　　　　(山天大畜)
象曰 匪其彭无咎는 明辨晢也ㅣ라.
六五는 厥孚ㅣ 交如ㅣ니 威如ㅣ면 吉하리라.　　　　　　(重天乾)
象曰 厥孚交如는 信以發志也ㅣ오 威如之吉은 易而无備也ㄹ새라.
上九는 自天祐之라 吉无不利로다.　　　　　　　　　　　(雷天大壯)
象曰 大有上吉은 自天祐也ㅣ라.

謙은 亨하니 君子ㅣ 有終이니라.

彖曰 謙亨은 天道ㅣ 下濟而光明하고 地道ㅣ 卑而上行이니
天道는 虧盈而益謙하고 地道는 變盈而流謙하고
鬼神은 害盈而福謙하고 人道는 惡盈而好謙하나니
謙은 尊而光하고 卑而不可踰ㅣ니 君子之終也니라.

象曰 地中有山이 謙이니 君子ㅣ 以하야 裒多益寡하야
稱物平施하나니라.

初六은 謙謙君子ㅣ니 用涉大川이라야 吉하니라.　　　　(地火明夷)
象曰 謙謙君子는 卑以自牧也ㅣ라.
六二는 鳴謙이니 貞코 吉하니라.　　　　　　　　　　　(地風升)
象曰 鳴謙貞吉은 中心得也ㅣ라.
九三은 勞謙이니 君子ㅣ 有終이니 吉하니라.　　　　　　(重地坤)
象曰 勞謙君子는 萬民의 服也ㅣ라.

六四는 无不利撝謙이니라.　　　　　　　　　　　　　　(雷山小過)
象曰 无不利撝謙은 不違則也ㅣ라.
六五는 不富以其隣이라 利用侵伐이오 无不利하니라.　　(水山蹇)
象曰 利用侵伐이나 征不服也ㅣ라.
上六은 鳴謙이니 利用行師하야 征邑國이니라.　　　　　(重山艮)
象曰 鳴謙은 志未得也니 可用行師하야 征邑國也니라.

雷地豫卦(升, 小畜. 復, 蹇)

豫는 利建侯行師하니라.

彖曰 豫는 剛應而志行하고 順以動이 豫라 豫順以動故로
　　　天地도 如之온 而況建侯行師乎여 天地ㅣ 以順動이라 故로
　　　日月이 不過而四時ㅣ 不忒하고 聖人이 以順動이라
　　　則刑罰이 淸而民이 服하나니 豫之時義ㅣ 大矣哉라.

象曰 雷出地奮이 豫니 先王이 以하야 作樂崇德하야
　　　殷薦之上帝하야 以配祖考하니라.

初六은 鳴豫ㅣ니 凶하니라.　　　　　　　　　　　　　(重雷震)
象曰 初六鳴豫는 志窮하야 凶也ㅣ라.
六二는 介于石이라 不終日이니 貞코 吉하니라.　　　　(雷水解)
象曰 不終日貞吉은 以中正也ㅣ라.
六三은 盱豫ㅣ라 悔며 遲하야도 有悔리라.　　　　　　(雷山小過)
象曰 盱豫有悔는 位不當也ㅣ라.

九四는 由豫ㅣ라 大有得이니 勿疑면 朋이 盍簪하리라.　(重地坤)
象曰 由豫大有得은 志大行也ㅣ라.
六五는 貞호대 疾하나 恒不死로다.　　　　　　　　　(澤地萃)
象曰 六五貞疾은 乘剛也ㅣ새오 恒不死는 中未亡也ㅣ라.
上六은 冥豫라 成하나 有渝이면 无咎리라.　　　　　　(火地晉)
象曰 冥豫在上이어니 何可長也ㅣ리오.

澤雷隨卦(謙, 蠱. 歸妹, 漸)

隨는 元亨利貞이니 无咎리라.

象曰 隨는 剛來而下柔하고 動而說이 隨ㅣ니
　　　大亨貞하야 无咎而天下ㅣ 隨時하나니 隨時之義ㅣ 大矣哉라.

象曰 澤中有雷ㅣ 隨ㅣ니 君子ㅣ 以하야 嚮晦入宴息하나니라.

初九는 官有渝라 貞吉하니 出門交ㅣ면 有功하리라.　　　　　(澤地萃)
象曰 官有渝는 從正이라 吉也ㅣ니 出門交有功은 不失也ㄹ새라.
六二는 係小子ㅣ면 失丈夫하리라.　　　　　　　　　　　　(重澤兌)
象曰 係小子하면 弗兼與也ㄹ새라.
六三은 係丈夫하고 失小子하니 隨에 有求를 得하나 利居貞하니라.
象曰 係丈夫는 志舍下也ㅣ라.　　　　　　　　　　　　　　(澤火革)

九四는 隨에 有獲이면 貞이라도 凶하니 有孚코 在道코 以明이면
　　　何咎ㅣ리오.　　　　　　　　　　　　　　　　　　　(水雷屯)
象曰 隨有獲은 其義ㅣ 凶也ㄹ새오 有孚在道는 明功也ㅣ라.
九五는 孚于嘉니 吉하니라.　　　　　　　　　　　　　　　(重雷震)
象曰 孚于嘉吉은 位正中也ㅣ라.
上六은 拘係之오 乃從維之니 王用亨于西山이로다.　　　(天雷无妄)
象曰 拘係之는 上窮也ㅣ라.

山風蠱卦(豫, 隨. 漸, 歸妹)

蠱는 元亨하니 利涉大川이니
先甲三日이며 後甲三日이니라.

彖曰 蠱는 剛上而柔下하고 巽而止ㅣ 蠱ㅣ라

　　蠱ㅣ 元亨而天下ㅣ 治也ㅣ오 利涉大川은 往有事也이오

　　先甲三日後甲三日은 終則有始ㅣ 天行也ㅣ라.

象曰 山下有風이 蠱ㅣ니 君子ㅣ 以하야 振民育德하나니라.

初六은 幹父之蠱ㅣ니 有子ㅣ면 考ㅣ 无咎하리니 厲하나

　　　終吉하리라.

象曰 幹父之蠱는 意承考也ㅣ라.　　　　　　　　　　(山天大畜)

九二는 幹母之蠱ㅣ니 不可貞이니라.　　　　　　　　　(重山艮)

象曰 幹母之蠱는 得中道也ㅣ라.

九三은 幹父之蠱ㅣ니 小有悔나 无大咎ㅣ리라.　　　　　(山水蒙)

象曰 幹父之蠱는 終无咎也ㅣ라.

六四는 裕父之蠱는 往하면 見吝하리라.　　　　　　　　(火風鼎)

象曰 裕父之蠱는 往앤 未得也ㅣ라.

六五는 幹父之蠱ㅣ니 用譽리라.　　　　　　　　　　　(重風巽)

象曰 幹父用譽는 承以德也ㅣ라.

上九는 不事王侯하고 高尙其事ㅣ로다.　　　　　　　　(地風升)

象曰 不事王侯는 志可則也ㅣ라.

臨은 元亨코 利貞하니 至于八月하얀 有凶하리라.

彖曰 臨은 剛浸而長하며 說而順하고 剛中而應하야
大亨以正하니 天之道也ㅣ새라.
至于八月有凶은 消不久也ㅣ라.

象曰 澤上有地ㅣ 臨이니 君子ㅣ 以하야 敎思无窮하며
容保民이 无疆하나니라.

初九는 咸臨이니 貞하야 吉하니라.　　　　　　　(地水師)
象曰 咸臨貞吉은 志行正也ㅣ라.
九二는 咸臨이니 吉无不利하리라.　　　　　　　(地雷復)
象曰 咸臨吉无不利는 未順命也ㅣ라.
六三은 甘臨이나 无攸利하니 旣憂之라 无咎ㅣ리라.　(地天泰)
象曰 甘臨은 位不當也ㅣ새오 旣憂之하니 咎不長也ㅣ라.

六四는 至臨이니 无咎하니라.　　　　　　　　　(雷澤歸妹)
象曰 至臨无咎는 位當也ㅣ라.
六五는 知臨이니 大君之宜니 吉하니라.　　　　　(水澤節)
象曰 大君之宜는 行中之謂也ㅣ라.
上六은 敦臨이니 吉하야 无咎하니라.　　　　　　(山澤損)
象曰 敦臨之吉은 志在內也ㅣ라.

風地觀卦(賁, 大壯. 升, 剝)

20

觀은 盥而不薦이면 有孚하야 顒若하리라.

彖曰 大觀으로 在上하야 順而巽하고 中正으로 以觀天下ㅣ니
　　　觀盥而不薦有孚顒若은 下ㅣ 觀而化也ㄹ새라.
　　　觀天之神道而四時ㅣ 不忒하니
　　　聖人이 以神道設敎而天下ㅣ 服矣니라.

象曰 風行地上이 觀이니 先王이 以하야 省方觀民하야 設敎하니라.

初六은 童觀이니 小人은 无咎ㅣ코 君子는 吝하리라.　　　(風雷益)
象曰 初六童觀은 小人道也ㅣ라.
六二는 闚觀이니 利女貞하니라.　　　(風水渙)
象曰 闚觀女貞이 亦可醜也ㅣ라.
六三은 觀我生하되 進退로다.　　　(風山漸)
象曰 觀我生進退는 未失道也ㅣ라.

六四는 觀國之光이니 利用賓于王하니라.　　　(天地否)
象曰 觀國之光은 尙賓也ㅣ라.
九五는 觀我生호대 君子ㅣ면 无咎리라.　　　(山地剝)
象曰 觀我生은 觀民也ㅣ라.
上九는 觀其生호대 君子ㅣ면 无咎리라.　　　(水地比)
象曰 觀其生은 志未平也ㅣ라.

噬嗑은 亨하니 利用獄하니라.

彖曰 頤中有物일새 曰噬嗑이니 噬嗑而亨하니라
　　剛柔ㅣ 分하고 動而明하고 雷電이 合而章하고
　　柔得中而上行하니 雖不當位나 利用獄也니라.

象曰 雷電이 噬嗑이니 先王이 以하야 明罰勅法하니라.

初九는 屨校하야 滅趾니 无咎리라.　　　　　　　　　(火地晉)
象曰 屨校滅趾는 不行也ㅣ라.
六二는 噬膚滅鼻나 无咎하니라.　　　　　　　　　　(火澤暌)
象曰 噬膚滅鼻는 乘剛也ㅣ라.
六三은 噬腊肉하다가 遇毒이니 小吝이나 无咎리라.　　(重火離)
象曰 遇毒은 位不當也ㅣ라.

九四는 噬乾胏하야 得金矢나 利艱貞이니 吉하리라.　　(山雷頤)
象曰 利艱貞吉은 未光也ㅣ라.
六五는 噬乾肉하야 得黃金이니 貞이라도 厲하나 无咎니라.

　　　　　　　　　　　　　　　　　　　　　　　(天雷无妄)

象曰 貞厲无咎는 得當也ㅣ라.
上九는 何校滅耳니 凶하니라.　　　　　　　　　　(重雷震)
象曰 何校滅耳는 聰不明也ㅣ라.

山火賁卦(巽, 困. 旅, 解)

22

賁는 亨하니 小利有攸往하니라.

彖曰 賁亨은 柔ㅣ 來而文剛故로 亨하고
　　　分剛하야 上而文柔故로 小利有攸往하니 天文也ㅣ오
　　　文明以止하니 人文也ㅣ니 觀乎天文하야 以察時變하며
　　　觀乎人文하야 以化成天下하나니라.

象曰 山下有 火ㅣ 賁니 君子ㅣ 以하야 明庶政호대
　　　无敢折獄하나니라.

初九는 賁其趾니 舍車而徒ㅣ로다.　　　　　　　　　(重山艮)
象曰 舍車而徒는 義弗乘也ㅣ라.
六二는 賁其須ㅣ로다.　　　　　　　　　　　　　　(山天大畜)
象曰 賁其須는 與上興也ㅣ라.
九三은 賁如濡如니 永貞이라 吉하리라.　　　　　　　(山雷頤)
象曰 永貞之吉은 終莫之陵也ㅣ라.

六四는 賁如皤如하며 白馬翰如하니 匪寇라 婚媾리라.　(重火離)
象曰 六四는 當位疑也ㄹ새니 匪寇婚媾는 終无尤也ㅣ라.
六五는 賁于丘園이니 束帛이 戔戔이면 吝하나 終吉하리라.
象曰 六五之吉은 有喜也ㅣ라.　　　　　　　　　　(風火家人)
上九는 白賁니 无咎리라.　　　　　　　　　　　　(地火明夷)
象曰 白賁无咎는 上得志也ㅣ라.

山地剝卦(隨, 夬. 謙, 坤)

剝은 不利有攸往하니라.

彖曰 剝은 剝也ㅣ니 柔ㅣ 變剛也ㅣ니

　　不利有攸往은 小人이 長也ㄹ새니라

　　順而止之는 觀象也ㅣ니 君子ㅣ 尙消息盈虛ㅣ 天行也ㅣ라.

象曰 山附於地ㅣ 剝이니 上이 以하야 厚下하야 安宅하나니라.

初六은 剝牀以足이니 蔑貞이라 凶토다.　　　　　　　　(山雷頤)

象曰 剝牀以足은 以滅下也ㅣ라.

六二는 剝牀以辨이니 蔑貞이라 凶토다.　　　　　　　　(山水蒙)

象曰 剝牀以辨은 未有與也ㅣ라.

六三은 剝之无咎ㅣ니라.　　　　　　　　　　　　　　　(重山艮)

象曰 剝之无咎는 失上下也ㅣ라.

六四는 剝牀以膚ㅣ니 凶하니라.　　　　　　　　　　　　(火地晉)

象曰 剝牀以膚는 切近災也ㅣ라.

六五는 貫魚하야 以宮人寵이면 无不利리라.　　　　　　(風地觀)

象曰 以宮人寵은 終无尤也ㅣ라.

上九는 碩果不食이니 君子는 得輿하고 小人은 剝廬ㅣ리라.(重地坤)

象曰 君子得輿는 民所載也ㅣ오 剝廬는 終不可用也ㅣ라.

地雷復卦(蠱, 姤. 豫, 坤)

復은 亨하니 出入无疾하며 朋來니 无咎리라.
反復其道하야 七日에 來復하니 利有攸往이니라.

彖曰 復亨은 剛反이니 動而以順行이라 以出入无疾朋來无咎니라.
　　反復其道七日來復은 天行也ㅣ새오 利有攸往은 剛長也ㅣ니
　　復에 其見天地之心乎ㄴ뎌

象曰 雷在地中이 復이니 先王이 以하야 至日에 閉關하야
　　商旅不行하며 不省方하니라.

初九는 不遠復이라 无祗悔니 元吉하니라.　　　　　　　　(重地坤)
象曰 不遠之復은 以修身也ㅣ라.
六二는 休復이니 吉하니라.　　　　　　　　　　　　　　(地澤臨)
象曰 休復之吉은 以下仁也ㅣ라.
六三은 頻復이니 厲하나 无咎리라.　　　　　　　　　　(地火明夷)
象曰 頻復之厲는 義无咎也ㅣ라.

六四는 中行호대 獨復이로다.　　　　　　　　　　　　　(重雷震)
象曰 中行獨復은 以從道也ㅣ라.
六五는 敦復이니 无悔하니라.　　　　　　　　　　　　　(水雷屯)
象曰 敦復无悔는 中以自考也ㅣ라.
上六은 迷復이라 凶하니 有災眚이오 用行師ㅣ면 終有大敗하고
以其國君이면 凶하야 至于十年히 不克征하리라.　　　　(山雷頤)
象曰 迷復之凶은 反君道也ㅣ라.

无妄은 元亨하고 利貞하니 其匪正이면 有眚하릴새
不利有攸往하니라.

彖曰 无妄은 剛이 自外來而爲主於內하며 動而健하고
　　　剛中而應하야 大亨以正하니 天之命也니라.
　　　其匪正有眚不利有攸往은 无妄之往이 何之矣리오
　　　天命不祐를 行矣哉아.

象曰 天下雷行하야 物與无妄하니 先王이 以하야 茂對時하야
　　　育萬物하리라.

初九는 无妄이니 往에 吉하리라.　　　　　　　　　　(天地否)
象曰 无妄之往은 得志也ㅣ라.
六二는 不耕하야 穫하며 不菑하야 畬ㅣ니 則利有攸往하니라.
象曰 不耕穫은 未富也ㅣ라.　　　　　　　　　　　　(天澤履)
六三은 无妄之災는 或繫之牛하나 行人之得이 邑人之災ㅣ라.
象曰 行人得牛ㅣ 邑人災也ㄹ새라.　　　　　　　　　(天火同人)

九四는 可貞이니 无咎ㅣ리라.　　　　　　　　　　　(風雷益)
象曰 可貞无咎는 固有之也ㅣ라.
九五는 无妄之疾은 勿藥이면 有喜리라.　　　　　　(火雷噬嗑)
象曰 无妄之藥은 不可試也니라.
上九는 无妄에 行이면 有眚하야 无攸利하니라.　　　(澤雷隨)
象曰 无妄之行은 窮之災也ㅣ라.

山天大畜卦(復, 萃. 遯, 歸妹)

大畜은 利貞하니 不家食하면 吉하니 利涉大川하니라.

彖曰 大畜은 剛健코 篤實코 輝光하야 日新其德이니
　　　剛上而尙賢하고 能止健이 大正也ㅣ니.
　　　不家食吉은 養賢也ㅣ오 利涉大川은 應乎天也ㅣ라.

象曰 天在山中이 大畜이니 君子ㅣ 以하야 多識前言往行하야
　　　以畜其德하나니라.

初九는 有厲ㅣ리니 利已니라.　　　　　　　　　　　　(山風蠱)
象曰 有厲利已는 不犯災也이라.
九二는 輿說輹이로다.　　　　　　　　　　　　　　　　(山火賁)
象曰 輿說輹이나 中이라 无尤也니라.
九三은 良馬逐이라 利艱貞이니 日閑輿衛면 利有攸往하리라.
象曰 利有攸往은 上이 合志也ㅣ라.　　　　　　　　　(山澤損)

六四는 童牛之牿이니 元吉하니라.　　　　　　　　　　(火天大有)
象曰 六四元吉은 有喜也ㅣ라.
六五는 豶豕之牙ㅣ니 吉하니라.　　　　　　　　　　　(風天小畜)
象曰 六五之吉은 有慶也ㅣ라.
上九는 何天之衢오 亨하니라.　　　　　　　　　　　　(地天泰)
象曰 何天之衢오 道ㅣ 大行也ㅣ라.

頤는 貞이니 吉하며 觀頤하며 自求口實이니라.

彖曰 頤貞吉은 養正則吉也ㅣ니 觀頤는 觀其所養也ㅣ오
自求口實은 觀其自養也ㅣ라. 天地ㅣ 養萬物하며
聖人이 養賢하야 以及萬民하나니 頤之時ㅣ 大矣哉라

象曰 山下有雷ㅣ 頤니 君子ㅣ 以하야 愼言語하며 節飮食하나니라.

初九는 舍爾靈龜하고 觀我朶頤하니 凶하니라.   (山地剝)
象曰 觀我朶頤하니 亦不足貴也ㅣ로다.
六二는 顚頤拂經하야 于丘에 頤니 征이면 凶이니라.   (山澤損)
象曰 六二征凶은 行이 失類也니라.
六三은 拂頤면 貞이라도 凶하니 十年勿用이니 无攸利하니라.
象曰 十年勿用은 道ㅣ 大悖也ㅣ라.   (山火賁)

六四는 顚頤라 吉하니 虎視眈眈하며 其欲逐逐하면 无咎ㅣ리라.
象曰 顚頤之吉은 上施ㅣ 光也ㅣ새니라.   (火雷噬嗑)
六五는 拂經이나 居貞이면 吉하려니와 不可涉大川이니라. (風雷益)
象曰 居貞之吉은 順以從上也ㅣ새라.
上九는 由頤니 厲하나 吉하니 利涉大川이니라.   (地雷復)
象曰 由頤厲吉은 大有慶也ㅣ라.

澤風大過卦(明夷, 頤. 中孚, 乾)

28

大過는 棟이 橈ㅣ니 利有攸往하야 亨하니라.

彖曰 大過는 大者ㅣ 過也ㅣ오 棟橈는 本末이 弱也ㅣ라
　　剛過而中하고 巽而說行이라 利有攸往하야 乃亨하리니
　　大過之時ㅣ 大矣哉라.

象曰 澤滅木이 大過ㅣ니 君子ㅣ 以하야 獨立不懼하며
　　遯世无悶하나니라.

初六은 藉用白茅ㅣ니 无咎니라.　　　　　　　　　　(澤天夬)
象曰 藉用白茅는 柔在下也ㅣ라.
九二는 枯楊이 生稊하며 老夫ㅣ 得其女妻ㅣ니 无不利하니라.
　　　　　　　　　　　　　　　　　　　　　　　(澤山咸)
象曰 老夫女妻는 過以相與也ㅣ라.
九三은 棟이 橈ㅣ니 凶하니라.　　　　　　　　　　(澤水困)
象曰 棟橈之凶은 不可以有輔也ㅣㄹ새라.

九四는 棟隆이니 吉커니와 有它ㅣ면 吝하리라.　　　(水風井)
象曰 棟隆之吉은 不橈乎下也ㅣㄹ새라.
九五는 枯楊이 生華하며 老婦ㅣ 得其士夫ㅣ니 无咎ㅣ나 无譽리라.
　　　　　　　　　　　　　　　　　　　　　　　(雷風恒)
象曰 枯楊生華ㅣ 何可久也ㅣ며 老婦士夫ㅣ 亦可醜也ㅣ로다.
上六은 過涉滅頂이라 凶하니 无咎하니라.　　　　　(天風姤)
象曰 過涉之凶은 不可咎也ㅣ니라.

習坎은 有孚維心亨이니 行有尙이리라.

彖曰 習坎은 重險也ㅣ니 水流而不盈하며 行險而不失其信이니
　　維心亨은 乃以剛中也ㅣ오 行有尙은 往有功也ㅣ라.
　　天險은 不可升也ㅣ오 地險은 山川丘陵也ㅣ니
　　王公이 設險하야 以守其國하나니 險之時用이 大矣哉라.

象曰 水ㅣ洊至ㅣ習坎이니 君子ㅣ以하야 常德行하며
　　習教事하나니라.

初六은 習坎에 入于坎窞이니 凶하니라.　　　　　　　　(水澤節)
象曰 習坎入坎은 失道라 凶也ㅣ라.
九二는 坎에 有險하나 求를 小得하리라.　　　　　　　　(水地比)
象曰 求小得은 未出中也ㅣ새라.
六三은 來之坎坎이며 險애 且枕하야 入于坎窞하니 勿用이니라.
象曰 來之坎坎은 終无功也ㅣ리라.　　　　　　　　　　(水風井)

六四는 樽酒와 簋貳를 用缶하고 納約自牖ㅣ니 終无咎하리라.
象曰 樽酒簋貳는 剛柔際也ㅣ새라.　　　　　　　　　　(澤水困)
九五는 坎不盈이니 祗旣平하면 无咎ㅣ리라.　　　　　　(地水師)
象曰 坎不盈은 中未大也ㅣ라.
上六은 係用徽纆이니 寘于叢棘하야 三歲라도 不得이니 凶하니라.
象曰 上六失道는 凶三歲也ㅣ리라.　　　　　　　　　　(風水渙)

重火離卦(困, 坎. 離, 大過)

30

離는 利貞이라 亨하니 畜牝牛하면 吉하리라.

彖曰 離는 麗也 | 니 日月이 麗乎天하며 百穀草木이 麗乎土하니
重明으로 以麗乎正하야 乃化成天下하나니라.
柔 | 麗乎中正故로 亨하니 是以로 畜牝牛吉也니라.

象曰 明兩作이 離니 大人이 以하야 繼明하야 照于四方하나니라.

初九는 履錯然이니 敬之면 无咎 | 리라.   (火山旅)
象曰 履錯之敬은 以辟咎也 | 라.
六二는 黃離니 元吉하니라.   (火天大有)
象曰 黃離元吉은 得中道也 | 라.
九三은 日昃之離니 不鼓缶而歌 | 면 則大耋之嗟 | 라 凶하리라.
象曰 日昃之離 | 何可久也 | 리오.   (火雷噬嗑)

九四는 突如其來如 | 라 焚如 | 니 死如 | 며 棄如 | 니라.   (山火賁)
象曰 突如其來如는 无所容也 | 니라.
六五는 出涕沱若하고 戚嗟若이나 吉하리라.   (天火同人)
象曰 六五之吉은 離王公也 | 글새라.
上九는 王用出征이니 有嘉折首코 獲匪其醜 | 면 无咎 | 리라.
象曰 王用出征은 以正邦也 | 라.   (雷火豊)

澤山咸卦(咸, 損. 損. 姤)

咸은 亨코 利貞하니 取女ㅣ면 吉하리라.

彖曰 咸은 感也ㅣ니 柔上而剛下하야 二氣感應以相與하고
止而說하야 男下女라 是以亨利貞取女吉也ㅣ니라
天地ㅣ 感而萬物이 化生하고 聖人이 感人心而天下ㅣ
和平하나니 觀其所感而天地萬物之情을 可見矣리라.

象曰 山上有澤이 咸이니 君子ㅣ 以하야 虛로 受人하나니라.

初六은 咸其拇ㅣ라.   (澤火革)
象曰 咸其拇는 志在外也ㅣ라.
六二는 咸其腓면 凶하니 居하면 吉하리라.   (澤風大過)
象曰 雖凶居吉은 順하면 不害也ㅣ라.
九三은 咸其股ㅣ라 執其隨ㅣ니 往하면 吝하리라.   (澤地萃)
象曰 咸其股는 亦不處也ㅣ니 志在隨人하니 所執이 下也ㅣ라.

九四는 貞이면 吉하야 悔亡하리니 憧憧往來면 朋從爾思ㅣ리라.
                                                    (水山蹇)
象曰 貞吉悔亡은 未感害也ㄹ새오 憧憧往來는 未光大也ㄹ새라.
九五는 咸其脢니 无悔리라.   (雷山小過)
象曰 咸其脢는 志末也ㄹ새라.
上六은 咸其輔頰舌이라.   (天山遯)
象曰 咸其輔頰舌은 滕口說也ㅣ라.

雷風恒卦(恒, 益, 益, 夬)

恒은 亨하야 无咎코 利貞하니 利有攸往하니라.

彖曰 恒은 久也ㅣ니 剛上而柔下하고 雷風이 相與하고 巽而動하고
　　　剛柔ㅣ 皆應이 恒이니 恒亨无咎利貞은 久於其道也ㅣ니
　　　天地之道ㅣ 恒久而不已也니라.
　　　利有攸往은 終則有始也ㄹ새니라. 日月이 得天而能久照하며
　　　四時ㅣ 變化而能久成하며 聖人이 久於其道而天下ㅣ
　　　化成하나니 觀其所恒而天地萬物之情을 可見矣리라.

象曰 雷風이 恒이니 君子ㅣ 以하야 立不易方하나니라.

初六은 浚恒이라 貞이라도 凶하니 无攸利하니라.　　　　(雷天大壯)
象曰 浚恒之凶은 始求深也ㄹ새라.
九二는 悔ㅣ 亡하리라.　　　　　　　　　　　　　　　(雷山小過)
象曰 九二悔亡은 能久中也ㅣ라.
九三은 不恒其德이라 或承之羞ㅣ니 貞이라도 吝하리라.　(雷水解)
象曰 不恒其德은 无所容也ㅣ로다.
九四는 田无禽이라.　　　　　　　　　　　　　　　　(地風升)
象曰 久非其位어니 安得禽也ㅣ리오.
六五는 恒其德이면 貞하니 婦人은 吉코 夫子는 凶하니라.(澤風大過)
象曰 婦人貞吉은 從一而終也ㄹ새오 夫子制義어늘 從婦하면
　　　凶也ㅣ라.
上六은 振恒이니 凶하니라.　　　　　　　　　　　　(火風鼎)
象曰 振恒在上하니 大无功也ㅣ라.

遯은 亨이니 小利貞하나라.

彖曰 遯亨은 遯而亨也ㅣ니 剛當位而應이라 與時行也ㅣ니라
小利貞은 浸而長也ㄹ새니 遯之時義ㅣ 大矣哉라.

象曰 天下有山이 遯이니 君子ㅣ 以하야 遠小人하대
不惡而嚴하나니라.

初六은 遯尾라 厲하니 勿用有攸往이니라.　　　(天火同人)
象曰 遯尾之厲는 不往이면 何災也리오.
六二는 執之用黃牛之革이라 莫之勝說이니라.　　(天風姤)
象曰 執用黃牛는 固志也ㅣ라.
九三은 係遯有疾이라 厲하나 畜臣妾하면 吉하니라.　(天地否)
象曰 係遯之厲는 有疾이라 憊也ㅣ오 畜臣妾吉은 不可大事也니라.

九四는 好遯이니 君子는 吉코 小人은 否하니라.　　(風山漸)
象曰 君子는 好遯하고 小人은 否也ㅣ리라.
九五는 嘉遯이니 貞이라 吉하니라.　　　　　　　(火山旅)
象曰 嘉遯貞吉은 以正志也ㅣ라.
上九는 肥遯이니 无不利니라.　　　　　　　　　(澤山咸)
象曰 肥遯无不利는 无所疑也ㅣ라.

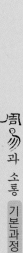

雷天大壯卦(節, 觀. 无妄, 夬)

大壯은 利貞하니라.

彖曰 大壯은 大者ㅣ 壯也ㅣ니 剛以動故로 壯하니 大壯利貞은
　　　大者ㅣ 正也ㅣ니 正大而天地之情을 可見矣리라.

象曰 雷在天上이 大壯이니 君子ㅣ 以하야 非禮弗履하나니라.

初九는 壯于趾니 征하면 凶이 有孚ㅣ리라.　　　　　　　(雷風恒)
象曰 壯于趾는 其孚ㅣ 窮也ㅣ로다.
九二는 貞이라 吉하니라.　　　　　　　　　　　　　　　(雷火豊)
象曰 九二貞吉은 以中也ㅣ라.
九三은 小人은 用壯이오 君子는 用罔이니 貞이면 厲하니 羝羊이
　　　觸藩하야 羸其角이로다.　　　　　　　　　　　(雷澤歸妹)
象曰 小人이 用壯이오 君子는 罔也ㅣ라.

九四는 貞吉悔亡이니 藩決不羸며 壯于大輿之輹이로다.　(地天泰)
象曰 藩決不羸는 尙往也ㅣ새라.
六五는 喪羊于易이라도 无悔리라.　　　　　　　　　　　(澤天夬)
象曰 喪羊于易은 位不當也ㅣ새라.
上六은 羝羊이 觸藩하야 不能退하며 不能遂하야 无攸利니
　　　艱則吉하리라.
象曰 不能退不能遂는 不詳也ㅣ오 艱則吉은 咎不長也ㅣ새라.

　　　　　　　　　　　　　　　　　　　　　　　　　(火天大有)

晋은 康侯를 用錫馬蕃庶하고 晝日三接이로다.

彖曰 晉은 進也ㅣ니 明出地上하야 順而麗乎大明하고
　　　柔進而上行이라 是以로 康侯用錫馬蕃庶晝日三接也ㅣ라.

象曰 明出地上이 晉이니 君子ㅣ 以하야 自昭明德하나니라.

初六은 晉如摧如니 貞이면 吉하고 罔孚라도 裕면 无咎리라.

(火雷噬嗑)

象曰 晉如摧如는 獨行正也ㅣ오 裕无咎는 未受命也ㅣ새라.
六二는 晉如愁如ㅣ나 貞이면 吉하리니 受玆介福于其王母ㅣ리라.
象曰 受玆介福은 以中正也ㅣ라.　　　　　　　　　(火水未濟)
六三은 衆允이니 悔亡하니라.　　　　　　　　　　(火山旅)
象曰 衆允之志는 上行也ㅣ라.

九四는 晉如鼫鼠ㅣ니 貞이면 厲하리라.　　　　　　(山地剝)
象曰 鼫鼠貞厲는 位不當也ㅣ새라.
六五는 悔亡하되 失得을 勿恤이니 往에 吉하야 无不利니라.(天地否)
象曰 失得勿恤은 往有慶也ㅣ리라.
上九는 晉其角이니 維用伐邑이면 厲하나 吉코 无咎어니와
　　　　貞앤 吝하니라.
象曰 維用伐邑은 道未光也ㅣ새라.　　　　　　　　(雷地豫)

地火明夷卦(蹇, 訟, 晉, 解)

明夷는 利艱貞하니라.

彖曰 明入地中이 明夷니 內文明而外柔順하야 以蒙大難이니
　　　文王이 以之하니라. 利艱貞은 晦其明也ㅣ라
　　　內難而能正其志니 箕子ㅣ 以之하니라.

象曰 明入地中이 明夷니 君子ㅣ 以하야 莅衆하되
　　　用晦而明하나니라.

初九는 明夷于飛에 垂其翼이니 君子于行에 三日不食하야
　　　有攸往에 主人이 有言이로다. 　　　　　　　　(地山謙)
象曰 君子于行은 義不食也ㅣ라.
六二는 明夷에 夷于左股ㅣ니 用拯馬壯하면 吉하리라. 　　(地天泰)
象曰 六二之吉은 順以則也ㄹ새라.
九三은 明夷于南狩하야 得其大首ㅣ니 不可疾貞이니라. 　(地雷復)
象曰 南狩之志를 乃大得也ㅣ로다.

六四는 入于左腹하야 獲明夷之心하야 于出門庭이로다. 　(雷火豊)
象曰 入于左腹은 獲心意也ㅣ라.
六五는 箕子之明夷니 利貞하니라. 　　　　　　　　　　(水火旣濟)
象曰 箕子之貞은 明不可息也ㅣ라.
上六은 不明하야 晦니 初登于天하고 後入于地로다. 　　(山火賁)
象曰 初登于天은 照四國也ㄹ새오 後入于地는 失則也ㅣ라.

家人은 利女貞하니라.

彖曰 家人은 女ㅣ正位乎內하고 男이 正位乎外하니 男女正이
　　　天地之大義也ㅣ라. 家人이 有嚴君焉하니 父母之謂也니라.
　　　父父子子兄兄弟弟夫夫婦婦而家道ㅣ 正하리니
　　　正家而天下ㅣ 定矣리라.

象曰 風自火出이 家人이니 君子ㅣ 以하야
　　　言有物而行有恒하나니라.

初九는 閑有家ㅣ면 悔亡하리라.　　　　　　　　　　　　　　(風山漸)
象曰 閑有家는 志未變也ㅣ라.
六二는 无攸遂ㅣ오 在中饋면 貞吉하리라.　　　　　　　　　(風天小畜)
象曰 六二之吉은 順以巽也ㅣ새라.
九三은 家人이 嗃嗃이면 悔厲나 吉하며 婦子嘻嘻면 終吝하리라.
象曰 家人嗃嗃은 未失也ㅣ오 婦子嘻嘻는 失家節也ㅣ새라.

　　　　　　　　　　　　　　　　　　　　　　　　　　　　(風雷益)
六四는 富家ㅣ니 大吉하리라.　　　　　　　　　　　　　　(天火同人)
象曰 富家大吉은 順在位也ㅣ새라.
九五는 王假有家ㅣ니 勿恤이라도 吉하리라.　　　　　　　　(山火賁)
象曰 王假有家는 交相愛也ㅣ새라.
上九는 有孚코 威如ㅣ면 終吉하리라.　　　　　　　　　　　(水火旣濟)
象曰 威如之吉은 反身之謂也ㅣ새라.

火澤睽卦(家人, 蹇, 革, 旣濟)

睽는 小事니 吉하니라.

彖曰 睽는 火動而上하고 澤動而下하며 二女同居하되
　　　其志不同行하니라. 說而麗乎明하고 柔進而上行하야
　　　得中而應乎剛이라 是以小事吉이니라.
　　　天地ㅣ 睽而其事ㅣ 同也ㅣ며 男女ㅣ 睽而其志ㅣ 通也ㅣ며
　　　萬物이 睽而其事ㅣ 類也ㅣ니 睽之時用이 大矣哉라.

象曰 上火下澤이 睽ㅣ니 君子ㅣ 以하야 同而異하나니라.

初九는 悔亡하니 喪馬하고 勿逐이라도 自復이니 見惡人하면
　　　无咎ㅣ리라.　　　　　　　　　　　　　　　　(火水未濟)
象曰 見惡人은 以辟咎也ㅣ라.
九二는 遇主于巷하면 无咎ㅣ니라.　　　　　　　　(火雷噬嗑)
象曰 遇主于巷이 未失道也ㅣ라.
六三은 見輿曳코 其牛掣ㅣ며 其人이 天且劓니 无初코 有終이니라.
　　　　　　　　　　　　　　　　　　　　　　　　(火天大有)
象曰 見輿曳는 位不當也ㄹ새오 无初有終은 遇剛也ㄹ새라.

九四는 睽孤하야 遇元夫하야 交孚ㅣ니 厲하나 无咎리라.　(山澤損)
象曰 交孚无咎는 志行也ㅣ리라.
六五는 悔亡하니 厥宗이 噬膚ㅣ면 往에 何咎ㅣ리오.　　(天澤履)
象曰 厥宗噬膚는 往有慶也ㅣ리라.
上九는 睽孤하야 見豕負塗와 載鬼一車ㅣ라 先張之弧ㅣ라가
　　　後說之弧하야 匪寇ㅣ라 婚媾ㅣ니 往遇雨하면 則吉하리라.
象曰 遇雨之吉은 群疑ㅣ 亡也ㄹ새라.　　　　　　　(雷澤歸妹)

蹇은 利西南하고 不利東北이며 利見大人이니
貞하고 吉하리라.

彖曰 蹇은 難也ㅣ니 險在前也ㅣ니 見險而能止하니 知矣哉라
蹇利西南은 往得中也ㅣ오 不利東北은 其道ㅣ 窮也ㅣ오
利見大人은 往有功也ㅣ오 當位貞吉은 以正邦也ㄹ새니
蹇之時用이 大矣哉라.

象曰 山上有水ㅣ 蹇이니 君子ㅣ 以하야 反身脩德하나니라.

初六은 往하면 蹇하고 來하면 譽ㅣ라.　　　　　　　(水火旣濟)
象曰 往蹇來譽는 宜待也ㅣ라.
六二는 王臣蹇蹇이 匪躬之故ㅣ라.　　　　　　　　(水風井)
象曰 王臣蹇蹇은 終无尤也ㅣ리라.
九三은 往하면 蹇하고 來하면 反하리라.　　　　　　(水地比)
象曰 往蹇來反은 內喜之也ㄹ새라.

六四는 往하면 蹇하고 來하면 連하리라.　　　　　　(澤山咸)
象曰 往蹇來連은 當位實也ㄹ새라.
九五는 大蹇에 朋來로다.　　　　　　　　　　　　(地山謙)
象曰 大蹇朋來는 以中節也ㅣ라.
上六은 往하면 蹇코 來하면 碩이라 吉하리니 利見大人하나라.

　　　　　　　　　　　　　　　　　　　　　　　(風山漸)
象曰 往蹇來碩은 志在內也ㅣ오 利見大人은 以從貴也ㅣ라.

雷水解卦(泰, 家人, 屯, 旣濟)

40

解는 利西南하니 无所往이라 其來復이 吉하니
有攸往이어든 夙하면 吉하니라.

彖曰 解는 險以動이니 動而免乎險이 解라.
　　解利西南은 往得衆也ㅣ오 其來復吉은 乃得中也ㅣ오
　　有攸往夙吉은 往有功也ㅣ라 天地ㅣ 解而雷雨ㅣ 作하며
　　雷雨ㅣ 作而百果草木이 皆甲坼하나니 解之時ㅣ 大矣哉라.

象曰 雷雨作이 解니 君子ㅣ 以하야 赦過宥罪하나니라.

初六은 无咎하니라.　　　　　　　　　　　　　(雷澤歸妹)
象曰 剛柔之際라 義无咎也ㅣ니라.
九二는 田獲三狐하야 得黃矢니 貞이라 吉하니라.　　(雷地豫)
象曰 九二貞吉은 得中道也ㅣ새라.
六三은 負且乘이라 致寇至니 貞이라도 吝이리라.　　(雷風恒)
象曰 負且乘이 亦可醜也ㅣ며 自我致戎이어니 又誰咎也ㅣ리오.

九四는 解而拇니 朋至하야 斯孚리라.　　　　　　(地水師)
象曰 解而拇나 未當位也ㅣ새라.
六五는 君子ㅣ 維有解ㅣ면 吉하니 有孚于小人이리라.　(澤水困)
象曰 君子有解는 小人의 退也ㅣ라.
上六은 公用射隼于高墉之上하야 獲之니 无不利니라.　(火水未濟)
象曰 公用射隼은 以解悖也ㅣ라.

損은 有孚ㅣ면 元吉코 无咎하야 可貞이라 利有攸往하니
曷之用이리오 二簋ㅣ 可用享이니라.

象曰 損은 損下益上하야 其道上行이니 損而有孚ㅣ면
元吉无咎可貞利有攸往이니 曷之用二簋可用享은 二簋ㅣ
應有時며 損剛益柔ㅣ 有時ㅣ니 損益盈虛를 與時偕行이니라.

象曰 山下有澤이 損이니 君子ㅣ 以하야 懲忿窒欲하나니라.

初九는 已事ㅣ어든 遄往이라야 无咎ㅣ리니 酌損之니라.　　　(山水蒙)
象曰 已事遄往은 尙合志也ㄹ새라.
九二는 利貞이나 征이면 凶하니 弗損이라 益之리라.　　　(山雷頤)
象曰 九二利貞은 中以爲志也ㅣ라.
六三은 三人行앤 則損一人코 一人行앤 則得其友이로다.(山天大畜)
象曰 一人行은 三이면 則疑也ㅣ리라.

六四는 損其疾호대 使遄이면 有喜코 无咎ㅣ리라.　　　(火澤睽)
象曰 損其疾하니 亦可喜也ㅣ로다.
六五는 或益之는 十朋之라 龜도 弗克違하리니 元吉하니라.

(風澤中孚)

象曰 六五元吉은 自上祐也ㅣ라
上九는 弗損코 益之라 无咎코 貞吉하니 利攸有往이며 得臣이
无家ㅣ리라.
象曰 弗損益之는 大得志也ㅣ라.　　　(地澤臨)

風雷益卦(遯, 恒, 恒, 剝)

42

益은 利有攸往하며 利涉大川하니라.

彖曰 益은 損上益下하니 民說无疆이오 自上下下하니
　　　其道大光이라. 利有攸往은 中正하야 有慶이오
　　　利涉大川은 木道ㅣ 乃行ㅣ라.
　　　益은 動而巽하야 日進无疆하며 天施地生하니
　　　其益이 无方하니 凡益之道ㅣ 與時偕行하나니라.

象曰 風雷ㅣ 益이니 君子ㅣ 以하야 見善則遷하고 有過則改하나니라.

初九는 利用爲大作이니 元吉코 无咎리라.　　　　　　　(風地觀)
象曰 元吉无咎는 下ㅣ 不厚事也ㄹ새라.
六二는 或益之는 十朋之라 龜弗克違나 永貞이면 吉하니
　　　　王用享于帝라도 吉하리라.　　　　　　　　　　(風澤中孚)
象曰 或益之는 自外來也ㅣ라.
六三은 益之用凶事앤 无咎ㅣ어니와 有孚中行이라야 告公用圭리라.
象曰 益用凶事는 固有之也ㄹ새라.　　　　　　　　　　(風火家人)
六四는 中行이면 告公從하리니 利用爲依며 遷國이니라. (天雷无妄)
象曰 告公從은 以益志也ㅣ라.
九五는 有孚惠心이라 勿問하야도 元吉하니 有孚면 惠我德하리라.
　　　　　　　　　　　　　　　　　　　　　　　　　　(山雷頤)
象曰 有孚惠心은 勿問之矣며 惠我德은 大得志也ㅣ라.
上九는 莫益之라 或擊之리니 立心勿恒이니 凶하니라.　(水雷屯)
象曰 莫益之는 偏辭也ㅣ오 或擊之는 自外來也ㅣ라.

夬는 揚于王庭이니 孚號有厲니라.
告自邑이오 不利卽戎이며 利有攸往하니라.

彖曰 夬는 決也ㅣ니 剛決柔也ㅣ니 健而說하고 決而和하나라
    揚于王庭은 柔ㅣ乘五剛也ㅣ오 孚號有厲는 其危ㅣ
    乃光也ㅣ오 告自邑不利卽戎은 所尙이 乃窮也ㅣ오
    利有攸往은 剛長이 乃終也ㅣ리라.

象曰 澤上於天이 夬니 君子ㅣ以하야 施祿及下하며 居德하야
    則忌하나니라.

初九는 壯于前趾니 往하야 不勝이면 爲咎ㅣ리라.　　　(澤風大過)
象曰 不勝而往은 咎也ㅣ라.
九二는 惕號ㅣ니 莫夜애 有戎이라도 勿恤이로다.　　　(澤火革)
象曰 有戎勿恤은 得中道也ㄹ새라.
九三은 壯于頄하야 有凶코 獨行遇雨ㅣ니 君子는 夬夬라
    若濡有慍이나 无咎리라.　　　(重澤兌)
象曰 君子는 夬夬라 終无咎也ㅣ니라.
九四는 臀无膚ㅣ며 其行次且ㅣ니 牽羊하면 悔ㅣ亡하련마는
    聞言하야도 不信하리로다.　　　(水天需)
象曰 其行次且는 位不當也ㅣ오 聞言不信은 聰不明也ㅣ라.
九五는 莧陸夬夬니 中行이라 无咎리라.　　　(雷天大壯)
象曰 中行无咎는 中未光也이라.
上六은 无號ㅣ니 終有凶하니라.　　　(重天乾)
象曰 无號之凶은 終不可長也ㅣ니라.

天風姤卦(同人, 復, 小畜, 乾)

44

姤는 女壯이니 勿用取女 l 니라.

彖曰 姤는 遇也 l 니 柔遇剛也 l 라.
　　勿用取女는 不可與長也 l 새라. 天地相遇하니 品物이
　　咸章也 l 오 剛遇中正은 天下에 大行也 l 니 姤之時義 l
　　大矣哉라.

象曰 天下有風이 姤 l 니 后 l 以하야 施命誥四方하나니라.

初六은 繫于金柅면 貞이 吉코 有攸往이면 見凶하리니
羸豕 l 孚蹢躅하나니라. 　　　　　　　　　　　　(重天乾)
象曰 繫于金柅는 柔道 l 牽也 l 새라.
九二는 包有魚 l 면 无咎나 不利賓하니라. 　　　　　(天山遯)
象曰 包有魚는 義不及賓也 l 라.
九三은 臀无膚 l 나 其行은 次且 l 니 厲하나 无大咎리라. (天水訟)
象曰 其行次且는 行未牽也 l 라.

九四는 包无魚 l 니 起凶하리라. 　　　　　　　　　(重風巽)
象曰 无魚之凶은 遠民也 l 새라.
九五는 以杞包瓜 l 니 含章이면 有隕自天이리라. 　　(火風鼎)
象曰 九五含章은 中正也 l 오 有隕自天은 志不舍命也 l 새라.
上九는 姤其角이라 吝이나 无咎 l 리라. 　　　　　(澤風大過)
象曰 姤其角은 上窮하야 吝也 l 라.

澤地萃卦(革, 大畜, 臨, 漸)

萃는 亨하니 王假有廟 ㅣ니 利見大人이니 亨코 利貞이니라.
用大牲이 吉하니 利有攸往하니라.

彖曰 萃는 聚也 ㅣ니 順以說하고 剛中而應이라
    故로 聚也 ㅣ니라. 王假有廟는 致孝享也 ㅣ오 利見大人亨은
    聚以正也 ㅣㄹ새오 用大牲吉利有攸往은 順天命也 ㅣ니
    觀其所聚而天地萬物之情을 可見矣리라.

象曰 澤上於地 ㅣ 萃니 君子 ㅣ 以하야 除戎器하야 戒不虞하나니라.

初六은 有孚 ㅣ나 不終이면 乃亂乃萃하릴새 若號하면
    一握爲笑하리니 勿恤코 往하면 无咎 ㅣ리라.   (澤雷隨)
象曰 乃亂乃萃는 其志亂也 ㅣㄹ새라.
六二는 引하면 吉하야 无咎하리니 孚乃利用禴이리라.   (澤水困)
象曰 引吉无咎는 中이라 未變也 ㅣㄹ새라.
六三은 萃如嗟如 ㅣ라 无攸利하니 往하면 无咎어니와 小吝하니라.
象曰 往无咎는 上이 巽也 ㅣㄹ새라.   (澤山咸)

九四는 大吉이라야 无咎리라.   (水地比)
象曰 大吉无咎는 位不當也 ㅣㄹ새라.
九五는 萃有位 ㅣ니 无咎하나 匪孚 ㅣ어든 元永貞이면 悔亡하리라.
象曰 萃有位는 志未光也 ㅣㄹ새라.   (雷地豫)
上六은 齎咨涕洟라야 无咎 ㅣ니라.   (天地否)
象曰 齎咨涕洟는 未安上也 ㅣ라.

地風升卦(鼎, 无妄, 觀, 歸妹)

46

升은 元亨이니 用見大人이오 勿恤코 南征하면 吉하리라.

彖曰 柔ㅣ 以時升하야 巽而順하고 剛中而應이라 是以大亨하니라.
　　用見大人勿恤은 有慶也ㅣ오 南征吉은 志行也ㅣ니라.

象曰 地中生木이 升이니 君子ㅣ 以하야 順德하야
　　積小以高大하나니라.

初六은 允升이니 大吉이니라.　　　　　　　　　　(地天泰)
象曰 允升大吉은 上合志也ㅣ라.
九二는 孚乃利用禴이니 无咎ㅣ리라.　　　　　　　(地山謙)
象曰 九二之孚는 有喜也ㅣ라.
九三은 升虛邑이로다.　　　　　　　　　　　　　(地水師)
象曰 升虛邑은 无所疑也ㅣ라.

六四는 王用亨于岐山이면 吉코 无咎하리라.　　　　(雷風恒)
象曰 王用亨于岐山은 順事也ㅣ라.
六五는 貞이라 吉하야 升階로다.　　　　　　　　(水風井)
象曰 貞吉升階는 大得志也ㅣ리라.
上六은 冥升이니 利于不息之貞하니라.　　　　　　(山風蠱)
象曰 冥升在上은 消不富也이로다.

困은 亨코 貞하니 大人이라야 吉코 无咎하니
有言이면 不信이니라.

彖曰 困은 剛揜也ㅣ니 險以說하야 困而不失其所亨하나니
其唯君子乎인져 貞大人吉은 以剛中也ㅣ오
有言不信은 尙口乃窮也ㅣ라

象曰 澤无水ㅣ 困이니 君子ㅣ 以하야 致命遂志하나니라.

初六은 臀困于株木이라 入于幽谷하야 三歲라도 不覿이로다.
象曰 入于幽谷은 幽不明也ㅣ니라.　　　　　　　　　　(重澤兌)
九二는 困于酒食이나 朱紱이 方來하리니 利用亨祀ㅣ니 征이면
　　　凶하니 无咎ㅣ니라.　　　　　　　　　　　　　(澤地萃)
象曰 困于酒食은 中이라 有慶也ㅣ리라.
六三은 困于石하며 據于蒺藜ㅣ라 入于其宮이라도 不見其妻ㅣ니
　　　凶토다.　　　　　　　　　　　　　　　　　　(澤風大過)
象曰 據于蒺藜는 乘剛也글새오 入于其宮不見其妻는 不祥也ㅣ라.
九四는 來徐徐는 困于金車일새니 吝하나 有終이리라.　(重水坎)
象曰 來徐徐는 志在下也ㅣ니 雖不當位나 有與也ㅣ니라.
九五는 劓刖이니 困于赤紱하나 乃徐有說하리니 利用祭祀ㅣ니라.
象曰 劓刖은 志未得也ㅣ오 乃徐有說은 以中直也ㅣ오 利用祭祀는
　　　受福也ㅣ리라.　　　　　　　　　　　　　　　(雷水解)
上六은 困于葛藟와 于臲卼이니 曰動悔라하야 有悔면 征이라도
　　　吉하리라.　　　　　　　　　　　　　　　　　(天水訟)
象曰 困于葛藟는 未當也ㅣ오 動悔有悔는 吉行也ㅣ라.

水風井卦(中孚, 噬嗑, 渙, 睽)

井은 改邑하되 不改井이니 无喪无得하며 往來井井하나니
汔至ㅣ 亦未繘井이니 羸其瓶이면 凶하니라.

彖曰 巽乎水而上水ㅣ 井이니 井은 養而不窮也하니라
　　改邑不改井은 乃以剛中也ㅣ오
　　汔至亦未繘井은 未有功也ㅣ오 羸其瓶이라 是以凶也니라

象曰 木上有水ㅣ 井이니 君子ㅣ 以하야 勞民勸相하나니라.

初六은 井泥不食이니 舊井에는 无禽이니라.　　　　　　　(水天需)
象曰 井泥不食은 下也ㄹ새오 舊井无禽은 時舍也ㅣ라.
九二는 井谷이라 射鮒ㅣ오 甕敝漏ㅣ로다.　　　　　　　(水山蹇)
象曰 井谷射鮒는 无與也ㄹ새라.
九三은 井渫不食하야 爲我心惻하야 可用汲이니 王明하면
　　　　竝受其福하리라.　　　　　　　　　　　　　　(重水坎)
象曰 井渫不食은 行을 惻也ㅣ오 求王明은 受福也ㅣ라.

六四는 井甃ㅣ면 无咎ㅣ리라.　　　　　　　　　　　　(澤風大過)
象曰 井甃无咎는 脩井也ㄹ새라.
九五는 井冽寒泉食이로다.　　　　　　　　　　　　　(地風升)
象曰 寒泉之食은 中正也ㄹ새라.
上六은 井收勿幕코 有孚ㅣ니라 元吉이니라.　　　　　　(重風巽)
象曰 元吉在上은 大成也ㅣ라.

革은 己日이라야 乃孚하리니 元亨코 利貞하야 悔亡하니라.

彖曰 革은 水火ㅣ 相息하며 二女ㅣ 同居호대 其志不相得이
　　　曰革이라. 已日乃孚는 革而信之라.
　　　文明以說하야 大亨以正하니 革而當할새 其悔ㅣ 乃亡하니라.
　　　天地ㅣ 革而四時ㅣ 成하며 湯武ㅣ 革命하야
　　　順乎天而應乎人하니 革之時ㅣ 大矣哉라.

象曰 澤中有火ㅣ 革이니 君子ㅣ 以하야 治歷明時하나니라.

初九는 鞏用黃牛之革이니라.　　　　　　　　　　　　　(澤山咸)
象曰 鞏用黃牛는 不可以有爲也ㄹ새라.
六二는 已日이라야 乃革之니 征이면 吉코 无咎하리라.　　(澤天夬)
象曰 已日革之는 行有嘉也ㅣ라.
九三은 征이면 凶하니 貞이라도 厲하니 革言이 三就면 有孚ㅣ리라.
象曰 革言三就어니 又何之矣리오.　　　　　　　　　　　(澤雷隨)

九四는 悔亡코 有孚ㅣ면 改命이라 吉하리라.　　　　　　(水火旣濟)
象曰 改命之吉은 信志也ㄹ새라.
九五는 大人이 虎變이니 未占에 有孚ㅣ니라.　　　　　　(雷火豐)
象曰 大人虎變은 其文이 炳也ㅣ라.
上六은 君子는 豹變이오 小人은 革面이니 征이면 凶코 居貞이면
　　　　吉하리라.　　　　　　　　　　　　　　　　　　(天火同人)
象曰 君子豹變은 其文이 蔚也ㅣ오 小人革面은 順以從君也ㅣ라.

火風鼎卦(旅, 屯, 家人, 夬)

鼎은 元吉亨하니라.

彖曰 鼎은 象也ㅣ니 以木巽火ㅣ 亨飪也ㅣ니
　　聖人이 亨하야 以享上帝하고 以大亨하야 以養聖賢하니라.
　　巽而耳目이 聰明하며 柔進而上行하고 得中而應乎剛이라
　　是以元亨하니라.

象曰 木上有火ㅣ 鼎이니 君子ㅣ 以하야 正位凝命하나니라.

初六은 鼎이 顚趾나 利出否하니 得妾하면 以其子无咎ㅣ리라.
象曰 鼎顚趾나 未悖也ㅣ오 利出否는 以從貴也ㅣ라.　　　　　(大有)
九二는 鼎有實이나 我仇有疾하니 不我能이면 卽吉하리라. (火山旅)
象曰 鼎有實은 愼所之也이니 我仇有疾은 終无尤也ㅣ리라.
九三은 鼎耳ㅣ 革하야 其行이 塞하야 雉膏를 不食하나 方雨하야
　　　　虧悔하리니 終吉이리라.　　　　　　　　　　　(火水未濟)
象曰 鼎耳革은 失其義也ㄹ새라.

九四는 鼎이 折足하야 覆公餗하니 其形이 渥이라 凶토다
象曰 覆公餗하니 信如何也오　　　　　　　　　　(山風蠱)
六五는 鼎黃耳金鉉이니 利貞하니라.　　　　　　　(天風姤)
象曰 鼎黃耳는 中以爲實也ㅣ라.
上九는 鼎玉鉉이니 大吉하야 无不利니라.　　　　　(雷風恒)
象曰 玉鉉在上은 剛柔ㅣ 節也ㄹ새라.

重雷震卦(離, 巽, 震, 蹇)

震은 亨하니 震來에 虩虩이면 笑言이 啞啞이리니
震驚百里에 不喪匕鬯하나니라.

彖曰 震은 亨하니 震來虩虩은 恐致福也ㅣ오
   笑言啞啞은 後有則也ㅣ새라. 震驚百里는 驚遠而懼邇ㅣ니
   出可以守宗廟社稷하야 以爲祭主也ㅣ리라.

象曰 洊雷ㅣ 震이니 君子ㅣ 以하야 恐懼脩省하나니라.

初九는 震來虩虩이라야 後에 笑言啞啞이리니 吉하니라.(雷地豫)
象曰 震來虩虩은 恐致福也ㅣ오 笑言啞啞은 後有則也ㅣ라.
六二는 震來厲ㅣ라 億喪貝하고 躋于九陵이니 勿逐이라도
       七日得하리라.   (雷澤歸妹)
象曰 震來厲는 乘剛也일새라.
六三은 震蘇蘇ㅣ니 震行이면 无眚하리라.   (雷火豐)
象曰 震蘇蘇는 位不當也일새라.
九四는 震이 遂泥라.   (地雷復)
象曰 震遂泥는 未光也ㅣ로다.
六五는 震往來에 厲하니 億无喪有事ㅣ니라.   (澤雷隨)
象曰 震往來厲는 危行也ㅣ오 其事在中하니 大无喪也ㅣ니라.
上六은 震이 索索하야 視ㅣ 矍矍이니 征이면 凶하니
       震不于其躬이오 于其隣이면 无咎리니 婚媾는 有言이리라.
                                      (火雷噬嗑)
象曰 震索索은 中未得也일새오 雖凶无咎는 畏鄰戒也일새라.

重山艮卦(坎, 兌, 艮, 解)

艮其背면 不獲其身하며 行其庭하야도
不見其人하야 无咎리라.

彖曰 艮은 止也ㅣ니 時止則止하고 時行則行하야
　　動靜不失其時ㅣ 其道ㅣ 光明이니 艮其止는 止其所也일새라.
　　上下敵應하야 不相與也ㄹ새
　　是以不獲其身行其庭不見其人无咎也ㅣ라.

象曰 兼山이 艮이니 君子ㅣ 以하야 思不出其位하나니라.

初六은 艮其趾라 无咎하니 利永貞하니라.　　　　　　　　　(山火賁)
象曰 艮其趾는 未失正也ㅣ라.
六二는 艮其腓니 不拯其隨ㅣ라 其心不快로다.　　　　　　(山風蠱)
象曰 不拯其隨는 未退聽也ㅣ라.
九三은 艮其限이라 列其夤이니 厲ㅣ 薰心이로다.　　　　　(山地剝)
象曰 艮其限이라 危ㅣ 薰心也ㅣ라.

六四는 艮其身이니 无咎ㅣ니라.　　　　　　　　　　　　　(火山旅)
象曰 艮其身은 止諸躬也ㅣ라.
六五는 艮其輔ㅣ라 言有序ㅣ니 悔亡하리라.　　　　　　　(風山漸)
象曰 艮其輔는 以中으로 正也ㅣ라.
上九는 敦艮이니 吉하니라.　　　　　　　　　　　　　　　(地山謙)
象曰 敦艮之吉은 以厚終也ㄹ새라.

漸은 女歸ㅣ 吉하니 利貞이니라.

彖曰 漸之進也ㅣ 女歸의 吉也ㅣ라.
　　　進得位하니 往有功也ㅣ오 進以正하니 可以正邦也ㅣ니
　　　其位는 剛得中也ㅣ오. 止而巽할새 動不窮也ㅣ라.

象曰 山上有木이 漸이니 君子ㅣ 以하야 居賢德하야 善俗하나니라.

初六은 鴻漸于干이니 小子ㅣ 厲하야 有言이나 无咎니라.
象曰 小子之厲나 義无咎也ㅣ니라.　　　　　　　　　　(風火家人)
六二는 鴻漸于磐이라 飮食이 衎衎하니 吉하니라.　　　　(重風巽)
象曰 飮食衎衎은 不素飽也ㅣ라.
九三은 鴻漸于陸이니 夫征이면 不復하고 婦孕이라도 不育이라
　　　　凶하니 利御寇하니라.　　　　　　　　　　　　(風地觀)
象曰 夫征不復은 離群하야 醜也ㅣ오 婦孕不育은 失其道也ㅣ오
　　　　利用禦寇는 順相保也ㅣ라.

六四는 鴻漸于木이니 或得其桷이면 无咎리라.　　　　　(天山遯)
象曰 或得其桷은 順以巽也ㅣ라.
九五는 鴻漸于陵이니 婦ㅣ 三歲를 不孕하나 終莫之勝이라
　　　　吉하리라.　　　　　　　　　　　　　　　　　(重山艮)
象曰 終莫之勝吉은 得所願也ㅣ라.
上九는 鴻漸于陸이니 其羽ㅣ 可用爲儀니 吉하니라.　　　(水山蹇)
象曰 其羽可用爲儀吉은 不可亂也ㄹ새라.

雷澤歸妹卦(履, 漸, 隨, 既濟)

歸妹는 征하면 凶하니 无攸利하니라.

彖曰 歸妹는 天地之大義也ㅣ니 天地不交而萬物이 不興하나니
　　　歸妹는 人之終始也ㅣ라. 說以動하야 所歸ㅣ 妹也ㅣ니
　　　征凶은 位不當也ㅣ오 无攸利는 柔乘剛也ㄹ새라.

象曰 澤上有雷ㅣ 歸妹니 君子ㅣ 以하야 永終하야 知敝하나니라.

初九는 歸妹以娣니 跛能履라 征이면 吉하리라.　　　　　(雷水解)
象曰 歸妹以娣는 以恒也ㅣ오 跛能履吉은 相承也ㄹ새라.
九二는 眇能視니 利幽人之貞하니라.　　　　　　　　　　(重雷震)
象曰 利幽人之貞은 未變常也ㅣ라.
六三은 歸妹以須ㅣ니 反歸以娣니라.　　　　　　　　　　(雷天大壯)
象曰 歸妹以須는 未當也ㄹ새라.

九四는 歸妹愆期니 遲歸有時니라.　　　　　　　　　　　(地澤臨)
象曰 愆期之志는 有待而行也니라.
六五는 帝乙歸妹니 其君之袂ㅣ 不如其娣之袂ㅣ良하니
　　　月幾望이면 吉하리라.　　　　　　　　　　　　　(重澤兌)
象曰 帝乙歸妹不如其娣之袂良也는 其位在中하야 以貴行也ㅣ라.
上六은 女ㅣ 承筐无實하고 士ㅣ 刲羊无血이니 无攸利하니라.
象曰 上六无實은 承虛筐也ㅣ라.　　　　　　　　　　　(火澤睽)

豊은 亨하니 王이 假之하나니 勿憂인댄 宜日中이니라.

彖曰 豊은 大也ㅣ니 明以動이라 故로 豊이니 王假之는 尙大也ㅣ오
　　　勿憂宜日中은 宜照天下也ㅣ라.
　　　日中則昃하며 月盈則食하나니 天地盈虛도 與時消息이온
　　　而況於人乎ㅣ며 況於鬼神乎여.

象曰 雷電皆至ㅣ 豊이니 君子ㅣ 以하야 折獄致刑하나니라.

初九는 遇其配主하되 雖旬이나 无咎하니 往하면 有尙이리라.
象曰 雖旬无咎는 過旬이면 災也ㅣ리라.　　　　　　(雷山小過)
六二는 豊其蔀라 日中見斗ㅣ니 往하면 得疑疾하리니
　　　有孚發若하면 吉하리라.
象曰 有孚發若은 信以發志也ㅣ라.　　　　　　　(雷風大壯)
九三은 豊其沛라 日中見沬ㅣ오 折其右肱이니 无咎ㅣ니라.(重雷震)
象曰 豊其沛라 不可大事也ㅣ오 折其右肱이라 終不可用也리라.
九四는 豊其蔀ㅣ라 日中見斗ㅣ니 遇其夷主하면 吉하리라.(明夷)
象曰 豊其蔀는 位不當也ㄹ새오 日中見斗는 幽不明也ㄹ새오.
　　　遇其夷主는 吉行也ㅣ라.
六五는 來章이면 有慶譽하야 吉하리라.　　　　　　(澤火革)
象曰 六五之吉은 有慶也ㅣ라.
上六은 豊其屋하고 蔀其家ㅣ라 闚其戶하되 闃其无人이라
　　　三歲라도 不覿이로소니 凶하니라　　　　　(重火離)
象曰 豊其屋은 天際翔也ㅣ오 闚其戶闃其无人은 自藏也ㅣ라.

火山旅卦(訟, 節, 賁, 大過)

旅는 小亨하니 旅ㅣ 貞하니 吉하니라.

彖曰 旅小亨은 柔ㅣ 得中乎外而順乎剛하고 止而麗乎明이라
　　是以小亨旅貞吉也ㅣ니 旅之時義ㅣ 大矣哉라.

象曰 山上有火ㅣ 旅ㅣ니 君子ㅣ 以하야 明愼用刑하며
　　而不留獄하나니라.

初六은 旅瑣瑣니 斯其所取災니라.　　　　　　　　　　　(重火離)
象曰 旅瑣瑣는 志窮하야 災也리라.
六二는 旅卽次하야 懷其資하고 得童僕貞이로다.　　　　　(火風鼎)
象曰 得童僕貞은 終无尤也리라.
九三은 旅焚其次하고 喪其童僕이니 貞이라도 厲하니라. (火地晉)
象曰 旅焚其次하니 亦以傷矣ㅣ오 以旅與下하니 其義喪也로다.

九四는 旅于處하고 得其資斧하나 我心은 不快로다.　　　(重山艮)
象曰 旅于處는 未得位也ㅣ니 得其資斧하나 心未快也ㅣ라.
六五는 射雉一矢亡이라 終以譽命이리라.　　　　　　　　　(天山遯)
象曰 終以譽命은 上逮也ㄹ새라.
上九는 鳥焚其巢ㅣ니 旅人이 先笑後號咷ㅣ라 喪牛于易이니
　　　凶하니라.　　　　　　　　　　　　　　　　　　　(雷山小過)
象曰 以旅在上하니 其義焚也ㅣ오 喪牛于易하니
　　終莫之聞也ㅣ로다.

巽은 小亨하니 利有攸往하며 利見大人하니라.

彖曰 重巽으로 以申命하나니 剛이 巽乎中正而志行하며
　　　柔ㅣ 皆順乎剛이라 是以小亨하니 利有攸往하며
　　　利見大人하니라.

象曰 隨風이 巽이니 君子ㅣ 以하야 申命行事하나니라.

初六은 進退니 利武人之貞이니라.　　　　　　　　　　　(風天小畜)
象曰 進退는 志疑也ㅣ오 利武人之貞은 志治也ㅣ라.
九二는 巽在牀下ㅣ니 用史巫紛若하면 吉코 无咎리라.(風山漸)
象曰 紛若之吉은 得中也ㅣ새라.
九三은 頻巽이니 吝하니라.　　　　　　　　　　　　　(風水渙)
象曰 頻巽之吝은 志窮也ㅣ라.

六四는 悔亡하니 田獲三品이로다.　　　　　　　　　　(天風姤)
象曰 田獲三品은 有功也ㅣ라.
九五는 貞이니 吉하야 悔亡이라 无不利ㅣ니 无初有終이라
　　　　　先庚三日하며 後庚三日이면 吉하니라.　　　(山風蠱)
象曰 九五之吉은 位正中也ㅣ새라.
上九는 巽在牀下하야 喪其資斧ㅣ니 貞이라도 凶하니라　(水風井)
象曰 巽在牀下는 上窮也ㅣ오 喪其資斧는 正乎아 凶也ㅣ라.

重澤兌卦(姤, 艮, 兌, 家人)

兌는 亨하니 利貞하니라.

彖曰 兌는 說也ㅣ니 剛中而柔外하야 說以利貞이라
　　是以順乎天而應乎人하야 說以先民하면 民忘其勞하고
　　說以犯難하면 民忘其死하나니 說之大ㅣ 民勸矣哉라.

象曰 麗澤이 兌니 君子ㅣ 以하야 朋友講習하나니라.

初九는 和兌니 吉하니라.　　　　　　　　　　　　(澤水困)
象曰 和兌之吉은 行未疑也ㅣㄹ새라.
九二는 孚兌니 吉코 悔亡하니라.　　　　　　　　　(澤雷隨)
象曰 孚兌之吉은 信志也ㅣㄹ새라.
六三은 來兌니 凶하니라.　　　　　　　　　　　　(澤天夬)
象曰 來兌之凶은 位不當也ㅣㄹ새라.

九四는 商兌未寧이니 介疾이면 有喜리라.　　　　　(水澤節)
象曰 九四之喜는 有慶也ㅣ라.
九五는 孚于剝이면 有厲ㅣ리라.　　　　　　　　　(雷澤歸妹)
象曰 孚于剝은 位正當也ㅣㄹ새라.
上六은 引兌라.　　　　　　　　　　　　　　　　(天澤履)
象曰 上六引兌는 未光也ㅣ라

風水渙卦(戊午) (漸, 豊, 井, 頤)

渙은 亨하니 王假有廟ㅣ며 利涉大川하니 利貞하니라.

彖曰 渙亨은 剛ㅣ 來而不窮하고 柔ㅣ 得位乎外而上同할새라
　　　王假有廟는 王乃在中也ㅣ오 利涉大川은 乘木有功也ㅣ니라.

象曰 風行水上이 渙이니 先王이 以하야 享于帝하며 立廟하니라.

初六은 用拯하되 馬壯하니 吉하니라.　　　　　　　　(風澤中孚)
象曰 初六之吉은 順也ㅣ새라.
九二는 渙에 奔其机면 悔亡하리라.　　　　　　　　　(風地觀)
象曰 渙奔其机는 得願也ㅣ라.
六三은 渙其躬이 无悔니라.　　　　　　　　　　　　(重風巽)
象曰 渙其躬은 志在外也ㅣ새라.

六四는 渙에 其群이라 元吉이니 渙에 有丘ㅣ 匪夷所思ㅣ니라.
象曰 渙其群元吉은 光大也ㅣ라.　　　　　　　　　　(天水訟)
九五는 渙에 汗其大號ㅣ면 渙王居ㅣ니 无咎ㅣ리라.　　(山水蒙)
象曰 王居无咎는 正位也ㅣ라.
上九는 渙애 其血이 去하면 逖에 出하면 无咎ㅣ리라.　(重水坎)
象曰 渙其血은 遠害也ㅣ라.

水澤節卦(頤, 旅, 困, 頤)

節은 亨하니 苦節은 不可貞이니라.

彖曰 節亨은 剛柔ㅣ 分而剛得中할새오 苦節不可貞은
　　　其道ㅣ 窮也ㄹ새라 說以行險하고 當位以節하고
　　　中正以通하니라 天地節而四時成하나니 節以制度하야
　　　不傷財하며 不害民하나니라.

象曰 澤上有水ㅣ 節이니 君子ㅣ 以하야 制數度하며
　　　議德行하나니라.

初九는 不出戶庭이니 无咎니라.　　　　　　　　　　　(重水坎)
象曰 不出戶庭은 知通塞也ㅣ니라.
九二는 不出門庭이라 凶하니라.　　　　　　　　　　　(水雷屯)
象曰 不出門庭凶은 失時ㅣ 極也ㄹ새라.
六三은 不節若이면 則嗟若하리니 无咎ㅣ니라.　　　　(水天需)
象曰 不節之嗟를 又誰咎也ㅣ리오.

六四는 安節이니 亨하니라.　　　　　　　　　　　　　(重澤兌)
象曰 安節之亨은 承上道也ㅣ라.
九五는 甘節이라 吉하니 往하면 有尙하리라.　　　　　(地澤臨)
象曰 甘節之吉은 居位中也ㄹ새라.
上六은 苦節이니 貞이면 凶코 悔면 亡하니라.　　　　(風澤中孚)
象曰 苦節貞凶은 其道窮也ㄹ새라.

中孚는 豚魚ㅣ면 吉하니 利涉大川하고 利貞하니라.

象曰 中孚는 柔在內而剛得中할새니 說而巽할새
　　　孚ㅣ 乃化邦也ㅣ니라. 豚魚吉은 信及豚魚也ㅣ오
　　　利涉大川은 乘木코 舟虛也ㅣ오 中孚코 以利貞이면
　　　乃應乎天也ㅣ리라.

象曰 澤上有風이 中孚ㅣ니 君子ㅣ 以하야 議獄緩死하나니라.

初九는 虞하면 吉하니 有他ㅣ면 不燕하리라.　　　　　　(風水渙)
象曰 初九虞吉은 志未變也ㅣㄹ새라.
九二는 鳴鶴이 在陰이어늘 其子ㅣ 和之로다 我有好爵하야
吾與爾靡之하노라.　　　　　　　　　　　　　　　　(風雷益)
象曰 其子和之는 中心願也ㅣ라.
六三은 得敵하야 或鼓或罷或泣或歌ㅣ로다.　　　　　　(風天小畜)
象曰 或鼓或罷는 位不當也ㅣㄹ새라.

六四는 月幾望이니 馬匹이 亡하면 无咎ㅣ리라.　　　　　(天澤履)
象曰 馬匹亡은 絶類하야 上也ㅣ라.
九五는 有孚ㅣ 攣如ㅣ면 无咎ㅣ리라.　　　　　　　　　(山澤損)
象曰 有孚攣如는 位正當也ㅣㄹ새라.
上九는 翰音이 登于天이니 貞이라도 凶하니라.　　　　　(水澤節)
象曰 翰音登于天이니 何可長也ㅣ리오.

小過는 亨하니 利貞하니 可小事 l 오 不可大事 l 니
飛鳥遺之音에 不宜上이오 宜下 l 면 大吉이니라.

象曰 小過는 小者 l 過而亨也 l 니 過以利貞은 與時行也니라
柔得中이라 是以小事 l 吉也 l 오 剛失位而不中이라
是以不可大事也 l 니라. 有飛鳥之象焉하니라
飛鳥遺之音不宜上宜下大吉은 上逆而下順也 l 새라.

象曰 山上有雷 l 小過 l 니 君子 l 以하야 行過乎恭하며
喪過乎哀하며 用過乎儉하나니라.

初六은 飛鳥 l 라 以凶이니라.   (雷火豊)
象曰 飛鳥以凶은 不可如何也 l 라.
六二는 過其祖하야 遇其妣니 不及其君이오 遇其臣이면
        无咎 l 리라.   (雷風恒)
象曰 不及其君은 臣不可過也 l 라.
九三은 弗過防之면 從或戕之라 凶하리라.   (雷地豫)
象曰 從或戕之니 凶如何也오
九四는 无咎하니 弗過하야 遇之니 往이면 厲 l 라 必戒며 勿用코
        永貞이니라.   (地山謙)
象曰 弗過遇之는 位不當也 l 오 往厲必戒는 終不可長也 l 새라.
六五는 密雲不雨는 自我西郊 l 니 公이 弋取彼在穴이로다.
象曰 密雲不雨는 已上也 l 새라.   (澤山咸)
上六은 弗遇하야 過之니 飛鳥離之라 凶하니 是謂災眚이니라.
象曰 弗遇過之는 已亢也 l 라.   (火山旅)

水火旣濟卦(未濟, 未濟, 未濟,未濟)

旣濟는 亨코 小利貞하니 初吉코 終亂하니라.

彖曰 旣濟亨은 小者ㅣ 亨也ㅣ니 利貞은 剛柔ㅣ 正而位當也ㄹ새라
初吉은 柔得中也ㅣ오 終止則亂은 其道ㅣ 窮也ㅣ라.

象曰 水在火上이 旣濟니 君子ㅣ 以하야 思患而豫防之하나니라.

初九는 曳其輪하며 濡其尾면 无咎ㅣ리라.　　　　　　　　(水山蹇)
象曰 曳其輪은 義无咎也ㅣ니라.

六二는 婦喪其茀이니 勿逐하면 七日에 得하리라.　　　　　(水天需)
象曰 七日得은 以中道也ㅣ라.

九三은 高宗이 伐鬼方하야 三年克之니 小人勿用이니라.　(水雷屯)
象曰 三年克之는 憊也ㅣ라.

六四는 繻에 有衣袽코 終日戒니라.　　　　　　　　　　　(澤火革)
象曰 終日戒는 有所疑也ㅣ라.

九五는 東隣殺牛ㅣ 不如西隣之禴祭ㅣ 實受其福이니라.(地火明夷)
象曰 東隣殺牛ㅣ 不如西隣之時也ㅣ니 實受其福은 吉大來也ㅣ라.

上六은 濡其首ㅣ라 厲하니라.　　　　　　　　　　　　　(風火家人)
象曰 濡其首厲ㅣ 何可久也ㅣ리오.

火水未濟卦(夬, 旣濟, 旣濟, 旣濟)

64

未濟는 亨하니 小狐ㅣ 汔濟하야 濡其尾니 无攸利하니라.

彖曰 未濟亨은 柔得中也ㅣ오 小狐汔濟는 未出中也ㅣ오

　　濡其尾无攸利는 不續終也ㅣ오

　　雖不當位나 剛柔ㅣ 應也ㅣ니라.

象曰 火在水上이 未濟니 君子ㅣ 以하야 愼辨物하야 居方하나니라.

初六은 濡其尾니 吝하니라. 　　　　　　　　　　　　　(火澤睽)

象曰 濡其尾ㅣ 亦不知ㅣ 極也ㅣ라.

九二는 曳其輪이면 貞하야 吉하리라. 　　　　　　　　　(火地晉)

象曰 九二之吉은 中以行正也ㄹ새라.

六三은 未濟에 征이면 凶하나 利涉大川하니라. 　　　　(火風鼎)

象曰 未濟征凶은 位不當也ㄹ새라.

九四는 貞이면 吉하야 悔ㅣ 亡하리니 震用伐鬼方하야 三年에아

　　　有賞于大國이로다. 　　　　　　　　　　　　　(山水蒙)

象曰 貞吉悔亡은 志行也ㅣ라.

六五는 貞이라 吉하야 无悔니 君子之光이 有孚ㅣ라 吉하니라.

　　　　　　　　　　　　　　　　　　　　　　　　　(天水訟)

象曰 君子之光은 其暉ㅣ 吉也ㅣ라.

上九는 有孚于飮酒ㅣ면 无咎ㅣ어니와 濡其首면 有孚에

　　　失是하리라.

象曰 飮酒濡首ㅣ 亦不知節也ㅣ라. 　　　　　　　　　(雷水解)

繫辭篇

○「繫辭上」篇

第一章

天尊地卑하니 乾坤이 定矣오 卑高以陳하니 貴賤이 位矣오
動靜有常하니 剛柔ㅣ斷矣오
方以類聚코 物以群分하니 吉凶이 生矣오 在天成象코
在地成形하니 變化ㅣ見矣라.

是故로 剛柔ㅣ相摩하며 八卦ㅣ相盪하야 鼓之以雷霆하며
潤之以風雨하며 日月이 運行하며
一寒一暑하야 乾道ㅣ成男하고 坤道ㅣ成女하니 乾知大始오
坤作成物이라.

乾以易知오 坤以簡能이니 易則易知오 簡則易從이오
易知則有親이오 易從則有功이오
有親則可久ㅣ오 有功則可大오 可久則賢人之德이오
可大則賢人之業이니
易簡而天下之理ㅣ得矣니 天下之理ㅣ得而成位乎其中矣니라.

第二章

聖人이 設卦하야 觀象繫辭焉하야 而明吉凶하며 剛柔ㅣ 相推하야
而生變化하니
是故로 吉凶者는 失得之象也ㅣ오 悔吝者는 憂虞之象也ㅣ오
變化者는 進退之象也ㅣ오
剛柔者는 晝夜之象也ㅣ오 六爻之動은 三極之道也ㅣ니 是故로
君子ㅣ 所居而安者는 易之序也ㅣ오
所樂而玩者는 爻之辭也ㅣ니 是故로 君子ㅣ
居則觀其象而玩其辭하고 動則觀其變而玩其占하나니
是以自天祐之하야 吉无不利니라.

第三章

彖者는 言乎象者也ㅣ오 爻者는 言乎變者也ㅣ오 吉凶者는
言乎其失得也ㅣ오 悔吝者는 言乎其小疵也ㅣ오 无咎者는
善補過也ㅣ니 是故로 列貴賤者는 存乎位하고 齊小大者는
存乎卦하고 辯吉凶者는 存乎辭하고 憂悔吝者는 存乎介하고
震无咎者는 存乎悔하니 是故로 卦有小大하야 辭有險易하니
辭也者는 各指其所之니라.

第四章

易이 與天地準이라. 故로 能彌綸天地之道하나니
仰以觀於天文하고 俯以察於地理라 是故로 知幽明之故하며
原始反終이라 故로 知死生之說하며 精氣爲物이오 游魂爲變이라
是故로 知鬼神之情狀하나니라.

與天地相似ㅣ라 故로 不違하나니 知周乎萬物而道濟天下ㅣ라
故로 不過하며 旁行而不流하야 樂天知命이라 故로
不憂하며 安土하야 敦乎仁이라 故로 能愛하나니라.
範圍天地之化而不過하며 曲成萬物而不遺하며
通乎晝夜之道而知라 故로 神无方而易无體하나니라.

第五章

一陰一陽之謂ㅣ道ㅣ니 繼之者ㅣ善也ㅣ오 成之者ㅣ性也ㅣ라.
仁者ㅣ見之애 謂之仁하며 知者ㅣ見之애 謂之知오 百姓은
日用而不知라 故로 君子之道ㅣ鮮矣니라
顯諸仁하며 藏諸用하야 鼓萬物而不與聖人同憂하나니 盛德大業이
至矣哉라.
富有之謂ㅣ大業이오 日新之謂ㅣ盛德이오 生生之謂ㅣ易이오
成象之謂ㅣ乾이오 效法之謂ㅣ坤이오 極數知來之謂ㅣ占이오
通變之謂ㅣ事ㅣ오 陰陽不測之謂ㅣ神이라.

第六章

夫易이 廣矣大矣라 以言乎遠則不禦하고 以言乎邇則靜而正하고
以言乎天地之間則備矣라.
夫乾은 其靜也ㅣ專하고 其動也ㅣ直이라 是以大ㅣ生焉하며
夫坤은 其靜也ㅣ翕하고 其動也ㅣ闢이라 是以廣이 生焉하나니
廣大는 配天地하고 變通은 配四時하고 陰陽之義는 配日月하고
易簡之善은 配至德하나니라.

第七章

子曰 易이 其至矣乎닌며 夫易은 聖人이 所以崇德而廣業也ㅣ니
知는 崇코 禮는 卑하니 崇은 效天하고 卑는 法地하니라. 天地ㅣ
設位어든 而易이 行乎其中矣ㅣ니 成性存存이 道義之門이라

第八章

聖人이 有以見天下之蹟하야 而擬諸其形容하며 象其物宜라
是故謂之象이오 聖人이 有以見天下之動하야 而觀其會通하야
以行其典禮하며, 繫辭焉하야 以斷其吉凶이라 是故謂之爻이니
言天下之至蹟호대 而不可惡也ㅣ며 言天下之至動호대
而不可亂也니 擬之而後애 言하고 議之而後애 動이니 擬議하야
以成其變化하니라.

鳴鶴이 在陰이어늘 其子ㅣ 和之로다 我有好爵하야
吾與爾靡之라하니
子曰 君子ㅣ 居其室하야 出其言애 善이면 則千里之外ㅣ
應之하나니 況其邇者乎여 居其室하야
出其言애 不善이면 則千里之外ㅣ 違之하나니 況其邇者乎여
言出乎身하야 加乎民하며 行發乎邇하야
見乎遠하나니 言行은 君子之樞機니 樞機之發이 榮辱之主也ㅣ라
言行은 君子之所以動天地也ㅣ니 可不愼乎아

同人이 先號咷而後笑ㅣ라하니 子曰 君子之道ㅣ
或出或處或黙或語ㅣ나 二人이 同心하니 其利ㅣ 斷金이로다
同心之言이 其臭ㅣ 如蘭이로다

初六藉用白茅ㅣ니 无咎ㅣ라하니
子曰 苟錯諸地라도 而可矣어늘 藉之用茅하니 何咎之有ㅣ리오
愼之至也ㅣ라 夫茅之爲物이 薄而用은
可重也ㅣ니 愼斯術也하야 以往이면 其无所失矣리라

勞謙이니 君子ㅣ 有終이니 吉이라하니
子曰 勞而不伐하며 有功而不德이 厚之至也ㅣ니
語以其功下人者也ㅣ라 德言盛이오 禮言恭이니
謙也者는 致恭하야 以存其位者也ㅣ라.

亢龍이니 有悔라하니
子曰 貴而无位하며 高而无民하며 賢人이 在下位而无輔ㅣ라
是以動而有悔也ㅣ니라 不出戶庭이면
无咎ㅣ라하니 子曰 亂之所生也ㅣ 則言語ㅣ 以爲階니
君不密則失臣하며 臣不密則失身하며
幾事ㅣ 不密則害成하나니 是以君子ㅣ 愼密而不出也하나니라.

子曰 作易者ㅣ 其知盜乎ᆫ뎌
易曰 負且 乘이라 致寇至라하니 負也者는 小人之事也ㅣ오
乘也者는 君子之器也ㅣ니 小人而乘君子之器라 盜ㅣ 思奪之矣며
上을 慢코 下를 暴ㅣ라 盜ㅣ 思伐之矣니 慢藏이 誨盜ㅣ며 冶容이
誨淫이니
易曰 負且乘致寇至라하니 盜之招也ㅣ라

第九章

天一地二天三地四天五地六天七地八天九地十이니 天數ㅣ

五ㅣ오 地數ㅣ 五ㅣ니 五位相得하며 而各有合하니 天數ㅣ
二十有五ㅣ오 地數ㅣ 三十이라 凡天地之數ㅣ 五十有五ㅣ니 此ㅣ
所以成變化하며 而行鬼神也ㅣ라.

大衍之數ㅣ 五十이니 其用은 四十有九ㅣ라 分而爲二하야
以象兩하고 掛一하야 以象三하고 揲之以四하야
以象四時하고 歸奇於扐하야 以象閏하나니 五歲애 再閏이라 故로
再扐而後애 掛하나니라

乾之策이 二百一十有六이오 坤之策이 百四十有四ㅣ라
凡三百有六十이니 當期之日하고 二篇之策이
萬有一千五百二十이니 當萬物之數也하니

是故로 四營而成易하고 十有八變而成卦하니 八卦而小成하야
引而伸之하며 觸類而長之하면
天下之能事ㅣ 畢矣리니 顯道하고 神德行이라 是故로
可與酬酢이며 可與祐神矣니
子ㅣ曰 知變化之道者ㅣ 其知神之所爲乎ㄴ뎌

第十章

易有聖人之道ㅣ 四焉하니 以言者는 尙其辭하고 以動者는
尙其變하고 以制器者는 尙其象하고 以卜筮者는 尙其占하나니
是以 君子ㅣ 將有爲也하며 將有行애 問焉而以言하거든
其受命也ㅣ 如嚮하야 无有遠近幽深히 遂知來物하나니
非天下之至精이면 其孰能與於此ㅣ리오

參伍以變하며 錯綜其數하야 通其變하야 遂成天地之文하며
極其數하야 遂定天下之象하니 非天下之至變이면
其孰能與於此ㅣ리오

易은 无思也하며 无爲也하야 寂然不動이라가
感而遂通天下之故하나니 非天下之至神이면 其孰能與於此ㅣ리오

夫易은 聖人之所以極深而研幾也ㅣ니 唯深也 故로
能通天下之志하며 唯幾也故로 能成天下之務하며 唯神也 故로
不疾而速하며 不行而至하나니 子曰 易有聖人之道四焉者ㅣ
此之謂也ㅣ라.

第十一章

子曰 夫易은 何爲者也오
夫易은 開物成務하야 冒天下之道하나니 如斯而已者也ㅣ라
是故로 聖人이 以通天下之志하며 以定天下之業하며
以斷天下之疑하나니라. 是故로 蓍之德은 圓而神이오 卦之德은
方以知오 六爻之義는 易以貢이니 聖人이 以此로 洗心하야
退藏於密하며 吉凶애 與民同患하야 神以知來코 知以藏往하나니
其孰能與於此哉ㅣ리오 古之聰明叡知神武而不殺者夫ㄴ뎌

是以로 明於天之道而察於民之故하야 是興神物하야
以前民用하니 聖人이 以此齋戒하야 以神明其德夫ㄴ뎌.

是故로 闔戶를 謂之坤이오 闢戶를 謂之乾이오 一闔一闢을
謂之變이오 往來不窮을 謂之通이오

見을 乃謂之象이오 形을 乃謂之器오 制而用之를 謂之法이오
利用出入하야 民咸用之를 謂之神이라.

是故로 易有太極하니 是生兩儀하고 兩儀ㅣ生四象하고 四象이
生八卦하니 八卦ㅣ定吉凶하고 吉凶이 生大業하나니라. 是故로
法象이 莫大乎天地하고 變通이 莫大乎四時하고 懸象著明이
莫大乎日月하고 崇高ㅣ莫大乎富貴하고 備物하며 致用하며
立成器하야 以爲天下利ㅣ莫大乎聖人하고 探賾索隱하며
鉤深致遠하야 以定天下之吉凶하며 成天下之亹亹者ㅣ
莫大乎蓍龜하니라.

是故로 天生神物이어늘 聖人이 則之하며 天地變化ㅣ어늘 聖人이
效之하며 天垂象하야 見吉凶이어늘
聖人이 象之하며 河出圖하며 洛出書ㅣ어늘 聖人이 則之하니
易有四象은 所以示也ㅣ오 繫辭焉은 所以告也ㅣ오 定之以吉凶은
所以斷也ㅣ라.

第十二章

易曰 自天祐之라 吉无不利라하니
子曰 祐者는 助也ㅣ니 天之所助者ㅣ順也ㅣ오 人之所助者ㅣ
信也ㅣ니 履信思乎順하고 又以尙賢也ㅣ라
是以ㅣ自天祐之吉无不利也ㅣ니라

子曰 書不盡言하며 言不盡意니 然則聖人之意를 其不可見乎아
聖人이 立象하야 以盡意하며 設卦하야
以盡情僞하며 繫辭焉하야 以盡其言하며 變而通之하야 以盡利하며

鼓之舞之하야 以盡神하니라.

乾坤은 其易之縕耶ㄴ뎌 乾坤이 成列而易이 立乎其中矣니
乾坤이 毁則无以見易이오 易을 不可見則乾坤이 或幾乎息矣리라.

是故로 形而上者를 謂之道ㅣ오 形而下者를 謂之器오 化而裁之를
謂之變이오 推而行之를 謂之通이오
擧而措之天下之民을 謂之事業이니라

是故로 夫象은 聖人이 有以見天下之賾하야 而擬諸其形容하며
象其物宜ㅣ라 是故로 謂之象이오 聖人이 有以見天下之動하야
而觀其會通하야 以行其典禮하며 繫辭焉하야 以斷其吉凶이라

是故謂之爻ㅣ니 極天下之賾者는 存乎卦하고 鼓天下之動者는
存乎辭하고 化而裁之는 存乎變하고 推而行之는 存乎通하고
神而明之는 存乎其人하고 黙而成之하며 不言而信은
存乎德行하니라.

○「繫辭下」篇

第一章

八卦成列하니 象在其中矣오 因而重之하니 爻在其中矣오
剛柔ㅣ 相推하니 變在其中矣오 繫辭焉而命之하니 動在其中矣라.
吉凶悔吝者는 生乎動者也ㅣ오
剛柔者는 立本者也ㅣ오 變通者는 趣時者也ㅣ라.

吉凶者는 貞勝者也ㅣ니 天地之道는 貞觀者也ㅣ오 日月之道는
貞明者也ㅣ오 天下之動은 貞夫一者也ㅣ라.

夫乾은 確然하니 示人易矣오 夫坤은 隤然하니
示人簡矣니 爻也者는 效此者也ㅣ오
象也者는 像者也ㅣ라 爻象은 動乎內하고 吉凶은 見乎外하고
功業은 見乎變하고 聖人之情은 見乎辭하나라.
天地之大德曰生이오 聖人之大寶曰位니 何以守位오 曰仁이오
何以聚人고 曰財니 理財하며 正辭하며 禁民爲非ㅣ 曰義라.

第二章

古者包犧氏之王天下也애 仰則觀象於天하고 俯則觀法於地하며
觀鳥獸之文과 與地之宜하며 近取諸身하고 遠取諸物하야
於是애 始作八卦하야 以通神明之德하며 以類萬物之情하니
作結繩而爲網罟하야 以佃以漁하니 蓋取諸離하고

包犧氏沒커늘 神農氏作하야 斲木爲耜하고 揉木爲耒하야 耒
耨之利로 以敎天下하니 蓋取諸益하고

日中爲市하야 致天下之民하며 聚天下之貨하야 交易而退하야
各得其所케하니 蓋取諸噬嗑하고

神農氏沒커늘 黃帝堯舜氏作하야 通其變하야 使民不倦하며
而化之하야 使民宜之하니 易이 窮則變하고 變則通하고
通則久ㅣ라. 是以 自天佑之하야 吉无不利니 黃帝堯舜이
垂衣裳而天下治하니 蓋取諸乾坤하고

刳木爲舟하고 剡木爲楫하야 舟楫之利로 以濟不通하야
致遠以利天下하니 蓋取諸渙하고

服牛乘馬하야 引重致遠하야 以利天下하니 蓋取諸隨하고
重門擊柝하야 以待暴客하니 蓋取諸豫하고

斷木爲杵하고 掘地爲臼하야 臼杵之利로 萬民이 以濟하니
蓋取諸小過하고

弦木爲弧하고 剡木爲矢하야 弧矢之利로 以威天下하니
蓋取諸睽하고

上古앤 穴居而野處ㅣ러니 後世聖人이 易之以宮室하야
上棟下宇하야 以待風雨하니 蓋取諸大壯하고

古之葬者는 厚衣之以薪하야 葬之中野하야 不封不樹하며

喪期ㅣ 无數ㅣ러니 後世聖人이 易之以棺槨하니 蓋取諸大過하고

上古앤 結繩而治러니 後世聖人이 易之以書契하야
百官이 以治하며 萬民이 以察하니 蓋取諸夬니라.

第三章

是故로 易者는 象也ㅣ니 象也者는 像也ㅣ오 彖者는 材也ㅣ오
爻也者는 效天下之動者也ㅣ니
是故로 吉凶이 生而悔吝이 著也ㅣ니라.

第四章

陽卦는 多陰하고 陰卦는 多陽하니 其故는 何也오
陽卦는 奇오 陰卦는 耦일새라
其德行은 何也오 陽은 一君而二民이니 君子之道也ㅣ오
陰은 二君而一民이니 小人之道也ㅣ라.

第五章

易曰 憧憧往來면 朋從爾思ㅣ라하니
子曰 天下ㅣ 何思何慮ㅣ리오 天下ㅣ 同歸而殊塗하며
一致而百慮ㅣ니 天下ㅣ 何思何慮ㅣ리오

日往則月來하고 月往則日來하야 日月이 相推而明生焉하며
寒往則暑來하고 暑往則寒來하야 寒暑ㅣ 相推而歲成焉하니
往者는 屈也ㅣ오 來者는 信也ㅣ니 屈信이 相感而利生焉하니라

尺蠖之屈은 以求信也ㅣ오 龍蛇之蟄은 以存身也ㅣ오
精義入神은 以致用也ㅣ오 利用安身은 以崇德也ㅣ니
過此以往은 未之或知也ㅣ니 窮神知化ㅣ 德之盛也ㅣ라

易曰 困于石하며 據于蒺藜ㅣ라 入于其宮이라도 不見其妻ㅣ니
凶이라하니
子曰 非所困而困焉하니 名必辱하고 非所據而據焉하니
身必危하리니 旣辱且危하야 死期將至어니 妻其可得見邪아
易曰 公用射隼于高墉之上하야 獲之니 无不利라하니
子曰 隼者는 禽也ㅣ오 弓矢者는 器也ㅣ오 射之者는 人也ㅣ니
君子ㅣ 藏器於身하야 待時而動이면
何不利之有ㅣ리오 動而不括이라 是以 出而有獲하나니
語成器而動者也ㅣ라

子曰 小人은 不恥不仁하며 不畏不義라 不見利면 不勸하며 不威면
不懲하나니 小懲而大誡ㅣ 此ㅣ 小人之福也ㅣ라
易曰 屨校하야 滅趾니 无咎ㅣ라하니 此之謂也ㅣ라.

善不積이면 不足以成名이오 惡不積이면 不足以滅身이니 小人이
以小善으로 爲无益而弗爲也하며 以小惡으로 爲无傷而弗去也ㅣ라
故로 惡積而不可掩이며 罪大而不可解니
易曰 何校하야 滅耳니 凶이라하니라.

子曰 危者는 安其位者也ㅣ오 亡者는 保其存者也ㅣ오 亂者는
有其治者也ㅣ니
是故로 君子ㅣ 安而不忘危하며 存而不忘亡하며 治而不忘亂이라
是以로 身安而國家를 可保也ㅣ니

易曰 其亡其亡이라야 繫于苞桑이라하니라.

子曰 德薄而位尊하며 知小而謀大하며 力小而任重하면
鮮不及矣나니
易曰 鼎이 折足하야 覆公餗하니 其形이 渥이라 凶이라하니
言不勝其任也ㅣ라.

子曰 知幾ㅣ 其神乎인뎌 君子ㅣ 上交不諂하며 下交不瀆하나니
其知幾乎인뎌 幾者는 動之微니 吉之先見者也ㅣ니 君子ㅣ
見幾而作하야 不俟終日이니
易曰 介于石이라 不終日이니 貞코 吉타하니 介如石焉커니
寧用終日이리오 斷可識矣로다
君子ㅣ 知微知彰知柔知剛하나니 萬夫之望이라.

子曰 顔氏之子ㅣ 其殆庶幾乎인뎌 有不善이면 未嘗不知하며
知之ㅣ면 未嘗復行也하나니
易曰 不遠復이라 无祇悔니 元吉이라 하니라.

天地ㅣ 絪縕애 萬物이 化醇하고 男女ㅣ 構精애 萬物이 化生하나니
易曰 三人行앤 則損一人코 一人行앤 則得其友ㅣ라하니
言致一也ㅣ라.

子曰 君子ㅣ 安其身而後에아 動하며 易其心而後에아 語하며
定其交而後에아 求하나니
君子ㅣ 脩此三者故로 全也하나니 危以動하면 則民不與也코
懼以語하면 則民不應也코 无交而求하면 則民不與也하나니
莫之與하면 則傷之者ㅣ 至矣나니

易曰 莫益之라 或擊之리니 立心勿恒이니 凶이라하니라.

第六章

子曰 乾坤은 其易之門邪신뎌 乾은 陽物也ㅣ오 坤은 陰物也ㅣ니
陰陽이 合德하야 而剛柔ㅣ 有體라 以體天地之撰하며
以通神明之德하니

其稱名也ㅣ 雜而不越하나 於稽其類앤 其衰世之意耶신뎌.
夫易은 彰往而察來하며 而微顯闡幽하며 開而當名하며 辨物하며
正言하며 斷辭하니 則備矣라.

其稱名也ㅣ 小하나 其取類也ㅣ 大하며 其旨ㅣ 遠하며 其辭ㅣ
文하며 其言이 曲而中하며 其事ㅣ 肆而隱하니 因貳하야
以濟民行하야 以明失得之報ㅣ니라.

第七章

易之興也ㅣ 其於中古乎신뎌 作易者ㅣ 其有憂患乎신뎌. 是故로
履는 德之基也ㅣ오 謙은 德之柄也ㅣ오 復은 德之本也ㅣ오
恒은 德之固也ㅣ오 損은 德之修也ㅣ오 益은 德之裕也ㅣ오
困은 德之辨也ㅣ오 井은 德之地也ㅣ오 巽은 德之制也ㅣ라.

履는 和而至하고   謙은 尊而光하고   復은 小而辨於物하고
恒은 雜而不厭하고 損은 先難而後易하고 益은 長裕而不設하고
困은 窮而通하고   井은 居其所而遷하고 巽은 稱而隱하니라.

履以和行코 謙以制禮코 復以自知코 恒以一德코 損以遠害코
益以興利코 困以寡怨코 井以辨義코 巽以行權하나니라.

第八章

易之爲書也ㅣ 不可遠이오 爲道也ㅣ 屢遷이라 變動不居하야
周流六虛하야 上下ㅣ 无常하며 剛柔ㅣ 相易하야 不可爲典要ㅣ오
唯變所適이니 其出入以度하야 外內애 使知懼하며
又明於憂患與故ㅣ라
无有師保ㅣ나 如臨父母하니 初率其辭而揆其方컨댄
旣有典常이어니와 苟非其人이면 道不虛行하나니라.

第九章

易之爲書也ㅣ 原始要終하야 以爲質也코 六爻相雜은
唯其時物也ㅣ라. 其初는 難知오 其上은 易知니 本末也ㅣ라
初辭擬之하고 卒成之終하나니라.

若夫雜物과 撰德과 辨是與非는 則非其中爻ㅣ면 不備하리라.
噫라 亦要存亡吉凶인댄 則居可知矣어니와 知者ㅣ 觀其彖辭하면
則思過半矣리라.

二與四ㅣ 同功而異位하야 其善이 不同하니 二多譽코 四多懼는
近也ㅣㄹ새니 柔之爲道ㅣ 不利遠者컨마는 其要는 无咎요 其用은
柔中也ㅣㄹ새라.
三與五ㅣ 同功而異位하야 三多凶코 五多功은 貴賤之等也ㅣㄹ새니
其柔는 危코 其剛은 勝耶ㄴ뎌.

第十章

易之爲書也ㅣ 廣大悉備하야 有天道焉하며 有人道焉하며
有地道焉하니 兼三才而兩之라 故로 六이니 六者는 非他也ㅣ라
三才之道也ㅣ니 道有變動이라 故曰爻ㅣ오
爻有等이라 故曰物이오 物相雜이라 故曰文이오 文不當이라 故로
吉凶이 生焉하니라.

第十一章

易之興也ㅣ 其當殷之末世周之盛德耶ㄴ뎌
當文王與紂之事耶ㄴ뎌 是故로 其辭ㅣ 危하야 危者를 使平하고
易者를 使傾하니 其道ㅣ 甚大하야 百物을 不廢하나 懼以終始는
其要ㅣ 无咎ㅣ리니 此之謂易之道也ㅣ라.

第十二章

夫乾은 天下之至健也ㅣ니 德行이 恒易以知險하고 夫坤은
天下之至順也ㅣ니 德行이 恒簡以知阻하나니 能說諸心하며
能硏諸侯之慮하야 定天下之吉凶하며 成天下之亹亹者ㅣ니
是故로 變化云爲애 吉事ㅣ 有祥이라 象事하야 知器하며 占事하야
知來하나니

天地設位애 聖人이 成能하니 人謀鬼謀애 百姓이 與能하나니라.
八卦는 以象告하고 爻彖은 以情言하니 剛柔ㅣ 雜居而吉凶을
可見矣라.

變動은 以利言하고 吉凶은 以情遷이라 是故로 愛惡ㅣ
相攻而吉凶이 生하며 遠近이 相取而悔吝이 生하며 情僞ㅣ
相感而利害ㅣ 生하나니 凡易之情이 近而不相得하면
則凶或害之하며 悔且吝하나니라.

將叛者는 其辭ㅣ 慙하고 中心疑者는 其辭ㅣ 枝하고 吉人之辭는
寡하고 躁人之辭는 多하고 誣善之人은 其辭ㅣ 游하고 失其守者는
其辭ㅣ 屈하나니라.

○「說卦」篇

第一章

昔者聖人之作易也애 幽贊於神明而生蓍하고 參天兩地而倚數하고
觀變於陰陽而立卦하고
發揮於剛柔而生爻하니 和順於道德而理於義하며 窮理盡性하야
以至於命하니라.

第二章

昔者聖人之作易也는 將以順性命之理니
是以立天之道曰陰與陽이오 立地之道曰柔與剛이오
立人之道曰仁與義니 兼三才而兩之라 故로 易이 六畫而成卦하고
分陰分陽하며 迭用柔剛이라 故로 易이 六位而成章하니라.

第三章

天地ㅣ 定位하며 山澤이 通氣하며 雷風이 相薄하며 水火ㅣ
不相射하야 八卦相錯하니
數往者는 順하고 知來者는 逆하니 是故로 易은 逆數也ㅣ라.

第四章

雷以動之코 風以散之코 雨以潤之코 日以烜之코 艮以止之코
兌以說之코 乾以君之코 坤以藏之하나니라.

第五章

帝ㅣ 出乎震하야 齊乎巽하고 相見乎離하고 致役乎坤하고
說言乎兌하고 戰乎乾하고 勞乎坎하고
成言乎艮하나니라.
萬物이 出乎震하니 震은 東方也ㅣ라 齊乎巽하니 巽은 東南也ㅣ니
齊也者는 言萬物之潔齊也ㅣ라
離也者는 明也ㅣ니 萬物이 皆相見也할새니 南方之卦也ㅣ니
聖人이 南面而聽天下하야 嚮明而治하니 蓋取諸此也ㅣ라
坤也者는 地也ㅣ니 萬物이 皆致養焉할새 故로 曰致役乎坤이라

兌는 正秋也ㅣ니 萬物之所說也일새 故로 曰說言乎兌라 戰乎乾은
乾은 西北之卦也ㅣ니 言陰陽相薄也ㅣ라 坎者는 水也ㅣ니
正北方之卦也ㅣ니 勞卦也ㅣ니 萬物之所歸也일새 曰勞乎坎이라
艮은 東北之卦也ㅣ니 萬物之所成終而所成始也일새 故로
曰成言乎艮이라.

第六章

神也者는 妙萬物而爲言者也ㅣ니 動萬物者ㅣ 莫疾乎雷하고
撓萬物者ㅣ 莫疾乎風하고 燥萬物者ㅣ 莫熯乎火하고 說萬物者ㅣ
莫說乎澤하고 潤萬物者ㅣ 莫潤乎水하고 終萬物始萬物者ㅣ
莫盛乎艮하니 故로 水火ㅣ 相逮하며 雷風이 不相悖하며 山澤이
通氣然後에야 能變化하야 旣成萬物也하나니라.

第七章

乾은 健也ㅣ오 坤은 順也ㅣ오 震은 動也ㅣ오 巽은 入也ㅣ오
坎은 陷也ㅣ오 離는 麗也ㅣ오 艮은 止也ㅣ오 兌는 說也ㅣ라.

第八章

乾爲馬ㅣ오 坤爲牛오 震爲龍이오 巽爲鷄오 坎爲豕ㅣ오 離爲雉오
艮爲狗ㅣ오 兌爲羊이라.

第九章

乾爲首ㅣ오 坤爲腹이오 震爲足이오 巽爲股ㅣ오 坎爲耳ㅣ오
離爲目이오 艮爲手ㅣ오 兌爲口ㅣ라.

第十章

乾은 天也ㅣ라 故로 稱乎父ㅣ오 坤은 地也ㅣ라 故로 稱乎母ㅣ오
震은 一索而得男이라 故로 謂之長男이오 巽은 一索而得女ㅣ라
故로 謂之長女ㅣ오
坎은 再索而得男이라 故로 謂之中男이오 離는 再索而得女ㅣ라
故로 謂之中女ㅣ오
艮은 三索而得男이라 故로 謂之少男이오 兌는 三索而得女ㅣ라
故로 謂之少女ㅣ라.

第十一章

乾은 爲天 爲圜 爲君 爲父 爲玉 爲金 爲寒 爲氷 爲大赤 爲良馬 爲老馬 爲瘠馬 爲駁馬 爲木果] 라 (荀九家此下有 爲龍 爲直 爲衣 爲言)

坤은 爲地 爲母 爲布 爲釜 爲吝嗇 爲均 爲子母牛 爲大輿 爲文 爲衆 爲柄이오
其於地也에 爲黑이라. (荀九家有 爲牝 爲迷 爲方 爲囊 爲裳 爲黃 爲帛 爲漿)

震은 爲雷 爲龍 爲玄黃 爲旉 爲大塗 爲長子 爲決躁 爲蒼筤竹 爲萑葦오 其於馬也에 爲善鳴 爲馵足 爲作足 爲的顙이오
其於稼也에 爲反生이오 其究] 爲健이오 爲蕃鮮이라.
(荀九家有 爲玉 爲鵠 爲鼓)

巽은 爲木 爲風 爲長女 爲繩直 爲工 爲白 爲長 爲高
爲進退 爲不果 爲臭오 其於人也에 爲寡髮 爲廣顙 爲多白眼
爲近利市三倍오 其究] 爲躁卦也라. (荀九家有 爲楊 爲鸛)

坎은 爲水 爲溝瀆 爲隱伏 爲矯輮 爲弓輪이오 其於人也에 爲加憂
爲心病 爲耳痛 爲血卦 爲赤이오 其於馬也에 爲美脊 爲亟心
爲下首 爲薄蹄 爲曳오 其於輿也에 爲多眚이오 爲通 爲月
爲盜] 오 其於木也에 爲堅多心이라. (荀九家有 爲宮 爲律 爲可 爲棟 爲叢棘 爲狐 爲蒺藜 爲桎梏)

離는 爲火 爲日 爲電 爲中女 爲甲冑 爲戈兵이오 其於人也에

爲大腹이오 爲乾卦 爲鼈 爲蟹

爲蠃 爲蚌 爲龜오 其於木也애 爲科上稿ㅣ라. (荀九家有爲 牝牛)

艮은 爲山 爲徑路 爲小石 爲門闕 爲果蓏 爲閽寺 爲指 爲狗

爲鼠 爲黔喙之屬이오

其於木也애 爲堅多節이라. (荀九家有 爲鼻 爲虎 爲狐)

兌는 爲澤 爲少女 爲巫 爲口舌 爲毁折 爲附決이오 其於地也애

爲剛鹵ㅣ오 爲妾 爲羊이라.

(荀九家有 爲常 爲輔頰)

서괘序卦·잡괘雜卦 편篇

○「서괘상序卦上」편篇

有天地然後에 萬物이 生焉하니 盈天地之間者ㅣ 唯萬物이라
故로 受之以屯하니 屯者는 盈也ㅣ니 屯者는 物之始生也ㅣ라
物生必蒙이라 故로 受之以蒙하니

蒙者는 蒙也ㅣ니 物之穉也ㅣ라 物穉不可不養也ㅣ라
故로 受之以需하니 需者는 飮食之道也ㅣ라
飮食必有訟이라 故로 受之以訟하고

訟必有衆起라 故로 受之以師하고
師者는 衆也ㅣ니 衆必有所比라 故로 受之以比하고

比者는 比也ㅣ니 比必有所畜이라 故로 受之以小畜하고
物畜然後애 有禮라 故로 受之以履하고

履而泰然後에 安이라 故로 受之以泰하고 泰者는 通也ㅣ니
物不可以終通이라 故로 受之以否하고

物不可以終否라 故로 受之以同人하고 與同人者는
物必歸焉이라 故로 受之以大有하고
有大者는 不可以盈이라 故로 受之以謙하고
有大而能謙이 必豫라 故로 受之以豫하고

豫必有隨 l라 故로 受之以隨하고
以喜隨人者 l 必有事 l라 故로 受之以蠱하고
蠱者는 事也 l니 有事而後에 可大 l라 故로 受之以臨하고
臨者는 大也 l니 物大然後애 可觀이라 故로 受之以觀하고

可觀而後애 有所合이라 故로 受之以噬嗑하고
嗑者는 合也 l니 物不可以苟合而已라 故로 受之以賁하고
賁者는 飾也 l니 致飾然後애 亨則盡矣라 故로 受之以剝하고
剝者는 剝也 l니 物不可以終盡이니 剝이 窮上反下 l라
故로 受之以復하고

復則不妄矣라 故로 受之以无妄하고
有无妄然後애 可畜이라 故로 受之以大畜하고
物畜然後애 可養이라 故로 受之以頤하고
頤者는 養也 l니 不養則不可動이라 故로 受之以大過하고
物不可以終過 l라 故로 受之以坎하고
坎者陷也 l니 陷必有所麗 l라 故로 受之以離하니
離者는 麗也 l라.

○「서괘하序卦下」편篇

有天地然後애 有萬物하고 有萬物然後에 有男女하고
有男女然後애 有夫婦하고 有夫婦然後에 有父子하고
有父子然後에 有君臣하고 有君臣然後애 有上下하고
有上下然後애 禮義有所錯이니라.
夫婦之道ㅣ 不可以不久也ㅣ라 故로 受之以恒하고

恒者는 久也ㅣ니 物不可以久居其所ㅣ라 故로 受之以遯하고
遯者는 退也ㅣ니 物不可以終遯이라 故로 受之以大壯하고

物不可以終壯이라 故로 受之以晉하고
晉者는 進也ㅣ니 進必有所傷이라 故로 受之以明夷하고

夷者는 傷也ㅣ니 傷於外者ㅣ 必反其家ㅣ라 故로 受之以家人하고
家道ㅣ 窮必乖라 故로 受之以睽하고
睽者는 乖也ㅣ니 乖必有難이라 故로 受之以蹇하고
蹇者는 難也ㅣ니 物不可以終難이라 故로 受之以解하고

解者는 緩也ㅣ니 緩必有所失이라 故로 受之以損하고
損而不已면 必益이라 故로 受之以益하고

益而不已면 必決ㅣ라 故로 受之以夬하고
夬者는 決也ㅣ니 決必有所遇ㅣ라 故로 受之以姤하고
姤者는 遇也ㅣ니 物相遇而後에 聚ㅣ라 故로 受之以萃하고
萃者는 聚也ㅣ니 聚而上者를 謂之升이라 故로 受之以升하고

升而不已면 必困이라 故로 受之以困하고
困乎上者ㅣ 必反下ㅣ라 故로 受之以井하고

井道ㅣ 不可不革이라 故로 受之以革하고
革物者ㅣ 莫若鼎이라 故로 受之以鼎하고
主器者ㅣ 莫若長子ㅣ라 故로 受之以震하고
震者는 動也ㅣ니 物不可以終動하야 止之라 故로 受之以艮하고

艮者는 止也ㅣ니 物不可以終止라 故로 受之以漸하고
漸者는 進也ㅣ니 進必有所歸라 故로 受之以歸妹하고
得其所歸者ㅣ 必大ㅣ라 故로 受之以豊하고
豊者는 大也ㅣ니 窮大者ㅣ 必失其居ㅣ라 故로 受之以旅하고

旅而无所容이라 故로 受之以巽하고
巽者는 入也ㅣ니 入而後에 說之라 故로 受之以兌하고
兌者는 說也ㅣ니 說而後에 散之라 故로 受之以渙하고
渙者는 離也ㅣ니 物不可以終離라 故로 受之以節하고
節而信之라 故로 受之以中孚하고 有其信者는 必行之라
故로 受之以小過하고 有過物者는 必濟라 故로 受之以旣濟하고
物不可窮也ㅣ라 故로 受之以未濟하야 終焉하니라.

○ 「잡괘雜卦」편篇

乾剛坤柔ㅣ오(乾·坤)

比樂師憂ㅣ라(屯·蒙)

臨觀之義는 或與或求ㅣ라(需·訟)

屯은 見而不失其居ㅣ오 蒙은 雜而著ㅣ라(師·比)

震은 起也ㅣ오 艮은 止也ㅣ라(小畜·履)

損益은 盛衰之始也ㅣ라(泰·否)

大畜은 時也ㅣ오 无妄은 災也ㅣ라(同人·大有)

萃는 聚而升은 不來也ㅣ라(謙·豫)

謙은 輕而豫는 怠也ㅣ라(隨·蠱)

噬嗑은 食也ㅣ오 賁는 无色也라.(臨·觀)

兌는 見而巽은 伏也ㅣ라(噬嗑·賁)

隨는 无故也ㅣ오 蠱則飭也ㅣ라(剝·復)

剝은 爛也ㅣ오 復은 反也ㅣ라(无妄·大畜)

晉은 晝也ㅣ오 明夷는 誅也ㅣ라(頤·大過)

井은 通而困은 相遇也ㅣ라(坎·離)

咸은 速也ㅣ오 恒은 久也ㅣ라

渙은 離也ㅣ오 節은 止也ㅣ라(遯·大壯)

解는 緩也ㅣ오 蹇은 難也ㅣ라(晉·明夷)

睽는 外也ㅣ오 家人은 內也ㅣ라(家人·睽)

否泰는 反其類也ㅣ라(蹇·解)

大壯則止오 遯則退也ㅣ라(損·益)

大有는 衆也ㅣ오 同人은 親也ㅣ라(夬·姤)

革은 去故也ㅣ오 鼎은 取新也ㅣ라(萃·升)

小過는 過也ㅣ오 中孚는 信也ㅣ라(困·井)

豊은 多故ㅣ오 親寡는 旅也ㅣ라(革·鼎)

離는 上而坎은 下也ㅣ라(震·艮)

小畜은 寡也ㅣ오 履는 不處也ㅣ라(漸·歸妹)

需는 不進也ㅣ오 訟은 不親也ㅣ라(豊·旅)

大過는 顚也ㅣ라(巽)

姤는 遇也ㅣ니 柔遇剛也ㅣ오 漸은 女歸니 待男行也ㅣ라(兌·渙)

頤는 養正也ㅣ오(節) 旣濟는 定也ㅣ라(中孚)

歸妹는 女之終也ㅣ오(小過) 未濟는 男之窮也ㅣ라(旣濟)

夬는 決也ㅣ라 剛決柔也ㅣ니 君子道長이오 小人道憂也ㅣ라.(未濟)

五
부
록

1. 三爻單卦와 六爻重卦

가. 三爻單卦

卦名	一乾天	二兌澤	三離火	四震雷	五巽風	六坎水	七艮山	八坤地
卦象	☰	☱	☲	☳	☴	☵	☶	☷
卦德	健	悅	麗	動	入	陷	止	順

나. 伏羲八卦 序次圖

卦名 괘명	一乾天 일건천	二兌澤 이태택	三離火 삼리화	四震雷 사진뢰	五巽風 오손풍	六坎水 육감수	七艮山 칠간산	八坤地 팔곤지
팔괘 八卦	☰	☱	☲	☳	☴	☵	☶	☷
사상 四象	⚌		⚍		⚎		⚏	
양의 兩儀	⚊				⚋			
태극太極								

①8×8 = 64괘 ②64×6= 384효

다. 六爻重卦 構成

	三爻 單卦	六爻 重卦	爻位	正位	年齡	職級	聖人 君子	中位	上下 外內
天		⚋	上爻	陰	60	王師			上卦 外卦
		⚊	五爻	陽	50	君	聖人	中位	
地		⚋	四爻	陰	40	諸侯			下卦 內卦
		⚊	三爻	陽	30	三公			
人		⚋	二爻	陰	20	大夫	君子	中位	
		⚊	初爻	陽	10	庶民			

周易과 소통 기본과정

2. 효爻의 변화

가. 상하교역괘上下交易卦(착종괘錯綜卦)

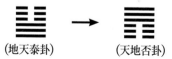

(地天泰卦)　　　　(天地否卦)

나. 음양대응괘陰陽對應卦

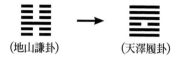

(地山謙卦)　　　　(天澤履卦)

다. 호괘互卦

(雷山小過)　　(內互卦/風) (外互卦/澤)　(澤風大過)

라. 도전괘倒顚卦

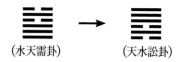

(水天需卦)　　　　(天水訟卦)

마. 효변爻變

　　　　　　初爻變　　二爻變　　三爻變　　四爻變

(重天乾卦)　　(天風姤卦) (天火同人) (天澤履卦) (風天小畜)

3. 64卦 序次圖

八坤地	七艮山	六坎水	五巽風	四震雷	三離火	二兌澤	一乾天	八卦
11.地天泰	26.山天大畜	5.水天需	9.風天小畜	34.雷天大壯	14.火天大有	43.澤天夬	1.重天乾	一乾天
19.地澤臨	41.山澤損	60.水澤節	61.風澤中孚	54.雷澤歸妹	38.火澤睽	58.重兌澤	10.天澤履	二兌澤
36.地火明夷	22.山火賁	63.水火既濟	37.風火家人	55.雷火豐	30.重火離	49.澤火革	13.天火同人	三離火
24.地雷復	27.山雷頤	3.水雷屯	42.風雷益	51.重雷震	21.火雷噬嗑	17.澤雷隨	25.天雷無妄	四震雷
46.地風升	18.山風蠱	48.水風井	57.重風巽	32.雷風恒	50.火風鼎	28.澤風大過	44.天風姤	五巽風
7.地水師	4.山水蒙	29.重水坎	59.風水渙	40.雷水解	64.火水未濟	47.澤水困	6.天水訟	六坎水
15.地山謙	52.重山艮	39.水山蹇	53.風山漸	62.雷山小過	56.火山旅	31.澤山咸	33.天山遯	七艮山
2.重地坤	23.山地剝	8.水地比	20.風地觀	16.雷地豫	35.火地晉	45.澤地萃	12.天地否	八坤地

4. 12벽괘설

區分	11월	12월	1월	2월	3월	4월	5월	6월	7월	8월	9월	10월
	大雪 冬至	小寒 大寒	立春 雨水	驚蟄 春分	淸明 穀雨	立夏 小滿	芒種 夏至	小暑 大暑	立秋 處暑	白露 秋分	寒露 霜降	立冬 小雪
卦名	復	臨	泰	大壯	夬	乾	姤	遯	否	觀	剝	坤
四時	겨울		봄			여름			가을			겨울
卦象	䷗	䷒	䷊	䷡	䷪	䷀	䷫	䷠	䷋	䷓	䷖	䷁
	군자지도가 성(盛)						소인지도가 성(盛)					

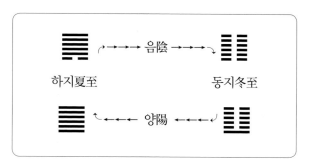

5. 「설괘」편 목록

구분	자연	性情 (7장)	신체 (9장)	동물 (8장)	가족 (10장)	방위 (5장)	오행 색	계절 (5장)
건乾 ☰	천天 하늘	건健 굳셈	수首 머리	마馬 말	부 父	서북 西北		동지 立冬
태兌 ☱	택澤 연못	열悅 기쁨	구口 입	양羊 양	삼녀 三女	서 西	금金 백 白	정추 正秋
이離 ☲	화火 불	려麗 밝음	눈目 눈	치雉 꿩	중녀 中女	남 南	화火· 주朱	정하 正夏
진震 ☳	뢰雷 우레	동動 위엄	족足 발	용龍 용	장남 長男	동 東	목木· 청靑	정춘 正春
손巽 ☴	풍風 바람	입入 들어감	고股 허벅지	계鷄 닭	장녀 長女	동남 東南		입하 立夏
감坎 ☵	수水 물	함陷 고난	이耳 귀	시豕 돼지	중남 中男	북 北	수水· 현玄	정동 正冬
간艮 ☶	산山 산	지止 멎음	수手 손	견犬 개	삼남 三男	동북 東北		입춘 立春
곤坤 ☷	지地 땅	순順 유순	복腹 배	우牛 소	모 母	서남 西南		입추 立秋

6. 河圖 · 洛書

가. 하도·낙서의 유래

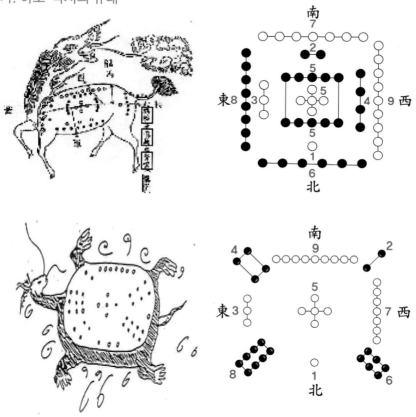

1) 전한前漢 시대 공영달孔穎達이 제기

2) 송대宋代의 채원정과 주자朱子가 확정

나. 河圖 洛書의 생성수 배열

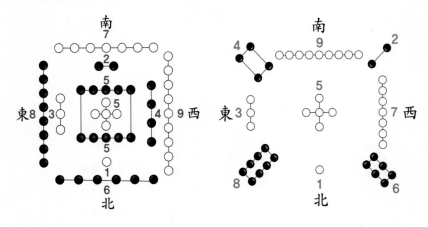

다. 하도·낙서의 일반적 도식[1]

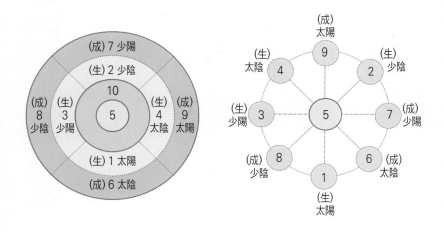

1) 송재국, 『송재국 교수의 주역풀이』, 예문서원, 2000, 340~342쪽 인용

라. 하도낙서의 수 배열[2]

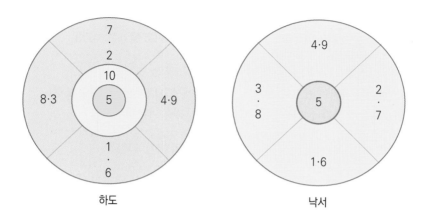

하도   낙서

마. 하도낙서의 비교

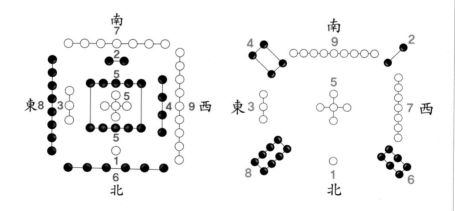

2) 송재국,『송재국 교수의 주역풀이』, 예문서원, 2000, 343쪽 인용

바. 하도낙서의 특징

河　圖	洛　書
·天道를 象徵 體十用九作用	·地道를 象徵, 體五用六作用
·중심本體數 五와 十(十五) ·一에서 十까지의 數(10수 도형) 五皇極을 포함한 十无極이 나타남	·중심本體數 五 ·一에서 九數까지 配列(9수 도형) 五皇極을 나타냄
·五行의 相生의 理致	·五行의 相剋의 理致
天道중심, 河圖的 神明原理 存在原理 爲主의 易道를 표상	·地道(人道)중심. 洛書的 실천原理 ·人間實存的인 삶 方式과 실천原理 표상
·相生秩序 論理	·相剋秩序 論理
·(1·6), (2·7), (3·8), (4·9) ·陰陽의 結合 → 陰陽調和合德 0	·(1·9), (2·8), (3·7), (4·6) ·생성수의 조화 0, 陰陽合德 ×
·生成原理 표상	·生長原理 표상
·體로서 順作用 → 倒生逆成作用 ·9·8·7·6의 체감작용 ·龍圖는 未濟之象-原理的 현상	·用으로서 逆作用 → 逆生倒成作用 ·1·2·3·4의 체증작용 ·旣濟之象 - 事物的 현상
·三極之道	·三才之道
·陽數25+ 陰數30 = 55數	·陽數(25) + 陰數(30) = 45數
·未來的 時間에서 현재를 조명	·現在 時間에서 미래를 향해서

圖　卦　八　羲　伏

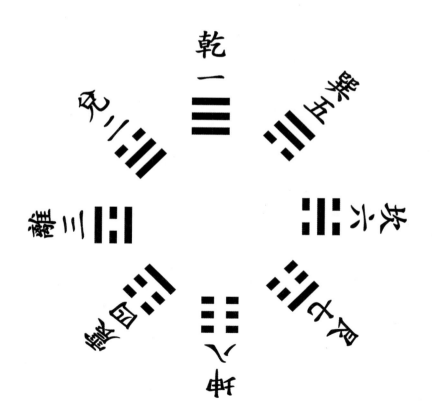

文 王 八 卦 圖

離九

巽四

坤二

震三

兌七

艮八

坎六

乾一

正 易 八 卦 圖